Dominik Schrage · Markus R. Friederici (Hrsg.)

Zwischen Methodenpluralismus und Datenhandel

Konsumsoziologie und Massenkultur

Herausgegeben von
Kai-Uwe Hellmann
Dominik Schrage

In der Reihe „Konsumsoziologie und Massenkultur" erscheinen Sammelbände und Monografien, die sich dem in der deutschen Soziologie bislang vernachlässigten Forschungsgebiet der Konsumsoziologie widmen. Der Akzent liegt auf Beiträgen, die den Bereich der Konsumsoziologie mit Blick auf gesellschafts- und kulturtheoretische Fragestellungen erschließen und den modernen Konsum als Herausforderung für die soziologische Theoriebildung begreifen.

Das Konzept der Massenkultur verweist vor allem auf die gesellschaftsdiagnostische Komponente konsumsoziologischer Forschung. „Massenkultur" kann als die übergreifende Kultur der gegenwärtigen Gesellschaft verstanden werden, die kulturelle Gehalte und Bedeutungen auf vielfältige Art und Weise für die Gesamtheit der Bevölkerung verfügbar macht. Massenkultur leistet die wichtigste Orientierung in der modernen, durch Technisierung, Ökonomisierung, Ästhetisierung und Demokratisierung geprägten Wirklichkeit, indem sie all jene Wahrnehmungs- und Handlungsmuster bereitstellt, die in ihrer Gesamtheit für jeden Einzelnen ein Universum von Selbstverständlichkeiten ausmachen. Deren Geltung ist dabei keine primär normative, sondern abhängig von der am Markt, in den Medien und durch den Konsum manifestierten Akzeptanz eines Massenpublikums.

Durch die Verbindung von Konsumsoziologie und Massenkultur können die in den einzelnen Beiträgen erforschten Konsumphänomene auf die Frage nach der gesellschaftlichen Funktion des Konsums in modernen Gesellschaften bezogen werden.

Dominik Schrage
Markus R. Friederici (Hrsg.)

Zwischen Methodenpluralismus und Datenhandel

Zur Soziologie der
kommerziellen Konsumforschung

VS VERLAG FÜR SOZIALWISSENSCHAFTEN

Bibliografische Information der Deutschen Nationalbibliothek
Die Deutsche Nationalbibliothek verzeichnet diese Publikation in der
Deutschen Nationalbibliografie; detaillierte bibliografische Daten sind im Internet über
<http://dnb.d-nb.de> abrufbar.

1. Auflage 2008

Alle Rechte vorbehalten
© VS Verlag für Sozialwissenschaften | GWV Fachverlage GmbH, Wiesbaden 2008

Lektorat: Frank Engelhardt

VS Verlag für Sozialwissenschaften ist Teil der Fachverlagsgruppe
Springer Science+Business Media.
www.vs-verlag.de

Das Werk einschließlich aller seiner Teile ist urheberrechtlich geschützt. Jede Verwertung außerhalb der engen Grenzen des Urheberrechtsgesetzes ist ohne Zustimmung des Verlags unzulässig und strafbar. Das gilt insbesondere für Vervielfältigungen, Übersetzungen, Mikroverfilmungen und die Einspeicherung und Verarbeitung in elektronischen Systemen.

Die Wiedergabe von Gebrauchsnamen, Handelsnamen, Warenbezeichnungen usw. in diesem Werk berechtigt auch ohne besondere Kennzeichnung nicht zu der Annahme, dass solche Namen im Sinne der Warenzeichen- und Markenschutz-Gesetzgebung als frei zu betrachten wären und daher von jedermann benutzt werden dürften.

Umschlaggestaltung: KünkelLopka Medienentwicklung, Heidelberg
Druck und buchbinderische Verarbeitung: Krips b.v., Meppel
Gedruckt auf säurefreiem und chlorfrei gebleichtem Papier
Printed in the Netherlands

ISBN 978-3-531-15470-1

Inhalt

Markus R. Friederici und Dominik Schrage
Vorwort 7

1 Zur Situierung der kommerziellen Konsumforschung 9

Dominik Schrage
Zur Soziologie der kommerziellen Konsumforschung – eine Einleitung 11

Kay-Volker Koschel
Zur Rolle der Marktforschung in der Konsumgesellschaft 29

2 Validität als Prestigewert der kommerziellen Konsumforschung 53

Felix Keller
Theorie der feinen Daten
Über den Konsum von Zahlen und Tabellen 55

Thomas Heun
Zwischen Schein und Sein
Die Bedeutung der Marktforschung für die Werbewirtschaft und ihre Werbung .. 73

3 Transfers zwischen akademischer und kommerzieller Forschung 95

Edvin Babic und Thomas Kühn
Qualitative Marktforschung als Akteur in der Produktentwicklung 97

Andreas Mühlichen und Jörg Blasius
Der „soziale Raum" der Lebensstile und Prominenten 113

4   Die Konsumforschung und das Internet 141

Stefan Meißner
Personalisierter Massenkonsum und das Internet 143

Andreas Schelske
Transparente Märkte in interaktiven Wertschöpfungsprozessen
Synchrone Konsumforschung mit vernetzten Konsumenten 167

*

Kai-Uwe Hellmann
Nachwort 191

Autorenangaben 199

Vorwort

Der vorliegende Band ist aus den Beiträgen der Tagung „Zwischen Methodenpluralismus und Datenhandel. Zur Soziologie der Marktforschung" hervorgegangen, die im November 2006 am Institut für Soziologie der Universität Hamburg stattfand und von Andreas Rieper, Markus Friederici und Dominik Schrage organisiert wurde. Auf der einen Seite wurde damit eine Reihe früherer Tagungen der AG Konsumsoziologie fortgeführt, die sich mit anderen Instanzen des modernen Konsumgeschehens befaßt hatten – wie der Werbung, dem Shopping und der Marke. Bei diesen früheren Tagungen hatte sich die Marktforschung als ein wenig berücksichtigter Aspekt des modernen Konsums erwiesen, und so lag es nahe, diesem Desideratum eine Tagung zu widmen. Auf der anderen Seite hatte insbesondere Andreas Rieper, der professionell in der Marktforschung tätig ist, ein starkes Interesse an einer soziologischen Reflexion der Marktforschungs-Praxis bekundet, ein Interesse, dem auch weitere in der kommerziellen Forschung tätige Sozialwissenschaftler durch ihre Bereitschaft Ausdruck verliehen, aktiv mit Vorträgen an der Tagung teilzunehmen.

In ihrem Verlauf ergab sich eine Vielzahl von anregenden Diskussionen, u.a. über die Chancen und Grenzen qualitativer und quantitativer Konsumforschung, über die Schnittmengen zwischen der kommerziellen und akademischen Anlage von Untersuchungen und über die Verwertung von Datenmaterial durch die Auftraggeber – ein Spektrum, das auch in den folgenden Beiträgen zum Ausdruck kommt. Die meisten der in Hamburg gehaltenen Vorträge sind – unter Berücksichtigung der sehr anregenden Diskussionen – in die Beiträge dieses Bandes eingegangen; weitere Beiträge sind hinzugekommen.

Das titelgebende Stichwort „Methodenpluralismus" verweist auf eines der Ziele der vorliegenden Publikation, nämlich das methodische wie methodologische Handwerkszeug der kommerziellen Konsumforschung vorzustellen und sowohl den Wirkungsgrad von Erhebungsinstrumenten als auch die Tiefenschärfe ihrer Erkenntnisse zu reflektieren. Die Beiträge des Bandes zeichnen aber nicht nur ein differenziertes Bild des in den letzten Jahren im Bereich der Marktforschung etablierten Methodenpluralismus, sie reflektieren zugleich auch die Friktionen und Gegensätze zwischen der kommerziellen und akademischen Forschung und die Restriktionen, denen sie unterliegen – auf der einen Seite die „Kommerziellen", die in der Regel engen zeitlichen Vorgaben unterliegen, auf der anderen Seite die akademischen Methodiker, die den Ansprüchen der Wissenschaft verpflichtet sind – einem mitunter stahlharten Gehäuse, das in bezug auf Stichprobengröße, Operationalisierung von Hypothesen und Indikatorensystemen nur wenig Spielraum für Kompromisse bietet. Dieses Spannungsverhältnis zwischen der akademischen und der kommerziellen Konsumforschung steht im Hintergrund des zweiten Stichworts, das im Titel des vorliegenden Bandes genannt wird: „Datenhandel". Denn es bringt den wesentlichen strukturellen Unterschied kommerzieller und akademischer Konsumforschung recht anschaulich auf den Punkt.

So wird auf der einen Seite deutlich, worin der Kern des seit Jahren schwelenden Streits zwischen quantitativ und qualitativ ausgerichteten Forschern in der Marktforschung besteht, läßt sich doch vor dem Hintergrund der Einzelbeiträge erkennen, in welchen Bereichen Methoden und Vorgehensweisen einander unversöhnlich gegenüberstehen und in welchen Bereichen sich zumindest Synergieeffekte andeuten. Auf der anderen Seite kommt auch das wechselseitige Anregungspotential von kommerzieller und akademischer Forschung in den Blick: Mögen kommerzielle Konsumforscher die Methoden der „Akademiker" für untauglich halten, da sie den Gesetzmäßigkeiten des Marktes (schnell und billig) nicht gehorchen, und die akademischen Vertreter die Angebote und Verfahren der Forscher, die sich außerhalb universitärer Kontexte bewegen, als eine mehr oder weniger verwissenschaftlichte Kaffeesatzleserei bezeichnen – die Beiträge in diesem Buch verdeutlichen, daß einerseits wissenschaftliche Expertise vonnöten ist, wenn im Auftrag von Unternehmen Kundenprofile in Massenmärkten konturiert werden sollen, daß aber auch die Tuchfühlung der Marktforscher zu den Phänomenen des Konsumgeschehens für die akademische Konsumforschung kaum verzichtbar ist. Ob und in welchem Umfang die Auftraggeber die Daten allerdings zur Kenntnis nehmen oder lediglich als Alibi in Vorstandssitzungen verwenden, kann auch in dieser Publikation nicht geklärt werden: Die Daten verschwinden zumeist aus dem Sichtfeld der Wissenschaft.

Den Autoren der Beiträge gilt der Dank dafür, den Weg der Daten – zumindest bis zu eben jener (noch) unbekannten Größe – für den Experten wie auch den interessierten Laien anschaulich nachgezeichnet zu haben. Dank vor allem auch an Andreas Rieper für die initiale Idee und seine tatkräftige Mithilfe bei der Organisation der Tagung.

Markus R. Friederici und Dominik Schrage
April 2008

1 Zur Situierung der kommerziellen Konsumforschung

Die kommerzielle Konsumforschung ist eine der Schlüsselindustrien der modernen Konsumgesellschaft, die im Auftrag von Konsumgüter-Anbietern die Vorlieben eines hochgradig differenzierten Publikums erkundet. In diesem ersten Kapitel wird die Zielsetzung des vorliegenden Bandes – Elemente einer Soziologie der kommerziellen Konsumforschung auszuarbeiten – vorgestellt und zugleich die Rolle dieser Schlüsselindustrie in der Konsumgesellschaft näher bestimmt.

Der Beitrag *Dominik Schrages*, der als Einleitung des Bandes fungiert, situiert zunächst das Unternehmen einer Soziologie der kommerziellen Konsumforschung und erläutert die Konzeption dieses Bandes, welche Beiträge von Praktikern der Marktforschung mit denen von Soziologen kombiniert, die im akademischen Bereich tätig sind. Insbesondere weist er auf den Doppelsinn der Fragestellung hin: Auf der einen Seite wird die Praxis der Marktforschung auf ihren Charakter als angewandte Sozialforschung und auf ihr Anregungspotential für die Soziologie hin befragt. Auf der anderen Seite wird die kommerzielle Konsumforschung als ein – weitgehend unbearbeiteter – Gegenstand der Konsumsoziologie betrachtet.

Kay-Volker Koschel gibt einen Überblick über unterschiedliche Selbst- und Fremdverständnisse der kommerziellen Konsumforschung und die Veränderungen ihrer Aufgaben und Verfahrensweisen in den letzten Jahrzehnten. Dabei wird zugleich deutlich, welche zentrale Rolle diese Forschungspraxis in der Konsumgesellschaft spielt: Sie fungiert als Brücke zwischen Unternehmen und Konsument, ohne daß dies mit Hilfe der simplifizierenden Schlagworte „Manipulation" oder „Konsumentensouveränität" ausreichend erfaßt werden könnte. Schließlich wird ein Ausblick auf gegenwärtige Schwerpunktthemen und Trends in der Marktforschung gegeben.

Zur Soziologie der kommerziellen Konsumforschung

Dominik Schrage

Sozialwissenschaftliche Konsumforschung ist – unabhängig von den wechselnden Konjunkturen des Themas in der Soziologie – seit Jahrzehnten ein fester Bestandteil dessen, was man die Infrastrukturen des modernen Massenkonsums nennen könnte – also jener Mechanismen und Verfahren, welche die Kontakte zwischen Anbietern und Kunden angesichts hochkomplexer Marktbeziehungen herstellen, vermitteln und aufrechterhalten. Diese angewandte Variante der Konsumforschung versteht sich als Teil der Marktforschung, welche das „systematische Einholen und Auswerten von Informationen über Personen oder Organisationen" betreibt, mit dem Ziel, „Einsicht zu gewinnen oder das Treffen von Entscheidungen zu unterstützen" – so eine kodifizierte Selbstbeschreibung (ICC/ ESOMAR 2007: 3). Als Auftragsforschung ist sie maßgeblich in die Beziehungen zwischen Anbietern und Kunden eingebunden, die im 20. Jahrhundert aufgrund technologischer Innovationen im Produktionsbereich, schnellerer und billigerer Transportwege sowie der durch Massenmedien stark gesteigerten Werbemöglichkeiten tiefgreifende Veränderungen erfahren haben. Allein eine sich wissenschaftlicher Methoden bedienende Konsumforschung scheint in der Lage zu sein, Anbietern von Konsumgütern noch einen Überblick über das aktuelle, womöglich auch das zukünftige Kauf- und Nutzungsverhalten der immer zahlreicher werdenden und zugleich aus dem Wahrnehmungsfeld der Unternehmen gerückten potentiellen Kunden zu geben.

Der vorliegende Band versammelt Beiträge zur Soziologie der kommerziellen Konsumforschung, was in doppelter Weise zu verstehen ist: Auf der einen Seite geht es darum, spezifische Problemstellungen und Verfahrensweisen dieser weitgehend abseits der universitären Soziologie betriebenen Forschungspraxis zu betrachten, die zwar als Auftragsforschung heteronomen Zielsetzungen unterliegt, sich aber gleichwohl wissenschaftlicher Denkweisen, Konzepte und Methoden bedient und gerade aufgrund ihrer strukturellen Einbettung in das Konsumgeschehen über einen sehr genauen Einblick in das sich rasch verändernde Konsumgeschehen verfügt, welches sie mit Hilfe sozialwissenschaftlicher Verfahren beobachtet. In diesem Sinne wird hier also nach der besonderen Art von sozialwissenschaftlichem Wissen gefragt, das im Rahmen der kommerziellen Konsumforschung produziert und angewandt wird und das eine Soziologie des Konsums zur Kenntnis nehmen sollte. Diese Variante der Konsumforschung wird üblicherweise im Rahmen der universitären Soziologie als solche kaum oder höchstens als Anwendungsfeld sozialwissenschaftlicher Methoden thematisiert – was nicht zuletzt daran liegt, daß für Auftraggeber erstellte Studien meist nicht veröffentlicht werden und zudem selten auf Verallgemeinerbarkeit hin angelegt sind. Inwiefern, so lautet die erste Lesart des Themas „Soziologie der kommerziellen Konsumforschung", führen ihre Analysen selbst soziologische oder protosoziologische Fragestellungen mit, die allerdings im Rahmen kommerzieller Forschungen nur von nachrangigem Interesse sind?

Eine zweite in diesem Band verfolgte Fragestellung betrifft die Stellung, welche die kommerzielle Konsumforschung – gerade weil sie Auftragsforschung ist – *selbst* innerhalb des modernen Konsumgeschehens einnimmt. Diese Stellung läßt sich zunächst allgemein im Vergleich zu derjenigen der Werbung beschreiben: Wo diese potentielle Konsumenten von den Qualitäten eines am Markt verfügbaren Produkts zu überzeugen und so Kaufakte wahrscheinlicher zu machen sucht, forscht jene nach den Vorlieben und Erwartungen, die Konsumentengruppen gegenüber existierenden oder erst zu entwickelnden Konsumgütern hegen oder hegen könnten. Während die Werbung also den Konsumenten Wissen über die Produkte präsentiert (unabhängig davon, ob es sich um pragmatisch nutzbare Informationen oder eher um Emotionen auslösende Fiktionen handelt), stellen die von der Konsumforschung gewonnenen Daten und Erkenntnisse unhintergehbare Grundlagen für verkaufsseitige Strategien dar: Sie (re-)konstruieren die Konturen von Konsumentenvorlieben und die Muster des Konsumentenverhaltens und schaffen Kundenprofile in Massenmärkten, die gezieltes Marketing überhaupt erst ermöglichen. Welche Rolle, so läßt sich die zweite Lesart des Themas „Soziologie der kommerziellen Konsumforschung" fassen, spielt diese innerhalb des Konsumgeschehens selbst? Inwiefern ist also die Anwendung sozialwissenschaftlicher Verfahren im Konsumbereich selbst als ein wichtiges Merkmal des modernen Konsums anzusehen?

Die Daten der Konsumforschung werden in diesem Zusammenhang selbst zu einem handelbaren und, wenn man so will, auch zu einem (von auftraggebenden Unternehmen, von Marketingabteilungen und Werbeagenturen) konsumierbaren Gut, das für das unternehmerische Agieren auf Massenmärkten benötigt wird: Neben den wirtschaftlichen Infrastrukturen, die die Zirkulation von Waren und Geld sicherstellen, läßt sich das von der Konsumforschung erlangte Wissen um Konsumentenpräferenzen und -verhaltensmuster insofern als ein „Datenstrom" beschreiben, der den Strom der Waren vom Produktionsort zu den Konsumenten sowie den gegenläufigen Strom des Geldes ergänzt und vervollständigt. Dieser Datenstrom kompensiert, daß Käufer, Verkäufer und Produzenten erwartbar keinem gemeinsamen Sozialmilieu angehören, wie dies noch für Adam Smith selbstverständlich war. An die Stelle intuitiver Konsumentenkenntnis muß deshalb die sozialwissenschaftlich instrumentierte treten. In dieser Perspektive ist die kommerzielle Konsumforschung also auch als ein *Gegenstand* der in diesem Band verfolgten soziologischen Fragestellung anzusehen: Gefragt wird nach der Funktion, die die Konsumforschung – neben den Instanzen der Herstellung, der Werbung, des Vertriebs und der Nutzung von Konsumgütern – als Infrastruktur des modernen Konsums erbringt. Diese Frage steht im Kontext der bereits in früheren Buchpublikationen der Reihe *Konsumsoziologie und Massenkultur* unternommenen gesellschaftstheoretischen Perspektivierung der Konsumsoziologie (vgl. Hellmann/Schrage 2004; dies. 2005; Hellmann/Pichler 2005; Hellmann/Zurstiege 2007).

Beide in diesem Band verfolgten Fragestellungen ergänzen einander: Denn zum einen lassen sich allgemeine Aussagen zur Funktion sozialwissenschaftlicher Forschung innerhalb des Konsumgeschehens nur dann treffen, wenn tatsächlich Einblick in deren Erhebungspraktiken und Vorgehensweisen genommen wird. Zum anderen legt es gerade ein eingehender, soziologischer Blick auf die kommerzielle Konsumforschung nahe, die in deren Forschungsalltag notwendigerweise ausgeklammerte Frage nach der soziologischen Bedeutung der eigenen Rolle als auftragsgebundener Forschung systematischer zu bearbeiten.

Der Anlaß für dieses Buchprojekt war eine von Andreas Rieper, Markus R. Friederici und Dominik Schrage im November 2006 in Hamburg organisierte Tagung der AG Konsumsoziologie, deren Thema „Zwischen Methodenpluralismus und Datenhandel" lautete. An ihr nahmen sowohl im akademischen als auch im kommerziellen Bereich tätige Sozialwissenschaftler teil, und bereits während der Tagung wurde deutlich, daß sich die unterschiedlichen Interessen der Teilnehmer an der Marktforschung so gut ergänzten, daß die Idee des Sammelbandes Kontur annahm. Zugleich wurde aber auch deutlich, daß ein solches Projekt eher explorativen Charakter haben würde, da es in vielerlei Hinsicht Neuland betritt. Das nun vorliegende Buch versteht sich demnach weder als ein Kompendium, das Praktikern eine Übersicht über die verschiedenen im Bereich der Konsumforschung gebräuchlichen Methoden zur Verfügung stellt, noch widmen sich die Beiträge ausschließlich der Situierung der kommerziellen Konsumforschung in gesellschaftstheoretischer Hinsicht. Die hier versammelten Aufsätze geben vielmehr Einblicke in aktuelle Problemstellungen und Verfahren der kommerziellen Konsumforschung, mit dem Ziel, Anschlüsse an die Soziologie des Konsums herzustellen. Sie sind also nicht auf unmittelbaren Anwendungsbezug ausgerichtet, sondern machen die kommerzielle Forschungspraxis zum Gegenstand. Diese Perspektive nehmen sowohl jene Autoren ein, die professionell im Bereich der Marktforschung tätig sind und ihre Überlegungen aus dieser Praxis heraus entwickeln, als auch diejenigen, die sich der kommerziellen Konsumforschung von außen her nähern und in ihr einen interessanten, weitgehend unbearbeiteten Aspekt der Konsumsoziologie wahrnehmen.

Bevor in den folgenden Abschnitten dieser Einleitung einige zentrale Aspekte der in den Beiträgen geleisteten Soziologie der kommerziellen Konsumforschung dargestellt werden, soll zunächst die Verwendung der Bezeichnung „kommerzielle Konsumforschung" erläutert werden. Sie findet sich im Untertitel des Bandes und wird auch in der vorliegenden Einleitung in einem programmatischen Sinn gebraucht – auch wenn nicht alle Autoren sich dieser Begriffswahl anschließen und die in der unternehmerischen Praxis gebräuchliche Bezeichnung „Marktforschung" bevorzugen. Dabei ist der in der hier vorgeschlagenen Bezeichnung enthaltene Verweis auf ihren kommerziellen Charakter nicht – wie vielleicht vermutet werden könnte – pejorativ, sondern vielmehr realistisch gemeint, insofern sie dazu dient, den Gegenstand dieses Bandes präziser zu fassen und zugleich Anschlüsse für spätere Forschungen zu markieren.

1 Zweierlei Konsumforschung

Lange Zeit schienen sich soziologische, auch im weiteren Sinne sozialwissenschaftliche Analysen von Konsumphänomenen mit Hilfe einer einfachen Unterscheidung konträrer Erkenntnisinteressen gliedern zu lassen: Es gab solche, die die zunehmende Durchdringung des Alltags mit massenproduzierten, intensiv beworbenen und die Bedürfnisse, Wünsche und Erwartungen von Konsumenten prägenden Waren als ein Thema der Kultur- oder Gesellschaftskritik, zumindest aber als ein sozialphilosophisches Problem verhandelten. Und es gab andere, für die eben dieser Siegeszug des Massenkonsums ein breites Anwendungsfeld für eine empirisch orientierte, methodisch kontrollierte und normativ indifferente Konsumforschung darstellte, die sich zum großen Teil als Markt- und damit als Auftragsforschung verstand. Konsumkritik und empirische Konsumforschung nahmen einander lediglich insofern wahr, als sie ihre jeweiligen Erkenntnisinteressen in wechselseitiger Abgrenzung formulierten. Diese divergierenden Perspektiven konnte man mit Hilfe der bekannten, von Paul Lazarsfeld bereits 1941 anläßlich einer analogen Konstellation in der Medienforschung geprägten Formulierung als „administrative" und „kritische" Konsumforschung beschreiben (vgl. Lazarsfeld 1973).

Die Gegenüberstellung von „administrativen" und „kritischen" Erkenntnisinteressen vermag es jedoch kaum mehr, die verschiedenen Kontexte und Varianten der sozialwissenschaftlichen Konsumforschung angemessen zu beschreiben. Zweifellos ist dieses Feld nach wie vor grundlegend durch die unterschiedlichen Erkenntnisziele der Auftragsforschung und solcher Forschungsrichtungen strukturiert, die wissenschaftlichen Fragestellungen nachgehen. Aber die von Lazarsfeld „administrativ" genannte und damit als Teil einer unternehmensinternen Bürokratie charakterisierte Auftragsforschung hat sich im Bereich der Konsumforschung längst diversifiziert: Neben die Forschungsabteilungen der Großunternehmen ist ein weites Feld von selbständigen Firmen unterschiedlichster Größe getreten, die Konsumforschung als Dienstleistung am Markt anbieten. Die Auftragsforschung läßt sich deshalb weniger durch ihre Einbindung in die Strukturen von konsumgüterproduzierenden Unternehmen charakterisieren, als vielmehr allein durch die weitaus allgemeinere Tatsache, daß sie überhaupt unter kommerziellen Rahmenbedingungen operiert. Aber auch das heißt nach wie vor: Ihre Zeit ist knapp, und ihre Erkenntnisziele sind von Auftraggebern vorgegeben – ihr wissenschaftlicher Charakter besteht hingegen vor allem in ihrer methodischen Kompetenz und der damit verbundenen (und von Auftraggebern erwarteten) Validität ihrer Ergebnisse.

Ebensowenig läßt sich die von Auftraggebern unabhängige, wissenschaftliche Konsumforschung heute noch durch das Attribut „kritisch" adäquat fassen. Zwar gehört die ostentative Unterscheidung von der kommerziellen Forschung – vor allem der Verweis auf ihre durch die Auftraggeber eingeschränkten Erkenntnisziele – nach wie vor zum Selbstverständnis der an den Universitäten betriebenen Konsumforschung. Aber daß dies zugleich auch eine gegenüber bestimmten Konsumpraktiken oder den gesellschaftlichen Funktionen des Konsums überhaupt kritisch eingestellte Forschungsperspektive impliziert, darüber läßt sich keinesfalls Einvernehmen erzielen. Zu den lange Zeit tonangebenden gesellschaftskritischen Ansätzen in der Soziologie des Konsums sind solche hinzugetreten, die sich primär für die Alltagspraktiken von Konsumenten interessieren, den Konsum im Kontext gesellschafts- oder kulturtheoretischer Fragestellungen betrachten oder aber die im Konsumbereich anfallenden Datenbestände für gesellschaftsdiagnostische Zwecke nutzen, wie etwa zur Kartierung des Wandels von Lebensstilen. Was diesen unterschiedlichen Zweigen der an Universitäten betriebenen Konsumforschung gemein ist, ist also keine konsum- oder gesellschaftskritische Haltung (auch wenn eine solche sich von Fall zu Fall durchaus manifestieren mag), sondern überhaupt ihr akademischer Kontext: Sie finden im Rahmen der universitären Forschung statt. Und das heißt: Sie nehmen Konsumphänomene jeweils im Rahmen der methodischen Standards, theoretischen Paradigmen sowie thematischen Konjunkturen wahr, die ihre Disziplinen prägen. Gerade weil diese akademische Konsumforschung nicht als Auftragsforschung in das Konsumgeschehen eingebunden ist, kann sie es als ein gesellschaftliches Phänomen aus der distanzierten Perspektive der Soziologie beobachten – unabhängig davon, ob die Forscher sich dabei von gesellschaftskritischen Haltungen, wissenschaftlicher Neugier oder beidem leiten lassen.

Die hier vorgeschlagene Unterscheidung von kommerzieller und akademischer Konsumforschung hat den Vorteil, daß die verschiedenen institutionellen Rahmenbedingungen beider Zugänge berücksichtigt werden, zugleich aber ihr gemeinsames Interesse für Phänomene des Erwerbs und Gebrauchs von Konsumgütern sowie für die gesellschaftliche und kulturelle Bedeutung des Konsumgeschehens im Blick gehalten wird. Denn auch die kommerzielle Konsumforschung – so ein in vielen Beiträgen dieses Bandes anschaulich werdender Befund – läßt sich keineswegs mehr auf die schematische Anwendung soziodemographischer Erhebungsverfahren reduzieren, sondern wird durch den rapiden Wandel der Konsumentenpräferenzen und -milieus gleichsam zu einer permanenten Evaluation ihrer Verfahrensweisen angehalten. Nicht zuletzt die Etablierung qualitativer Methoden in der kommerziellen Konsumforschung läßt sich vor diesem Hintergrund als eine Adaption an eine veränderte Konsumwirklichkeit verstehen, welche die Entwicklung neuartiger Beobachtungsinstrumente in der Auftragsforschung nahelegt. Die kommerzielle Konsumforschung kann deshalb als eine, zwar von Auftraggebern abhängige, aber gleichwohl sozialwissenschaftsförmige Unternehmung angesehen werden, deren Befunde und Konzepte auch für die akademische Forschung nutzbar sein können. Der ebenfalls geläufige Terminus „Marktforschung" impliziert demgegenüber stärker die Sicht auftraggebender Unternehmen, deren Strategieplanung unter den Bedingungen heutiger hochkomplexer Märkte allein mit den Mitteln unternehmerischer Intuition nicht mehr zu bewerkstelligen ist. „Der Wirtschaftler", so schreibt Karl Suthoff bereits 1960, „hat durch die Marktforschung ein Instrument in die Hand bekommen, mit dessen Hilfe er in der Lage ist, Verhaltensforschung zu betreiben und Licht in die immer unübersehbaren Märkte zu bringen" (Suthoff 1960: 87). Unternehmen kaufen deshalb sozialwissenschaftliche Expertise ein, um sich ein Bild von aktuellen und zukünftigen Marktsituationen unter den Bedingungen rascher Produktinnovationen, schnellem Präferenzwechsel auf Kundenseite und weltweit agierenden Konkurrenten zu machen. Die Beobachtung der Konsumsphäre ist dabei nur eine von mehreren Aufgaben einer im Auftrag von Unternehmen stattfindenden Marktforschung, und bisweilen galt sogar die Beobachtung von Konkurrenten als die primäre Herausforderung von am Markt agierenden Unternehmen (vgl. White 1981).

Der Terminus Marktforschung situiert die Konsumforschung also innerhalb der strategischen Arbeitsteilung von Marketing, Produktion und Werbung, so wie diese sich aus Unternehmenssicht darstellt – und da auftragnehmende Konsumforscher ihre Ergebnisse üblicherweise diesen Instanzen gegenüber vermitteln müssen, ist „Marktforschung" ihre gängige Selbstbeschreibung in der Kommunikation mit Auftraggebern. Der Terminus „Konsumforschung" hingegen fokussiert die Aufmerksamkeit auf den Gegenstand (Konsumphänomene) sowie auf dessen Betrachtungsweise (sozialwissenschaftliche Konzepte und Methoden), also auf das, was kommerzielle und akademische Konsumforschung miteinander vergleichbar macht, wohingegen das Adjektiv „kommerziell" auf die Abhängigkeit von Auftraggebern und damit auf die spezifische Einbettung dieser Unternehmung in die Prozesse des Konsumgeschehens verweist.

2   Transfers zwischen kommerzieller und akademischer Forschung

Betrachtet man die Konjunkturen des Konsumthemas in der Soziologie, so fällt auf, daß sich das – in den 1950er Jahren noch große – Interesse an der gesellschaftlichen Funktion des Konsums in dem Maße verliert, wie die sozial- oder kulturkritische, also wertende Unterscheidung von Kultur und Konsum als nicht mehr theoriefähig erachtet wird (vgl. Schrage 2004). Erst seit den 1990er Jahren kommt es, ausgehend vor allem von Großbritannien, zu einer Wiederentdeckung des Themas im Rahmen einer sich als kulturalistisch verstehenden, von den *Cultural Studies* und der Sozialanthropologie beeinflußten Soziologie.[1] Demgegenüber sind Transfers von Methoden und Konzepten zwischen dem kommerziellen und akademischen Bereich nichts Außergewöhnliches. Bereits in den 1950er Jahren lassen sich Versuche beobachten, eine verhaltenswissenschaftlich orientierte, anwendungsbezogene Konsumforschung zu entwerfen, die sich einerseits vor dem Hintergrund des Positivismusstreits von den konsumkritischen Positionen der kritischen Theorie absetzt, sich andererseits aber auch als Korrektiv der wirtschaftspsychologischen Marktforschung versteht. Vor allem die empirische Sozialforschung im Kölner Umfeld René Königs hatte in diesem Sinne ihre Expertise auf den Bereich der Marktforschung auszudehnen versucht, dabei aber auf einer strikten Unterscheidung zwischen der kommerziellen Markt- und Meinungsforschung auf der einen und der akademischen Sozialforschung auf der anderen Seite beharrt (vgl. König 1965).[2]

König und anderen empirisch arbeitenden Soziologen ging es darum, angesichts des Erfolgs sozialwissenschaftlicher Methoden im Bereich kommerzieller Forschung und zahlreicher (nicht immer adäquater) Übernahmen den Eigenwert der akademischen Forschung zu betonen und für diese die Kontrolle über die Kriterien von Wissenschaftlichkeit zu reklamieren. Andererseits bot die Markt- und Meinungsforschung aber natürlich auch ein attraktives Anwendungsfeld für empirische Verfahren. Aber während in solchen Fällen die kommerzielle Forschung gleichsam als Abnehmerin bzw. Anwenderin einer aus dem akademischen Bereich kommenden Methodenkompetenz erscheint, lassen sich auch an-

---

[1]   Vgl. exemplarisch für viele Lury (1996) sowie prägend Featherstone (1991).
[2]   Vgl. für den Anwendungsbezug sehr einflußreich Kroeber-Riel (1975).

ders gelagerte, also vom kommerziellen Bereich in die akademische Forschung hineinwirkende Einflüsse beobachten.

So liegt beispielsweise der Ausgangspunkt der empirischen Lebensstilforschung, die inzwischen in der akademischen Soziologie weitgehend als Teil einer modernisierten Sozialstrukturanalyse akzeptiert ist, eindeutig in der kommerziellen Konsumforschung, obwohl das Konzept der Lebensstile bereits von Georg Simmel geprägt wurde (vgl. Simmel [1900] 1989). Denn die klassische, auf soziodemographischen Daten basierende Zielgruppenforschung stand in den 1970er Jahren einem gewandelten Verbraucherverhalten ratlos gegenüber, das sich nicht mehr allein nach Einkommensunterschieden klassifizieren ließ. Es war nun zunächst die kommerzielle Forschung, die den Versuch unternahm, qualitative Verfahren der Lebensstil- und Milieuanalyse zu entwickeln, mit dem Ziel, das Alltagsleben von Zielgruppen „in seiner Vielfalt und nicht zuletzt unter dem Aspekt sich verändernder Einstellungen und Wertorientierungen" erfassen. Es sollten so die „lebensferne[n] Abstraktionen" vermieden werden, die sich ergäben, wenn „die soziale Wirklichkeit ausschließlich nach soziodemographischen Kategorien geordnet wird" (Becker/Nowak 1982: 247f.). Die kommerzielle Konsumforschung beginnt also, den Alltag der Konsumenten aufwendig und auch mit den Mitteln der qualitativen Sozialforschung zu erheben – was wiederum theoretische und methodische Anleihen aus dem akademischen Bereich impliziert –, um dem Marketing und der Werbung eine den „Wertewandel" berücksichtigende Zielgruppenansprache zu ermöglichen. Die akademische Milieuforschung greift diese Anregungen (und z.T. auch die dabei anfallenden Daten) dann wiederum auf, verfolgt aber ein gänzlich anderes Ziel: Ihr geht es vor allem darum, innerhalb der Sozialstrukturanalyse die „vertikale", d.h. auf soziodemographische Kategorien bezogene Dimension sozialer Ungleichheit um eine „horizontale" Dimension zu ergänzen; gemeint sind damit, wie Stefan Hradil definiert, voneinander abgrenzbare Milieus, die „äußere[.] Lebensbedingungen und/oder innere[.] Haltungen aufweisen, aus denen sich gemeinsame Lebensstile herausbilden" (Hradil 1987: 165).

Dieses prominente Beispiel zeigt, daß gerade die enge Einbindung der kommerziellen Konsumforschung in das Konsumgeschehen die Wahrnehmung gesellschaftlicher Veränderungen und die Entwicklung neuartiger Erhebungsverfahren provozieren kann. Denn anders als in der akademischen Forschung, bei der solche Neuperspektivierungen sich vergleichsweise langsam im Modus von Aufmerksamkeitsverlagerungen in der *scientific community* einstellen, entscheidet bei der Auftragsforschung der Erfolg, sofern er den Auftraggebern nachvollziehbar oder zu vermitteln ist. Diese – man ist aus akademischer Perspektive zu sagen versucht: erzwungene – Nähe zu den Phänomenen läßt sich aber zugleich auch für soziologische Fragestellungen fruchtbar machen, die genuin wissenschaftliche Erkenntnisinteressen haben. Die kommerzielle Konsumforschung adaptiert also Forschungsverfahren aus der Soziologie für die Zwecke der Marktforschung, aber sie gelangt mitunter auch zu Erkenntnissen, die für die akademische Soziologie fruchtbar sein könnten, obwohl sie selbst nicht nach ihnen gefragt hat. Sobald man jedoch nach den Gründen für dieses Irritationspotential fragt, das die kommerzielle Forschung für die Soziologie bereithält, ist es sinnvoll, den vergleichenden Blick auf Ähnlichkeiten und Unterschiede zwischen akademischer und kommerzieller Forschung um die Frage nach strukturellen Ursachen zu ergänzen – und das heißt, die kommerzielle Konsumforschung als den Gegenstand einer Soziologie zu behandeln, die ihre Stellung innerhalb des Konsumgeschehens und damit in der Gesellschaft insgesamt bestimmt. Denn, so die Überlegung, die enge Tuchfühlung der kommerziellen Konsumforschung mit den sich rasch wandelnden Konsumentenvorlieben resultiert vor allem daraus, daß sie im Auftrag absatzorientierter Unternehmen forscht. Paradigmatische Annahmen und methodische Verfahren sind für sie deshalb gegenüber dem Kriterium des Erfolgs nachrangig, auch wenn das nicht heißt, daß sie auf methodische Validierung überhaupt verzichten könnte. Daß die Ergebnisse ihrer Erhebungen sich mitunter als relevant für allgemeinsoziologische Fragestellungen erweisen, ist also nicht in erster Linie auf Verfahrensfragen zurückzuführen, sondern resultiert vielmehr aus strukturellen Gründen: Ein wesentlicher struktureller Grund ist, daß eine Vielzahl von Alltagsaspekten mittelbar oder unmittelbar in das Konsumgeschehen einbezogen sind und Entwicklungen im Bereich des Konsums – siehe etwa „Wertewandel" und „Lebensstile" – zugleich auch Indikatoren für gesellschaftliche Veränderungsprozesse sind. Hinzu kommt, daß die Mechanismen, welche den modernen Massenkonsum ermöglichen und aufrechterhalten, selbst sozialwissenschaftliches Wissen generieren und der Soziologie bereits in Form von Erhebungsdaten und -verfahren entgegentreten. Die strukturelle Einbindung der kommerziellen Konsumforschung in das Konsumgeschehen kann insofern auch als Teilaspekt einer umfassenderen „Versozialwissenschaftlichung der Gesellschaft" angesehen werden (vgl. Weymann/Wingens 1989).

3 Zur Situierung der kommerziellen Konsumforschung

In einer früheren Publikation der Reihe *Konsumsoziologie und Massenkultur* hat Kai-Uwe Hellmann eine Übersicht über die verschiedenen Positionen erstellt, welche die den modernen Massenkonsum ausmachenden Prozesse in seinem Ablauf strukturieren (vgl. Hellmann 2004). Eine solche abstrakte Schematisierung ist deshalb sinnvoll, weil Konsumenten unter den Bedingungen des Massenkonsums keine interaktionsförmigen Beziehungen zu Güterproduzenten eingehen, und auch ihr Kontakt zu Händlern nur in sehr speziellen Fällen (wie Fachgeschäfte, Wochenmärkte) eine solche Form annimmt. Trotzdem gibt es selbstverständlich Instanzen, die die Güterproduktion strukturell mit den Praktiken und Erwartungen von Konsumenten verkoppeln, so daß beider Verhältnis zueinander mit Hilfe einer solchen Übersicht kartiert werden kann. Einerseits ist dies die Werbung, welche sich im Auftrag von Produktanbietern an potentielle Konsumenten richtet, um die angebotenen Güter mit Bedeutungen zu versehen und so Kaufakte auszulösen. Andererseits ist es die Konsumforschung, die – wiederum im Auftrag von Produktanbietern – erhebt, welche Vorlieben und Erwartungen Konsumentengruppen gegenüber Konsumgütern hegen oder hegen könnten – und welche Bevölkerungsgruppen angesichts vielfach differenzierter Lebensstile auf welche Weise als potentielle Konsumenten angesprochen werden könnten.

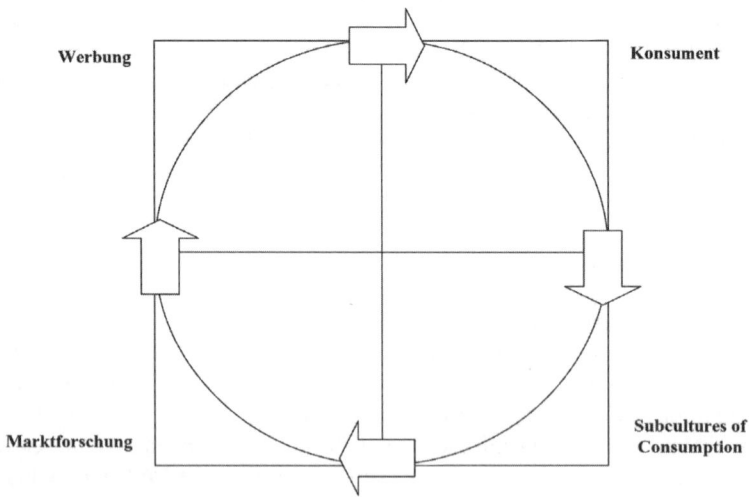

Abb. 1: Positionen im Konsumprozeß, vereinfacht nach Hellmann (2004)

Dieses Schema setzt voraus, daß man unter Konsum nicht allein die faktischen Verbrauchsakte je einzelner Konsumenten versteht, also das, was sich – etwa aus der Sicht ökonomischer Konzeptionen – Individuen vor dem Kaufakt von dem erworbenen Gut versprechen oder was sie nach seinem Vollzug mit ihm anstellen. Vielmehr werden alle Instanzen, die solche individuellen Kauf- und Verbrauchsakte unter den Bedingungen des Massenkonsums beeinflussen, als integrale Bestandteile eines Anbieter und Konsumenten verbindenden Konsumprozesses aufgefaßt: Auf Seiten der Konsumenten sind dies neben dem gebrauchswertorientierten Verbrauch von Gütern auch die vielfältigen, vor allem von den *Cultural Studies* immer hervorgehobenen eigensinnigen Nutzungen von Konsumgütern („subcultures of consumption"), die nur vor dem Hintergrund subkultureller oder lebensstilbezogener Kontextualisierungen verständlich werden (vgl. du Gay 1997). Aber auch die im Auftrag von Anbietern stattfindenden Praktiken der Werbung und der Konsumforschung werden in dieser Perspektive als Bestandteile des Konsumgeschehens aufgefaßt. Die Beiträge des Bandes *Konsum der Werbung*, dem das vorstehende Schema entnommen ist, hatten sich im wesentlichen auf den Beitrag der Werbung bei der Vermittlung von Konsumenten- und Anbieterseite konzentriert (vgl. Fischer 2004, Gries 2004, Koppetsch 2004). In dieser Hinsicht ergänzt sie der vorliegende Band, indem die damals vernachlässigte Rolle der kommerziellen Konsumforschung (bzw. Marktforschung) eingehender betrachtet wird.

Versucht man also die Stellung der kommerziellen Konsumforschung innerhalb des mit dem Schema Hellmanns umrissenen Gesamtgefüges zu bestimmen, so kann man zunächst eine historisch-genealogische Perspektive einnehmen und nach den gesellschaftlichen und wirtschaftlichen Bedingungen für die Entstehung der Konsumforschung als einer mit den Mitteln der Sozialwissenschaften operierenden Beobachtungsinstanz von Konsumpraktiken fragen. Im Anschluß an einige genealogische Befunde und deren systematische Auswertung werden dann sogleich die in den Teilkapiteln des Bandes versammelten Beiträge vorgestellt und in den Rahmen der hier präsentierten Konzeption eingebunden.

Der Historiker Christoph Conrad hat in einem konzisen, die Frühzeit der deutschen Marktforschung rekonstruierenden Aufsatz hervorgehoben, daß ein solches Unternehmen nichts weniger impliziert als diese professionellen „Beobachter zu beobachten" (Conrad 2004: 22). Conrad kann in seinem Beitrag einsichtig zeigen, daß die erfolgreiche Durchsetzung der sozialwissenschaftlich vorgehenden Marktforschung in der frühen Bundesrepublik davon abhängig war, daß der Bedarf an einer solchen Beobachtungsinstanz auch für Wirtschaftswissenschaftler nachvollziehbar wurde. Als einprägsames Beispiel aus den 1950er Jahren führt er die wachsende Aufmerksamkeit der Wirtschaftswissenschaft für die Kaufentscheidungen von Konsumentinnen an, deren entscheidende Rolle bei den Haushaltseinkäufen damals als offene, mit Hilfe der gängigen Wirtschaftstheorien nicht bearbeitbare Frage entdeckt wurde. Das sich den Unternehmen im Zuge der Ausdehnung der Märkte konkret stellende Problem, valide Entscheidungsgrundlagen für ihre Absatzstrategien finden zu müssen, wurde nun laut Conrad in dem Maße an eine kommerzielle, sozialwissenschaftliche Konsumforschung delegiert, in dem führende wirtschaftswissenschaftliche Autoritäten es

als ein mit deren empirischen Mitteln zu lösendes Problem anerkannten – Conrad nennt hier bezüglich der „Entdeckung der Konsumentin" in der Bundesrepublik den Ökonomen Karl Christian Behrens (vgl. Conrad 2004: 35f.).
Dieser Befund aus der Geschichte der kommerziellen Konsumforschung zeigt, daß ihre Abhängigkeit von Auftraggebern nicht allein die Aspekte der Finanzierung und Zielsetzung konkreter Erhebungen betrifft, sondern auf einer epistemologischen Ebene wiederkehrt: Auch ihr Ethos als sozialwissenschaftliches Unternehmen und das damit verbundene Versprechen, ihre Daten seien aufgrund der Verwendung wissenschaftlicher Methoden besonders valide, scheint – jedenfalls in der Frühphase – den Managementabteilungen erst vermittelt durch wirtschaftswissenschaftliche Lehrmeinungen nahegebracht worden zu sein. Auch wenn sich diese Lage seit den 1950er Jahren stark verändert haben mag, bleibt festzuhalten, daß die mitunter aufwendigen Eigenlogiken sozialwissenschaftlicher Verfahren im Bereich der kommerziellen Konsumforschung von der veränderlichen Anerkennung durch Auftraggeber – und das heißt: durch Nichtwissenschaftler – abhängig bleiben, die sich in ihren Urteilen wiederum am status quo anderer akademischer Fächer orientieren mögen. Die Stellung der kommerziellen Konsumforschung innerhalb des Konsumgeschehens ist also auch dadurch bestimmt, daß und wie ihre Wissenschaftlichkeit – beziehungsweise auf ihr Produkt bezogen: die Validität ihrer Daten – in nichtwissenschaftlichen Umfeldern anerkannt und wertgeschätzt wird. Aus der Perspektive einer externen, soziologischen Beobachtung liegt es nahe, diese Wertschätzung des von der Marktforschung erhobenen Datenmaterials als das Prestige zu bezeichnen, welches ihr Dritte – vor allem die Auftraggeber – zuerkennen.
Diesen Gedanken führen die beiden im zweiten Kapitel dieses Bandes versammelten Beiträge von *Felix Keller* und *Thomas Heun* aus, wobei der angeführte historische Befund um eine Reihe systematisch-theoretischer Überlegungen und Beobachtungen aktueller Phänomene ergänzt wird: *Keller* schlägt eine, auf den ersten Blick vielleicht kontraintuitive, aber sehr konsistente „Theorie der feinen Daten" vor, die – inspiriert von Thorstein Veblens „Theorie der feinen Leute" – den Prestigewert untersucht, den Marktforschungsdaten jenseits ihres konkreten Nutzens für Entscheidungsfindungen in Unternehmen haben können. *Heun* untersucht demgegenüber Adaptionen von sozialwissenschaftlichen Forschungsverfahren in Werbeagenturen und kommt zu dem Schluß, daß es auch hier der Prestigewert dieser Verfahren ist, der im Hintergrund der – aus wissenschaftlicher Sicht weitgehend strategisch erscheinenden – Adaptionen durch Werbeagenturen steht.
Der dieser Einleitung unmittelbar folgende Beitrag von *Kay-Volker Koschel* hat ebenfalls einführenden Charakter und ergänzt ihren Versuch, die Stellung der kommerziellen Konsumforschung innerhalb des Konsumgeschehens zu um-

reißen. *Koschel* geht es darum, diese Stellung aus der Sicht eines professionellen Marktforschers zu erfassen. Er macht dabei nicht nur auf die spezifische Wahrnehmung des gesellschaftlichen Wandels durch die kommerzielle Konsumforschung aufmerksam, sondern gibt auch eine detaillierte Übersicht der veränderten Schwerpunkte der Marktforschungspraxis in den letzten Jahrzehnten und deren Korrelationen mit soziokulturellen Veränderungen. *Koschels* Beitrag macht zudem deutlich, wie sich die unterschiedliche Stellung der in Unternehmensabteilungen und in selbständigen Firmen tätigen Marktforscher auf deren Selbstverständnisse auswirkt. Vor allem aber erläutert *Koschel* ein wichtiges, von der auf den Prestigewert zielenden externen Beobachtungsperspektive nicht erfaßtes Moment im Selbstverständnis der kommerziellen Konsumforscher, nämlich eine „Brücke zwischen Unternehmen und Konsumenten" zu sein – ein Selbstverständnis, das vor dem Hintergrund der strukturellen Mittlerposition der Marktforschung gut nachvollziehbar ist und oftmals auch in Absetzung von den Zielen der Werbung und des Marketing hervorgehoben wird.

Die Beiträge des dritten Kapitels haben das Anliegen, Transfers zwischen kommerzieller und akademischer Forschung anzuregen. So schlagen *Edvin Babic* und *Thomas Kühn* in ihrem Beitrag vor, die Rolle der qualitativen Marktforschung als Akteur bei der Produktentwicklung für die Techniksoziologie fruchtbar zu machen. Die mit der Erhebung sozialer Aneignungs- und Deutungsmuster befaßte Marktforschung könne, so die Autoren, der Techniksoziologie angesichts ihres in jüngster Zeit verstärkten Interesses für außertechnische Implikationen der Techniknutzung eine Reihe von Anregungen vermitteln. Denn zwar sei die Techniksoziologie inzwischen aufmerksam für die Aushandlungsprozesse zwischen Herstellern und Nutzern technischer Geräte geworden, aber in welcher Form diese Prozesse stattfänden, bliebe ihr zumeist unklar. Dabei habe die Kommunikation zwischen Herstellern und Nutzern faktisch die Form einer Beziehung zwischen Anbietern und Käufern von Konsumgütern, die im Bereich der Produktentwicklung gleichsam einen spezifischen Fall des modernen, auf Massenmärkte bezogenen Konsumgeschehens darstelle. Vor diesem Hintergrund ist klar, daß die Aushandlungen von Herstellern und Nutzern in hochgradig vermittelter Weise vonstatten gehen und nur in metaphorischem Sinne als personale Interaktionen beschreibbar seien. Insbesondere die qualitative Marktforschung nehme in diesen Aushandlungsprozessen inzwischen eine besondere Vermittlerrolle ein, insofern sie für die Produkthersteller handhabbare Kundenwünsche überhaupt erst zugänglich macht. Angesichts des raschen Wandels der Kundenwünsche (etwa im Automobilbereich) komme ihr, so die Autoren, eine „ähnlich wichtige Rolle zu wie der Arbeit im Forschungs- und Entwicklungslabor".

Demgegenüber regt der Beitrag von *Andreas Mühlichen* und *Jörg Blasius* an, einen bislang fast ausschließlich in der akademischen Konsumforschung gebrauchten quantifizierenden Ansatz für die Zwecke kommerzieller Anwendungen fruchtbar zu machen. Sie schlagen vor, ein von Pierre Bourdieu inspiriertes Verfahren der Korrespondenzanalyse anstelle des in der kommerziellen Konsumforschung gebräuchlichen SINUS-Lebensstilansatzes zu verwenden und machen in ihrer detaillierten Darstellung auf seine Vorteile aufmerksam. Die Korrespondenzanalyse im Anschluß an Bourdieu, so zeigt der Beitrag, stellt ein zwar methodisch aufwendiges, aber präzises Verfahren dar, mit dessen Hilfe die Vorlieben von Medienrezipienten für bestimmte Prominente als (leicht abfragbare und vielseitig einsetzbare) Indikatoren für die Zugehörigkeit zu Lebensstilgruppen verwendet werden können. Dieses Verfahren kann also Korrespondenzen zwischen dem Publikum der Mediennutzer und konsumrelevanten Lebensstilen aufzeigen – es kann feststellen, welche Prominente zu welchem Lebensstil „passen", und eignet sich deshalb beispielsweise für zielgruppenspezifische Werbemaßnahmen, aber auch für die Programmplanung von Sendern.

Im vierten Kapitel widmen sich die Beiträge von *Stefan Meißner* und *Andreas Schelske* dem Feld der kommerziellen Konsumforschung, das derzeit wohl am stärksten in Bewegung ist: der Marktforschung im Internet. Beide Beiträge sondieren die unüberschaubare Lage in diesem Bereich und eruieren Konsequenzen, die sich für die bis dato gängigen Praktiken der Konsumforschung daraus ergeben könnten. *Stefan Meißner* untersucht die Herausforderungen, mit denen die kommerzielle Konsumforschung durch das Internet konfrontiert ist, in einer mediensoziologischen Perspektive. Zunächst kontrastiert er die gängigen Verfahren der Zielgruppenanalyse, welche vor dem Hintergrund der klassischen Massenmedien Print, Radio und Fernsehen entwickelt wurden, mit den neuartigen Erhebungsmöglichkeiten, aber auch den mit der Internetnutzung einhergehenden Verhaltensänderungen von Konsumenten. Im Zentrum steht dabei die Frage, inwieweit die kommunikationstheoretischen Modelle, an denen sich die Konsumforschung bislang orientierte, noch haltbar sind. Weiterhin zeigt *Meißner*, wie sich im Internet neuartige Typen von Anbietern, Produkten und Konsumenten herausbilden. Seine Prognose ist, daß gerade die unüberschaubare Masse von Daten, welche die Internetnutzung produziert und die einer Vielzahl von Interessierten – oftmals ohne den Beitrag professioneller Marktforscher – zugänglich ist, die lange Zeit vorherrschende Vorstellung deplausibilisiere, daß Informationen über das Verbraucherverhalten ein knappes Gut seien. Dies stelle auch den oftmals an die Marktforschung herangetragenen Anspruch in Frage, daß das Verhältnis von Unternehmen und Konsumenten mit ihrer Hilfe steuerbar(er) werde.

Im Zentrum von *Andreas Schelskes* Beitrag stehen demgegenüber die mit dem Internet möglichen neuartigen Kooperationsformen von Konsumenten und Anbietern von Gütern. Unternehmen, die sich solcher „interaktiven Wertschöpfungsprozesse" bedienen, rechnen mit der (unentgeltlichen) Mitarbeit ihrer Kunden, etwa bei der Individualisierung, aber auch – wie bei der Softwareentwicklung – bei der Herstellung und beim Test von Produkten. Neben einigen Überlegungen, wie solche Produktionsformen konzeptuell zu fassen seien, stellt *Schelske* auch die möglichen Konsequenzen heraus, die solche Entwicklungen für die Stellung der kommerziellen Konsumforschung zeitigen könnten: Zunehmend werden – jedenfalls in den avancierten Bereichen der interaktiven Wertschöpfung, auf die *Schelske* sich konzentriert – die Konsumenten selbst als Marktforscher in die Produktionsabläufe und Werbemaßnahmen solcher Unternehmen eingebunden – klassische Verfahren und nicht zuletzt auch Dienstleistungen der kommerziellen Konsumforschung scheinen im Zusammenhang dieser Kooperationsformen obsolet zu werden.

In seinem resümierenden Nachwort betrachtet *Kai-Uwe Hellmann* die Funktion der Marktforschung in der Konsumgesellschaft in einer theoretischen Perspektive. Er nimmt dabei die frühen, an Kybernetik orientierten Managementtheorien zum Ausgangspunkt und konzeptualisiert die Marktforschung als Wahrnehmungsorgan des Unternehmens. Die oft prekäre Stellung der kommerziellen Konsumforschung innerhalb der Unternehmensorganisation (etwa gegenüber der Geschäftsführung) lasse sich aus dieser Sicht einfach dadurch erklären, daß es ihre Funktion sei, die Umwelt des Unternehmens in seinem Inneren zu repräsentieren – also auch unvorhergesehene Daten und damit unbequeme Wahrnehmungen vermitteln zu müssen. Eben diese Funktion macht die Marktforschung aus der Sicht *Hellmanns* aber auch zur „Aufstiegskandidatin" innerhalb von Unternehmen, die – etwa im Zeichen der Internetökonomie – in wachsendem Maße auf die Mitspracheansprüche von Konsumenten reagieren müssen.

4 Zwischen Methodenpluralismus und Datenhandel – ein Ausblick

Betrachtet man die neueren Entwicklungen in der Marktforschung mit Blick auf die angewandten Verfahrensweisen und ihre Modifikationen, so ist der Methodenpluralismus ein hervorstechendes Merkmal: Die Emanzipation der sozialwissenschaftlich geprägten Auftragsforschung von den wirtschaftswissenschaftlichen Modellen hat nicht, wie in den Nachkriegsjahrzehnten oft erwartet, zur Etablierung einer ausschließlich quantifizierenden, auf soziodemographische Daten zugreifenden kommerziellen Konsumforschung geführt: Gerade die kommerzielle Konsumforschung hat recht früh durch die Konstruktion von qualitativen Erhebungsverfahren auf die Pluralisierung der Lebensstile von Konsumenten reagiert. Diese qualitative Komponente scheint immer mehr zu einem anerkannten Zweig der Marktforschung zu werden, der quantifizierende Verfahren zwar nicht ersetzt, aber doch durch zusätzliche Sonden ergänzt (vgl. Naderer/Balzer 2007).

Man kann aber – und dies ist ein Anliegen des vorliegenden Bandes – die von den Marktforschern selbst angestellten Überlegungen zu den Vor- und Nachteilen verschiedener Erhebungsverfahren ergänzen und nach der Funktion der Marktforschung im Konsumprozeß fragen – was voraussetzt, daß man unter Konsum nicht allein den Verbrauch von Gütern versteht, sondern auch all jene Infrastrukturen, welche die Verbrauchsakte in der modernen Gesellschaft ermöglichen und strukturieren. Diese Frage impliziert eine soziologische Perspektive, die die Marktforschung selbst zum Gegenstand macht und in ihrem Verhältnis zur Produktion, zur Werbung und zum Vertrieb von Gütern betrachtet. Ausgangspunkt dieser Fragestellung sind nicht die Methodendiskussionen in der kommerziellen Konsumforschung, sondern vielmehr die Beobachtung, daß Daten der Marktforschung selbst ein handelbares Gut darstellen, das von Konsumgüterproduzenten erworben wird.[3] Wie andere Güter können diese Daten für diejenigen, die sie erwerben und gebrauchen, einen praktischen Nutzen haben – etwa indem sie Unternehmen über Kundenpräferenzen informieren. Diese Daten können aber auch dann, wenn sie diesen praktischen Nutzen nicht in (aus sozialwissenschaftlicher Sicht) valider Weise erbringen, unternehmerische Entscheidungen herbeiführen oder einen Prestigenutzen beinhalten. Auch beim Datenhandel hat insofern die Maxime von Konsumentenmärkten ihre Gültigkeit: In letzter Instanz entscheiden die Kunden.

Vor diesem Hintergrund werden die Vorbehalte der akademischen gegenüber der kommerziellen Konsumforschung ebenso nachvollziehbar wie die Schwierigkeiten, die sich den Marktforschern stellen, wenn sie ihre (in *Kai-Uwe Hellmanns* Nachwort hervorgehobene) Leistung erbringen, die Umwelt von Unternehmen in deren Auftrag wahrzunehmen, sich dabei aber zugleich an den methodischen Standards der akademischen Forschung orientieren. Weder die genannten Vorbehalte, noch diese Schwierigkeiten lassen sich jedoch als Argumente dafür verwenden, die in den Aufsätzen dieses Bandes deutlich werdende gesellschaftliche Funktion der im Auftrag von Unternehmen erfolgenden sozialwissenschaftlichen Forschung zu ignorieren. Die sich angesichts dieser Befunde stellenden Fragen sind allerdings soziologische, die von der Marktforschung selbst aus den genannten Gründen konstitutiv nicht bearbeitet werden können. Der Soziologie böte sich, ginge sie ihnen nach, nicht nur die Chance eines umfassenderen Einblicks in das Konsumgeschehen, sondern auch die Möglichkeit, sich selbst über die Verwendung ihrer eigenen Konzepte und Verfahren unter kommerziellen Bedingungen aufzuklären und damit ihre eigenen – wenngleich zumeist unintendierten – gesellschaftlichen Effekte in den Blick zu nehmen.

---

[3] Vgl. neben dem Beitrag *Felix Kellers* (in diesem Band) auch die Überlegungen Markus Stauffs, der diesen Gedanken im Bereich der Massenmedien durchspielt und die Nutzung von Publikumsstatistiken durch Sendeanstalten und Werbetreibende als „Konsum der Zuschauer" faßt (vgl. Stauff 2004).

Literatur

Becker, Ulrich/Horst Nowak (1982), Lebensweltanalyse als neue Perspektive der Meinungs- und Marketingforschung, in: European Society for Opinion and Marketing Research (Hg.), ESOMAR-Congress 1982, Bd. 2, Amsterdam, S. 247-267.
Conrad, Christoph (2004), Observer les consommateurs. Études de marché et histoire de la consommation en Allemagne, des années 1930 aux années 1960, in: Le Mouvement Social, Nr. 206, S. 17-39.
Featherstone, Mike (1991), Consumer Culture and postmodernism, London.
Gay, Paul du et al. (1997), Doing Cultural Studies. The story of the Sony Walkman, London.
Hellmann Kai-Uwe/Dominik Schrage (Hg.) (2004), Konsum der Werbung. Zur Produktion und Rezeption von Sinn in der kommerziellen Kultur, Wiesbaden.
Hellmann Kai-Uwe/Dominik Schrage (Hg.) (2005), Das Management der Kunden. Studien zur Soziologie des Shopping, Wiesbaden.
Hellmann Kai-Uwe/Guido Zurstiege (Hg.) (2007), Räume des Konsums. Über den Funktionswandel von Räumlichkeit im Zeitalter des Konsumismus, Wiesbaden.
Hellmann Kai-Uwe/Rüdiger Pichler (Hg.) (2005), Ausweitung der Markenzone. Interdisziplinäre Zugänge zur Erforschung des Markenwesens, Wiesbaden.
Hradil, Stefan (1987), Sozialstrukturanalyse in einer fortgeschrittenen Gesellschaft. Von Klassen und Schichten zu Lagen und Milieus, Opladen.
ICC/ESOMAR (2007), Internationaler Kodex für die Markt- und Sozialforschung, http://www.bvm.org/user/Richtlinien/ICCESOMAR_%20Code_German _NEU.pdf (7.2.2008).
König, René (1965), Die Rolle der Sozial- und Marktforschung in der Gegenwartsgesellschaft, in: ders., Soziologische Orientierungen, Köln/Berlin, S. 533-541.
Kroeber-Riel, Werner (1975), Konsumentenverhalten, München.
Lazarsfeld, Paul F. (1973), Bemerkungen über administrative und kritische Kommunikationsforschung (1941), in: Dieter Prokop (Hg.), Kritische Kommunikationsforschung. Aufsätze aus der Zeitschrift für Sozialforschung, München.
Lury, Celia (1996), Consumer Culture, Cambridge.
Naderer, Gabriele/Eva Balzer (2007), Qualitative Marktforschung in Theorie und Praxis. Grundlagen – Anwendungsbereiche – Qualitätsstandards, Göttingen.
Simmel, Georg ([1900] 1989): Philosophie des Geldes, Frankfurt/M.
Stauff, Markus (2004), Der Konsum der Zuschauer. Zur televisuellen Umwertung von Wahrnehmungen und Bedeutungen, in: Kai-Uwe Hellmann/Dominik Schrage (Hg.), Konsum der Werbung, Wiesbaden, S. 63-80.
Suthoff, Karl (1960), Marktforschung und Gesellschaftsstruktur, in: Markenartikel, Jg. 22 1960, S. 86-88.
Weymann, Ansgar/Matthias Wingens (1989), Die Versozialwissenschaftlichung der Bildungs- und Arbeitsmarktpolitik. Eine kritische Zwischenbilanz zur öffentlichen Argumentation, in: Ulrich Beck/Wolfgang Bonß (Hg.), Weder Sozialtechnologie noch Aufklärung? Analysen zur Verwendung sozialwissenschaftlichen Wissens, Frankfurt/M., 276-301.
White, Harrison C. (1981), Where do Markets come from? in: American Journal of Sociology, Jg. 87 Heft 3, S. 517-547.

Zur Rolle der Marktforschung in der Konsumgesellschaft

Kay-Volker Koschel

„Nun, sehen Sie, Miss Ford, wir leben in einer komplizierten Gesellschaft, die es vorzieht, dem Wettbewerb alle Risiken zu entziehen. Deshalb gibt es auch mehr Meinungsforschungsinstitute als ein normaler Sterblicher zu zählen vermag. Bevor wir ein Produkt auf den Markt bringen, wollen wir erfahren, wer es kaufen wird, wie oft und was man dafür anlegen will; welche Gründe für Bekenntnisse maßgebend sind; welche Chancen Gouverneur Stone hat, wieder gewählt zu werden; welche Waren besonders viel verlangt werden; ob Tante Bessie in der nächsten Modesaison blau oder rosa vorzieht." (Daniel F. Galouye, Simulacron 3, 1965)

1 Einleitung

„Die moderne Gesellschaft kann als Konsumgesellschaft beschrieben werden", so konstatiert Michael Jäckel (2004) im Klappentext zur Einführung in die Konsumsoziologie. Und es ist unbestritten, daß der private Konsum ein zentraler Treiber für Wirtschaft und Gesellschaft ist. Auch für das Individuum in vielen westlichen Gesellschaften ist der Konsum zu einem wichtigen Lebensbedürfnis und zu einem veritablen Sinn- und Identitätsstifter geworden. Nicht zuletzt die sich zunehmend differenzierende, moderne Konsumgesellschaft, der ständige Wandel des Konsumverhaltens und der anscheinend immer unberechenbarer werdende Konsument haben die Stellung der Marktforschung als „Schlüssel zum Verstehen der Konsumenten" (Klaus Wübbenhorst, Vorstandsvorsitzender der GFK) und als „Brücke" zwischen Produktion und Konsumtion notwendig gemacht und stets verstärkt.

In der sich entwickelnden Konsumgesellschaft ist die kommerzielle Marktforschung eine *Schlüsselindustrie*. So betrug nach Zählungen der European Society for Opinion and Marketing Research (Esomar 2006) der weltweite Umsatz an Marktforschungsleistungen im Jahr 2005 rund 23 Milliarden Dollar, und die Wachstumsrate der Branche beträgt jährlich ca. fünf Prozent. Global sind mehr als 650.000 Marktforscher tätig. Allein in Deutschland werden täglich weit über 10.000 Menschen nach ihren Meinungen, Bedürfnissen und ihrem Konsumverhalten befragt. Vergegenwärtigt man sich diese Zahlen, dann kann konstatiert werden, daß heute mehr denn je Menschen an einem Prozeß beteiligt sind, der sie letztendlich auch zu berechenbaren Konsumenten macht und der die Kommerzialisierung ihrer Bedürfnisse und Lebenswelt zum Ziel hat.

Zielsetzung dieses Beitrags ist es, aus der Perspektive des Marktforschers die historischen Entwicklungen der westdeutschen Konsumgesellschaft insbesondere von den frühen 1950er Jahren bis heute, den Wandel des Konsumentenverhaltens und die Auswirkungen auf die Marktforschung nachzuzeichnen.

2 Konsum, Gesellschaft und Marktforschung

Die post-industrielle Gesellschaft kann je nach Perspektive unterschiedlich etikettiert und beschrieben werden, z.b. als Informationsgesellschaft (Daniel Bell), Risikogesellschaft (Ullrich Beck), Freizeitgesellschaft (Horst W. Opaschowski) oder Erlebnisgesellschaft (Gerhard Schulze). Jede dieser Definitionen legt den Fokus der gesellschaftlichen Entwicklung und Analyse auf ein bestimmtes Schlüsselphänomen, vernachlässigt aber andere wichtige Einflußfaktoren. Ähnlich defizitär ist sicherlich auch das Etikett Konsumgesellschaft. Nichtsdestotrotz fällt bei der Analyse der gesellschaftlichen Entwicklung des 20. und 21. Jahrhunderts auf, daß dem Konsum in vielen Bereichen eine immer stärkere Bedeutung zukommt und andere relevante Faktoren, wie zum Beispiel die Arbeit, in den Hintergrund gedrängt werden.

Für die zunehmende Bedeutung des Konsums und die Entstehung einer Konsumkultur in Deutschland können historisch drei zentrale gesellschaftliche Entwicklungen verantwortlich gemacht werden (vgl. Hansen/Bode 1999: 27):

- Wandel der Sozialstruktur: Die Demokratisierung des Konsums d.h. ein individueller Konsum, der nicht mehr nur für eine privilegierte Oberschicht möglich ist, sondern auch allen anderen sozialen Schichten;
- Wandel der Familienstruktur: Der Übergang von der Eigen- zur Fremdversorgung, d.h. der sozialen Trennung von Produktion und Konsum im Familienkontext;
- Wandel in der Konsumethik: Die Entstehung eines Konsumentenbewußtseins durch steigende Einkommen und eine veränderte moralische Bewertung des Konsums.

Aber was wird eigentlich unter „Konsum" verstanden? Konsum bedeutet nicht mehr nur „verbrauchen", wie es die lateinische Wortwurzel „cum sumere" vermuten läßt. Aus konsumsoziologischer Perspektive ist Konsum vielmehr „ein dynamischer, mehrphasiger Prozeß, der mit der Bedürfnisgenese beginnt, Aktivitäten der Informationsgewinnung und Entscheidungsfindung umfaßt, sich über die Nutzung bzw. den Verbrauch von Gütern erstreckt und mit der Entsorgung endet" (Schneider 2000: 11). Wichtig ist in diesem Zusammenhang, daß sich der moderne Konsum räumlich nicht mehr auf einen abstrakten oder konkreten Treffpunkt von Produzent und Konsument reduzieren läßt: „Konsum ist ein gesellschaftsweiter Prozeß" (Schrage 2003: 58), der weit über die Grenzen des Marktes als Zusammentreffen von Angebot und Nachfrage hinausgeht. So gibt jede scheinbar unbedeutende Kaufhandlung, selbst jeder Kaufwunsch, wichtige Einsichten in kulturelle und soziale Strukturen des Konsumenten.

Einige deutsche (z.b. Horkheimer, Adorno, Fromm) und amerikanische Sozialwissenschaftler (z.B. Riesman und Galbraith) haben seit den frühen Nachkriegsjahren verstärkt den Konsum in allen seinen Facetten zur Beschreibung der Moderne herangezogen. So spricht etwa David Riesman (1950) in seinem Werk „The Lonely Crowd" von dem Ende des Zeitalters der Produktion und dem Beginn des „Zeitalters des Konsums". John Brewer (1997) hat sechs konstituierende Merkmale der „modernen bzw. westlichen Konsumgesellschaft" zusammengestellt:

- Ein reichhaltiges Warensortiment, welches sich auf die Erfüllung von Konsumwünschen auf Basis bereits befriedigter Grundbedürfnisse richtet,
- entwickelte bedürfnisweckende, bedürfnissteuernde sowie bedeutungsgebende Kommunikationssysteme wie zum Beispiel Werbewirtschaft und Marktforschung,
- die Bildung von „Objekt-Bereichen", die so genannten Sphären des Geschmacks, der Mode und des Stils, die sicherstellen, daß trotz Massenproduktion und Massenkonsum soziale Distinktion ausgedrückt werden kann,
- die Betonung und Wertschätzung von Freizeit (gegenüber Arbeit) und Konsum (gegenüber Produktion) als eigenständige Werte- und Lebensbereiche,
- die Entstehung des Konsumenten als eigenständige Rolle und soziale Kategorie und
- die Entstehung von Konsumkritik.

Obwohl ein Zusammenhang von Konsumgesellschaft und Marktforschung evident zu sein scheint, findet dies in der wissenschaftlichen Literatur und Forschung kaum nähere Beachtung. Brewer ist einer der wenigen, die explizit eine systematische Verortung der Marktforschung in die Konsumgesellschaft vornimmt und die Marktforschung zu einem konstituierenden Merkmal erklärt. Dies ist um so erstaunlicher, da Markt-Forschung, als eine Erforschung der Märkte, die Entwicklung des Konsums in der Konsumgesellschaft wie keine andere gesellschaftliche Instanz begleitet und analysiert hat. Interessant ist in diesem Zusammenhang, daß Wolfgang König (2000) bei seiner umfassenden Analyse der Geschichte der Konsumgesellschaft die Rolle der Konsumforschung im Allgemeinen und die der Marktforschung im Besonderen überhaupt nicht berücksichtigt. Aber in diesem Punkt steht König nicht allein. Die Marktforschung als gesellschaftliche Institution scheint kaum oder nur peripher Gegenstand von soziologisch-fundierten Meta-Analysen zu sein. Es gibt schlechthin kaum Forschung über die Bedeutung und die Wirkung von Marktforschung, kaum eine Rekonstruktion des „Siegeszuges" der Markt- und Meinungsforschung seit den 1930er Jahren. Dies liegt nicht zuletzt daran, daß insbesondere die kommerzielle Marktforschung für Außenstehende nur sehr schlecht greifbar zu sein scheint. Wolfgang Ullrich (2006: 119) bezeichnet die Marktforschung als eine „Schattenwissenschaft", weil von ihren Erkenntnissen kaum etwas an die Öffentlichkeit dringt. Ähnlich Eva Balzer (2007: 33), die angesichts der mangelnden Informationslage über die Marktforschung von einer „Geschichtslosigkeit der deutschen Marktforschung" spricht. Ursache für diese Tatsache ist nach Balzer aber auch das schwindende Bedürfnis der Branche selbst, „sich inhaltlich, theoretisch und institutsübergreifend mit der eigenen Arbeit auseinanderzusetzen und dies auch zu verschriftlichen." (2007: 37)

Vielleicht liegt die Geschichtslosigkeit der deutschen Marktforschung gerade daran, daß es „die Marktforschung" als solche gar nicht gibt. In der Literatur findet sich eine Vielzahl von unterschiedlichen *Definitionen und Abgrenzungen der Marktforschung*. Fragt man die Berufsgruppe der Marktforscher selber, dann nehmen die meisten zumindest eine zentrale, praktische Unterscheidung vor: in „betriebliche Marktforschung" und die kommerzielle Marktforschung der Institute.

Hieraus resultieren zwei differierende Definitionen von Marktforschung. Im Selbstverständnis des betrieblichen Marktforschers und aus betriebswirtschaftlicher Sicht wird Marktforschung als (Teil des) Marketing und vor allem der Nutzen der Marktforschung für das Unternehmen bzw. für das Marketing gesehen. Eine beispielhafte Definition lautet: „Marktforschung ist die systematisch betriebene Erforschung der Märkte, insbesondere die Analyse der Fähigkeit dieser Märkte, Umsätze hervorzubringen." (Meffert 1986: 12) Die Bedeutung der Marktforschung für das Marketing betont noch stärker Pepels (1997: 161), der schreibt: „Marktforschung ist die systematische Sammlung, Aufbereitung, Analyse und Interpretation von Daten über Märkte und Marktbeeinflussungsmöglichkeiten zum Zweck der Informationsgewinnung für Marketing-Entscheidungen." Wichtig hierbei ist, daß Marktforschung im Selbstverständnis des Marketings als Marketinginstrument angesehen wird. Die berufsständische Definition der Marktforschung reflektiert eher das Denken der institutionellen Marktforscher. Hier wird Marktforschung als unabhängige Informationsbeschaffung gesehen und der Verwertungszusammenhang mitunter ausgeblendet:

Zur Rolle der Marktforschung in der Konsumgesellschaft

„Marktforschung ist eine freie, zweckgerichtete Tätigkeit, die mit angemessenen, wissenschaftlich gesicherten und überprüfbaren Methoden und Verfahrensweisen durchgeführt wird mit dem Ziel, Informationen über Märkte und Bevölkerungsgruppen, d.h. über wirtschaftliche, soziale und soziopsychologische Tatbestände, Zusammenhänge und Entwicklungen zu gewinnen" (Satzung des BVM, Berufsverband Deutscher Markt- und Sozialforscher).

Obwohl die berufsständische Definition *Freiheit* und *Eigenständigkeit der Marktforschung* hervorhebt, muß man in der Marktforschungspraxis doch eingestehen, daß die Marktforschung heute eher als „Diener des Marketings" oder, wie es Rudolf Sommer ausdrückt, als „Erfüllungsgehilfe des Marketings" verstanden werden muß (vgl. Balzer 2007: 39). Daß dies nicht immer so war, zeigt die Positionierung der Marktforschung in den Gründerjahren, als sie noch „Chefsache" und eng an Unternehmensführung und Unternehmensstrategie angebunden war. In der Praxis kommt dies, so Balzer, einem *Bedeutungsverlust* gleich: „Marktforschung verlor ihre ursprüngliche Funktion der langfristigen Strategieentwicklung zugunsten der Zulieferung von marketingrelevanten ‚Insights' für die kurzfristige Produktplanung und Umsatzoptimierung." Und es scheint gar nicht weit hergeholt, wenn man die modernen, betrieblichen und Institutsmarktforscher als Consumer-Insight-Provider bezeichnet.

Um die vorher genannte „Diener-Rolle" wieder zu verlieren und dem Bedürfnis nach Bereitstellung von stärker fundierten Einsichten und Handlungsempfehlungen nachzukommen (d.h. Wissen schaffen statt Erbsenzähler sein und Zahlen liefern), wird zum einen eine größere Verschränkung von Forschung und Beratung immer wichtiger, und zum anderen müßte die Marktforschung intensiver als bisher mit der sozialwissenschaftlichen Konsumforschung zusammenarbeiten (vgl. Kühn/Koschel 2007). Auch sollten Unabhängigkeit und Eigenständigkeit beibehalten bleiben, nicht zuletzt aufgrund der besonderen „treuhänderischen Funktion" (Wyss 1991: 68) der Marktforschung vor allem hinsichtlich der beforschten Konsumenten.

3 Konsumgesellschaft und Marktforschung im Wandel

Ein historischer Rückblick in das 19. Jahrhundert offenbart, daß mit der Entstehung von nationalen und internationalen Massenmärkten die Angebots- und Nachfrageermittlung für den Produzenten oder Unternehmer immer schwieriger wurde. Während vormals unternehmerische Erfahrung und Intuition zur Markteinschätzung ausreichten und der Handel als direkter Mittler zwischen Produzent und Konsument fungierte, wurde diese Aufgabe bei den entstehenden anonymen Massenmärkten gegen Ende des 19. Jahrhunderts zunehmend schwieriger. Um verläßliche Marktinformationen für die Absatzplanung zu generieren, wurde immer systematischer „Marktforschung" betrieben. Auch die Rolle des Handels als Vermittler zwischen Produzent und Konsument verschob sich in der Mitte des 20. Jahrhunderts immer weiter in Richtung Marktforschungsinstitute. In einem engen Zusammenhang mit der Entwicklung der Marktforschung standen auch die stark wachsende Bedeutung der Wirtschaftswerbung und die Entdeckung des Markenartikelsystems (vgl. Hansen/ Bode 1999: 33ff).

Aus dieser Perspektive kann die Marktforschung (wie auch die Werbung) als „Brücke" zwischen Angebot und Nachfrage, Unternehmen und Konsument gesehen werden. Und die konkrete Funktion der Marktforschung ist es, dieses „structural hole", wie es der amerikanische Soziologe Ronald Burt (1992) genannt hat, durch Informationen zu schließen. Das heißt durch Informationen, die zur Identifizierung und Definition von Marketingchancen und -risiken, zur Entwicklung, Modifizierung und Überprüfung von Marketingmaßnahmen, zur Überprüfung des Marketingerfolgs und zur Verbesserung des Verständnisses des Marketingprozesses benutzt werden.

Die Marktforschung unterliegt dabei einer permanenten Herausforderung. Denn ändern sich die Marktstrukturen oder wandelt sich das Konsumverhalten der Konsumenten, dann müssen neue Forschungsmethoden eingesetzt werden, um die Bedürfniswelt rund um den Konsum möglichst durch Einbeziehung neuer Perspektiven erneut auszuloten. Diese Interdependenz soll im folgenden beispielhaft an den wichtigsten Entwicklungsschritten der westdeutschen Konsumgesellschaft in den letzten Jahrzehnten skizziert werden.

In den 1950er Jahren nahm die Wirtschaftswunder-Konjunktur der Bundesrepublik Fahrt auf und beendete die für die Verbraucher mit vielen materiellen Entbehrungen verbundenen Nachkriegsjahre. „Wohlstand für alle" war das Kernversprechen des damaligen Wirtschaftsministers Ludwig Erhard, Nachholbedarf das Stichwort dieser Zeit. Dies manifestierte sich primär in der ersten großen Konsumwelle (Freßwelle) (vgl. Szallies 1990: 44). Neben der Ernährung war modische Kleidung den deutschen Verbrauchern besonders wichtig. Mode war damals noch ein „Diktat der Modehäuser", dem man „blind" folgte, und weniger ein aktives „Spiel" der Verbraucher. Aus Amerika kamen die den Zeitgeist prägenden Bluejeans. Unabhängig von der Marke war das Auto ein Statussymbol, Nylons das häufigste Sparziel (vgl. Bretschneider 2000: 23). Wirtschaftlich führte die erste Konsumwelle zu einem starken Wachstum der Werbebranche, und nur wenige Jahre nach dem Durchbruch des Fernsehens als Massenmedium (1952) wurde am 3. November 1956 der erste Werbespot im Deutschen Fernsehen gezeigt: für das Waschmittel „Persil" vom Henkel-Konzern.

Obwohl es schon einige vor dem Krieg gegründete Marktforschungsinstitute (wie die GFK 1934) gab, war die Bedeutung der Marktforschung in den frühen Nachkriegsjahren eher gering (vgl. Kapferer 1994). Das Warensortiment war noch nicht besonders reichhaltig, die Bedürfnisse der Konsumenten noch einfach, basal. Marktforschung wurde meistens innerbetrieblich als Marktbeobachtung und vor allem in der Analyse von soziodemographischen Sekundär-Statistiken vorgenommen. Erst gegen Ende der 1950er Jahre wuchs die Bedeutung der modernen, umfragebasierten Marktforschung. GFK-Gründer Wilhelm Vershofen konstatierte schon damals, daß die Konsumgesellschaft zu einem wichtigen Motor für die Erforschung des Menschen geworden war, und die Marktforschung „die neue Version der Anthropologie" ist (vgl. Ullrich 2006: 121).

Während Deutschland noch mit dem Wiederaufbau beschäftigt war, gab es erste umfassende konsumkritische Analysen der in Amerika entstandenen „Affluent Society" (Galbraith 1958), der „Überflußgesellschaft". In der amerikanischen Marktforschung erlebte Mitte der 1950er Jahre die tiefenpsychologische Motivforschung, insbesondere vertreten durch Ernest Dichter, ihre Hoch-Zeit. Für Dichter war die „Bedeutungswelt" der Produkte wichtiger als die sinnlich-wahrnehmbare „Scheinwelt" und die unterschwelligen Motive des Konsumenten wichtiger als die rational geäußerten Bedürfnisse (vgl. Dichter 1964). Die Motivforschung war es auch, die der amerikanische Soziologe und Kritiker der Konsumkultur Vance Packard zum Ausgangspunkt für eine Analyse der „geheimen Verführer" (1957) nahm. Gegenstand dieses Buches war eine heftige Kritik an den Methoden der Markt- und Werbeforschung. Diese Kritik gipfelte in der Aussage, daß Werbung und Marktforschung der *Manipulation der Konsumenten*" dienen. Während sich die amerikanische und später auch die deutsche Öffentlichkeit angesichts der Manipulationsmöglichkeiten von Werbung und Marktforschung besorgt zeigten, förderte dies nur noch stärker das Interesse der Unternehmen und Werbetreibenden an motivpsychologischen Ansätzen (vgl. Hansen/Bode 1999: 85). Nicht zuletzt aufgrund der Motivforschung und ihrer Etablierung von „projektiven Verfahren" in der (qualitativen) Marktforschung spricht man noch heute von der Psychologie als dem Vater – und der Soziologie als der Mutter – der modernen Marktforschung.

Anfang der „wilden" 1960er Jahre erlebte das bundesrepublikanische Wirtschaftswunder seinen Höhepunkt. Insgesamt herrschte in Wirtschaft und Gesellschaft ein euphorischer Fortschrittsglauben und eine schier unbändige Konsumlust bei den Verbrauchern. In der Konsumkultur kam es zu einer verstärkten Übernahme von amerikanischen Konsummustern und Konsumleitbildern (American Way of Life). Die begehrtesten Konsumgüter waren seinerzeit Autos (Massenmotorisierung, erste große Mobilitätswelle) und Fernsehen/Radios (Ausbreitung der Massenmedien und enormer Anstieg des individuellen Fernsehkonsums). Kleinkreditaufnahmen, vor allem wegen der Anschaffung von Kraftfahrzeugen, nahmen erheblich zu. Erstmals wurden in dieser Zeit Diskussionen über

Marktsättigungen (z.B. bei langlebigen Gebrauchsgütern) geführt. Für die Wirtschaft bedeuteten die ersten Marktsättigungen, daß aus den ehemaligen goldenen Verkäufermärkten mehr und mehr umkämpfte Käufermärkte wurden. Dies führte im Marketing zur Bewußtwerdung einer steigenden Notwendigkeit und Nutzung der Marktforschung für den Absatz, was in der Folgezeit direkt zu einer Gründungswelle von Marktforschungsunternehmen führte. Peter Linnert definierte damals die Aufgaben des Marketing: „Erforschung, Sichtbarmachung und Befriedigung der Verbraucherbedürfnisse zum Zwecke der Erzielung eines höchstmöglichen Gewinns und zur Sicherung des Fortbestandes des Unternehmens" (1969: 26). Als bedeutsame Entwicklung dieser Zeit war auch die Etablierung des betrieblichen Marktforschers als Gegenstück zum Institutsmarktforscher zu verzeichnen (vgl. Wyss 1991: 63). Aufgrund der Weiterentwicklungen in der elektronischen Datenverarbeitungen (EDV) gewannen statistische Verfahren der Datenanalyse wie Faktorenanalysen und multiple Regressionsanalysen in der Analysepraxis stark an Bedeutung.

Im gesellschaftswissenschaftlichen Diskurs war eine stark soziologisch fundierte Konsumkritik – vor allem an den amerikanischen Konsumleitbildern – weit verbreitet. Die Analysen bezogen ihre Ideen vor allem von den Vertretern der „Kritischen Theorie". Konsum wurde hier als Manipulationsinstrument der Herrschenden gesehen (vgl. Marcuse 1967: 29). Zuerst werden „falsche" Bedürfnisse produziert, dann Konsummittel zur Beruhigung bereitgestellt. Dabei ist „der Zirkel von Manipulation und rückwirkendem Bedürfnis" (Horkheimer/Adorno 1969: 145) derart totalitär, daß „selbst wer die Massen befragte, dem würden sie die Ubiquität des Systems zurückspiegeln" (Adorno 1951: 273). Einziger Ausweg wurde in der „großen Verweigerung", im Konsumverzicht, gesehen.

Die 1970er Jahre verzeichneten anfangs eine wachsende Bevölkerung und Kaufkraft. Gegenüber der Arbeit (Vollbeschäftigung) erhält die Freizeit zunehmende Bedeutung (Freizeitwelle, Entstehung der Freizeitindustrie). Da Erdöl die Schlüsselenergie der neu entstandenen Konsumgesellschaft war, machte die globale Ölkrise (1973-1974) erstmals „die Grenzen des Wachstums" und das Ende des Wirtschaftswunders sichtbar. Folge waren bundesweite Sonntagsfahrverbote, Arbeitslosigkeit, Streiks, Unternehmenspleiten. Aufgrund der Ölkrise und infolge der Diskussionen rund um regenerative Energien, Ressourcenverschwendung, Wegwerfmentalität etc. fand ein entscheidender Paradigmenwechsel statt: Die gesellschaftlich fundierte Konsumkritik der „68er" wich immer mehr einer ökologisch fundierten Konsumkritik.

Aufgrund fortschreitender Marktsättigungen in vielen Konsumbereichen und der allgemein härter werdenden Wettbewerbssituation verbreitete sich in Deutschland immer mehr ein modernes Marketingverständnis.

Dies führte stärker von einem produktionszentrierten Denken zu einer Orientierung an den Problemen und Bedürfnissen der Konsumenten. Die Aufgabe der Marktforschung wurde es mehr und mehr, Kunden- und Konsumentenbedürfnisse zu ermitteln und auszuloten. Hiermit wurde die Basis für ein rasantes Wachstum der Branche in den Folgejahren gelegt.

In den Siebzigern gewannen qualitative Methoden wie Gruppendiskussionen und Einzelexplorationen enorm an Bedeutung. Die verstärkte Nutzung einer qualitativen Herangehensweise war aus der Einsicht entstanden, sich stärker mit den bislang zu wenig beachteten erfahrungsbezogenen, sozialen und kulturellen Kontextfaktoren des Konsums beschäftigen zu müssen (vgl. Holzmüller/Buber 2007). Mit diesen Ansätzen wurde aber auch das emanzipatorische Ziel verfolgt, die freie Meinungsäußerung der Konsumenten zu beflügeln und sie nicht in ein Korsett vorgefertigter Fragebatterien hineinzuzwängen. Verstärkt wurde zudem mit assoziativen und vor allem projektiven Methoden gearbeitet. Diese sollten es ermöglichen, über die Grenzen von Rationalisierung und Rechtfertigungsstrategien der Konsumenten hinauszugehen.

Zu Beginn der 1980er Jahre war ein deutliches Stocken des privaten Verbrauches, eine neue, bisher unbekannte Konsumzurückhaltung im Markt zu konstatieren. Das Problem im Markt waren plötzlich nicht mehr die knappen Waren, sondern die Knappheit der Kunden. Erstmals wurde von einer *Krise des Konsums* und einer *Krise der Marke* geredet. Zur gleichen Zeit entstand auch der Mythos vom neuen, unberechenbaren Konsumenten (vgl. Szallies 1990: 46ff.). Mehr und mehr gerieten die Emotionen der Konsumenten in den Fokus der Marktforschung. Im Jahre 1985 wurde erstmalig eine ganze Stadt zum Testmarkt für die Marktforschung. In Hassloch, statistisch einer der durchschnittlichsten Orte Deutschlands, gab es jedoch kaum empirische Umfragen, sondern hier steht bis heute die Erfassung des realen Konsumentenverhaltens am Point of Sale im Mittelpunkt des Forschungsinteresses. Konkret wird hier das komplette Einkaufsverhalten von rund 3000 repräsentativ ausgewählten Haushalten per „Behavior Scan" aufgezeichnet.

Für kontroverse Diskussionen sorgte die Benetton-Werbekampagne. Der Mailänder Fotograf Oliviero Toscani wollte nicht mehr nur die beworbenen Produkte eindimensional ästhetisierend darstellen, sondern er wollte die Konsumenten mit Schlüsselbildern aus der gesellschaftlichen Realität dazu anregen (z.B. blutverschmierte Neugeborene, sterbende Aidskranke, zum Tode Verurteilte, zerfetzte Uniformen etc.), gesellschaftspolitisch zu denken (vgl. Salvemini 2002).

Nicht zuletzt aufgrund einer weitgehenden Befriedigung der materiellen Bedürfnisse in den westlichen Industriegesellschaften entwickelte Ronald Inglehart (1977) die These von der Abschwächung der materiellen Werte (und Bedürfnisse) und der Zunahme „postmaterieller" wie z.B. Selbstverwirklichung.

Aufgrund dieser Postmaterialismus-These kam es Anfang der 1980er Jahre auch in Deutschland zu einer umfassenden Wertewandel-Diskussion. Für das Marketing bedeutete dies eine verstärkte Zuwendung zu immateriellen Freizeit- und Erlebnisbedürfnissen der Konsumenten (vgl. zur Wertewandeldiskussion Wiswede 1990).

Mit der Einsicht, daß Konsum weniger von soziodemographischen Einflußfaktoren als vielmehr von unterschiedlichen Lebensstilen und sozialen Milieus abhängig ist, begann in der deutschen Marktforschung die Hochkonjunktur von soziologisch fundierten Marktsegmentierungen und Zielgruppenanalysen. Denn klassische, soziodemographische Zielgruppenbeschreibungen reichten dem Marketing zum Konsumentenverständnis nicht mehr aus. Ein neues Differenzierungsbedürfnis seitens der Unternehmen war zu konstatieren. Dies führte in der Markt- und Mediaforschung zu einem wahren Boom von Lifestyle-Typologien (Young Urban Professionals = jung, städtisch, modisch, leistungswillig, konsumorientiert, markenbewußt, etc.) und den so genannten „Sinus-Milieus".

Ende der 1980er Jahre begann Gerhard Schulze mit seiner Analyse der „Erlebnisgesellschaft", die schließlich 1992 erscheint. Schulze stützt sich mit seinem Gesellschaftsverständnis auf den Prozeß der Individualisierung – auch der Individualisierung durch Konsum. Eine These, die in den Folgejahren in der Marktforschung bei der Analyse des Konsumentenverhaltens enorm an Bedeutung gewann.

Die 1990er Jahre wurden geprägt durch den Mauerfall und den sich daraus entwickelten sozialen Optimismus. Vor allem viele der neuen Bundesbürger erfreuten sich in den Folgejahren an den Verlockungen der neuen Konsummöglichkeiten. Spätestens in den Neunzigern endeten die idealisierten Konsumerfahrungen der frühen Konsumgesellschaft für die meisten Konsumenten. Die pure Lust am Konsum wich einem Bewußtsein der Redundanz von Produktangeboten und Werbung.

- So machte das allgegenwärtige Überangebot die Auswahl und die Entscheidung zwischen Produkten und Marken immer schwieriger. Man sprach folglich nicht mehr von der „Qual der Wahl" (wie noch in den fünfziger und sechziger Jahren), sondern von der „Tyranny of choice".
- Auch das Verhältnis zur Werbung war für die werbeerfahrenen Konsumenten inzwischen weniger naiv. Sie wurde von vielen als eine Art „notwendiges Übel" wahrgenommen, und das schnelle Dekodieren und Durchschauen von Werbung war für viele Konsumenten kein großes Problem mehr.
- Selbst Marktforschungsuntersuchungen waren zur Alltäglichkeit für die Konsumenten geworden. Dabei war vielen Konsumenten durchaus bewußt, daß sie systematisch erforscht und beobachtet wurden.

Zur Rolle der Marktforschung in der Konsumgesellschaft

Zu diesen Entwicklungen kam hinzu, daß das Konsumentenverhalten anscheinend „hybride" geworden war, d.h. der Konsument kaufte immer stärker in unterschiedlichen – oft entgegengesetzten – Konsumwelten und entwickelte gleichzeitig ein multioptionales Anspruchsniveau: günstiger Preis und beste Qualität (vgl. Kühn/Koschel 2007). Durch diesen neuen Konsumstil entzog sich der Konsument mehr und mehr der marktforscherischen Annäherung. Die für die Marktforschung resultierenden Schwierigkeiten bringt Kai-Uwe Hellmann (2003: 120) sehr gut auf den Punkt: „Je näher die Marktforschung dem Verbraucher kommt, um sich optimal auf ihn einzustellen, desto mehr entzieht er sich."

Mit der teilweisen Privatisierung der Sendefrequenzen des Fernsehens wuchsen Anfang der Neunziger nicht nur Programmvielfalt und Auswahlmöglichkeiten, sondern es stieg auch expotentiell die Häufigkeit medialer Werbung und damit die Bedeutung des *Fernsehens als zentralem Werbeträger in der Konsumgesellschaft*. Waren es zum Ende der Achtziger noch drei feststehende Werbeblöcke pro Tag bei zwei öffentlich-rechtlichen Sendern, so wuchs nach Informationen des Zentralverbands der Deutschen Werbewirtschaft diese Zahl in den Folgejahren auf 3,2 Millionen gesendete Werbespots im Jahr 2005 an. Nicht zuletzt durch den sich anbahnenden „advertising overload" war empirisch eine deutliche Zunahme an Werbemüdigkeit zu konstatieren.

Auch die „Ausweitung der Markenzone" (Hellmann 2005) fällt in diesen Zeitraum: Plötzlich erklärte sich alles und jeder zur Marke – Bundeskanzler Schröder „Ich bin eine Marke", ein Event wie die Love Parade, das Ruhrgebiet, um nur einige Beispiele zu nennen (vgl. Hellmann 2003: 16). Zur gleichen Zeit finanziert Bulgari einen Roman („Die Bulgari-Connection") von einer renommierten Schriftstellerin, der rund um die eigene Marke geschrieben worden ist. Gleiches gilt für FedEx, die mit dem Kinohit „Verschollen" (mit Tom Hanks) wohl den derzeit längsten Werbefilm der Welt mitproduzierten.

Mitte der 1990er Jahre wurden die neuen Technologien und Medien zum zentralen Einflußfaktor der Konsumgesellschaft. Es begann das Zeitalter der mobilen Massenkommunikation, das Internet wurde gesellschaftsfähig und Ebay eröffnete den weltweit ersten virtuellen Marktplatz. Auch die Marktforschung war in diesem Jahrzehnt vor allem technologisch getrieben: Gegen Ende des Millenniums entwickelte sich die Online-Marktforschung, also die Marktforschung, bei der die Datenerhebung über das Internet stattfindet. Aufgrund der Repräsentativitätsproblematik der Onlinepopulation wuchs die quantitative Onlineforschung aber erst langsam. SMS-Umfragen über Handys floppten dagegen. Infolge der Privatisierung des Fernsehen und der Zunahme an Werbeschaltungen gewann thematisch vor allem die Werbe- und die Markenforschung enorm an Bedeutung. Der europaweite Marktforschungsumsatz verdoppelte sich in nur sieben Jahren von 2.9 Mrd. im Jahre 1993 auf 6.4 Mrd. € im Jahre 1999 (vgl. Esomar 2006).

Die Konsumgesellschaft zu Beginn des 21. Jahrhunderts wurde geprägt durch den 11. September 2001. Wie die ersten Marktforschungs- und Trendanalysen des neuen Millenniums zeigten, glaubten viele Menschen, daß für sie ein Zeitalter von Angst und Unsicherheit begonnen habe. Ihre Grundhaltung war geprägt durch Angst vor globalen Terror, vor Vogelgrippe (SARS), Rinderwahn (BSE), vor „Gammelfleisch", Klimawandel, Umweltkatastrophen und dem sozialen Abstieg durch den politisch angekündigten Sozialabbau. In diesem Sinne sah Stephan Grünewald Deutschland in einer Orientierungskrise: „Die unbeschwerte Selbstverständlichkeit und der verhaltene Zukunftsoptimismus der neunziger Jahre sind verflogen. Geblieben sind Gefühle der Irritation, der Überforderung, der Perspektivlosigkeit und einer nagenden Unzufriedenheit" (2006: 76). Doch schon wenige Monate später jubelt Deutschland „Wir sind Papst (!)" (Bild-Schlagzeile vom 20.4.05), und angesichts der Fußball-WM feiern viele „ein Sommermärchen". In der Folge zeigt der GFK-Konsumklimaindex – trotz Mehrwertsteuererhöhung – eine sehr positive Konsumstimmung und ein Land im Aufschwung.

Durch das Globalisierungsstreben ist die Welt im 21. Jahrhundert endgültig zu einem globalen Markt geworden, immer mehr Unternehmen produzieren und gestalten Produkte und Dienstleistungen global und ringen um Verbraucher in aller Welt. Die bisherige ökologisch fundierte Konsumkritik wird seit Mitte der 1990er Jahren deutlich mit Globalisierungskritik angereichert.

Auch das Internet verändert weiter Mediennutzungs- und Konsumentenverhalten. Noch nie in der Geschichte der Konsumgesellschaft verfügte der Konsument – zumindest in den westlichen Kulturen – über eine derartige *Informationstransparenz* über Märkte, Unternehmen und Produkte, so daß „der aufgeklärte Konsument" heute nicht mehr nur ein Schlagwort zu sein scheint. Die verbesserten Informationsmöglichkeiten haben einen Anstieg der Preissensibilität der Konsumenten zur Folge. Hervorstechendes Konsumphänomen ist die Polarisierung des Konsums, d.h. das Verschwinden der Mitte und eine Entwicklung der Konsumwelten zwischen Billig- und Luxuswelt. Denn der vielzitierte „hybride Konsument" ist „Schnäppchenjäger" und „Big Spender" zugleich. Er spart bei Aldi, Lidl oder Penny, kauft Basics bei H&M ein und investiert das Gesparte beim Luxusshopping in Gucci-Schuhe, die Cartier-Uhr oder den Wellness-Urlaub in den Tropen. Marken des mittleren Preissegments, wie z.B. Opel und Karstadt, geraten durch derartiges Konsumentenverhalten in grundlegende Krisen (vgl. Koschel 2004).

Nicht zuletzt aufgrund zunehmender Individualisierung gibt es in der Marktforschung einen Trend zum stärkeren Einblicknehmen in die reale Alltagswelt der Konsumenten, in ihre alltäglichen Praktiken der Produkt- und Markennutzung. Qualitative Methoden und vor allem *ethnographische Ansätze* (z.B.

Zur Rolle der Marktforschung in der Konsumgesellschaft 41

Shadowing, Video-Diaries vom Alltag, beim Einkaufen, am Arbeitsplatz etc.) bieten hier wesentlich mehr Möglichkeiten, die Konsumentenwelten und die dahinter liegenden Wünsche und Bedürfnisse forscherisch zu verstehen. Neben der Ethnographie wird im Marketing verstärkt eine Diskussion um neurowissenschaftliche Untersuchungsmethoden und -erkenntnisse geführt. Methoden wie die Magnetresonanztomographie sollen dabei Einblick in die innere Welt, in die Hirnfunktionalitäten der Verbraucher ermöglichen und die unzuverlässigen verbalen durch objektivere, direkt meßbare Konsumentendaten ersetzen (vgl. Scheier/Held 2006).

Auch die Struktur der Auftraggeber hat sich in der kurzen Geschichte der modernen Marktforschung in Deutschland stark verändert. Die ersten Auftraggeber (1950er Jahre) kamen vor allem aus der Konsumgüterindustrie, aus den Bereichen Waschmittel, Nahrungsmittel und Tabak. Auf die Konsumgüterfabrikanten folgten bald die Hersteller der langlebigen Gebrauchsgüter mit der Automobilindustrie an der Spitze (1960er und 1970er Jahre). Später wurde die Marktforschung von der Dienstleistungsbranche entdeckt, allen voran von den Medien/ Verlagen. Finanzmarktforschung für Banken und Versicherungen, touristische Marktforschung und Forschung für die Telekommunikation und die Energie (nach deren Liberalisierung) erweiterten erst in den 1990er Jahren den Kreis der Auftraggeber.

Der kurze Rückblick auf sechzig Jahre Konsumgesellschaft versuchte zu verdeutlichen, daß die Notwendigkeit der Marktforschung und ihr enormer Aufschwung aus der wachsenden Bedeutung des Konsums, der zunehmenden Ausdifferenzierung der Konsumgesellschaft und aus dem stetigen Wandel im Konsumverhalten erwachsen sind.

4 Marktforschung als Brücke zwischen Unternehmen und Konsument

Wie schon erwähnt, kann Marktforschung als „Brücke" zwischen Unternehmen (Angebot – Ziele und Visionen) und Konsument (Nachfrage – Wünsche und Bedürfnisse) gesehen werden. Diesem Bild folgend liegt die Rolle der Marktforschung in der informationsgeprägten Verbindung von Konsumenten, Kunden und Unternehmen. Die Informationen werden auf Seite der Unternehmen z.B. dazu benötigt, um folgende Aufgaben zu erfüllen (Broda 2003: 13):

- Anregungsfunktion: Lieferung von Impulsen für die Initiierung von Marketingentscheidungen;
- Prognosefunktion: Hinweis auf Veränderungen und Prognose von Auswirkungen in den Bereichen Markt, Kunden, Handel, Wettbewerb und Umfeld;

- Bewertungsfunktion: Entscheidungsalternativen sollen aufgezeigt, bewertet und Unsicherheiten reduziert werden;
- Kontrollfunktion: Marktforschung informiert das Marketing über die eigene Wettbewerbsfunktion und über die Entwicklung der Umweltfaktoren;
- Selektionsfunktion: Selektion der relevanten Informationen aus der Gesamtheit des Informationsangebots;
- Bestätigungsfunktion: Ursachenforschung für Erfolge und Mißerfolge von Marketingentscheidungen.

Befragt man Marketingverantwortliche, wozu in der alltäglichen Praxis die Marktforschungsergebnisse (auch noch) genutzt werden, dann gibt es neben den idealtypischen auch noch weitere Funktionen der Marktforschung im betrieblichen Ablauf:

- Marktforschungsuntersuchungen, um Zeit zu gewinnen: Entscheidungen zu treffen, heißt im Marketing-Management automatisch Stellung zu beziehen, Risiken einzugehen. Innerbetrieblich gibt eine Marktforschungsstudie jedoch Gelegenheit, Zeit zu gewinnen und Entscheidungen aufzuschieben.
- Marktforschung als Freibrief: Die wissenschaftliche Abstraktheit der Marktforschung wird dazu benutzt, einen Freibrief für Marketingentscheidungen zu erhalten.
- Marktforschungsdaten gelten als das bessere Argument: Die Zahlengläubigkeit des Marketings geht oft soweit, daß Marketing-Erfahrung, Kreativität, Intuition und Know-How weniger gelten, wenn Marktforschungsdaten eine andere Sprache sprechen.
- Marktforschung als Marketing und Öffentlichkeitsarbeit: Unter dem Deckmantel einer (unternehmerischen) Verbraucheraufklärung werden (positive) Marktforschungsergebnisse für PR- und Marketingaktionen verwendet.

Bei der innerbetrieblichen Umsetzung der Markforschungsergebnisse gibt es im Prinzip drei Umsetzungsstufen: 1. Die Ergebnisse werden vollständig umgesetzt. Dies findet jedoch nur in den wenigsten Fällen statt, da Marktforschung ja „Diener" und nicht „Herr des Marketings" ist. 2. Am häufigsten erfolgt eine selektive Umsetzung, d.h. Teilergebnisse dienen als Bestätigung von bereits implizit getroffenen Entscheidungen. Im Falle der Nicht-Bestätigung der implizit getroffenen Entscheidungen können die Ergebnisse auch schon mal in der „Schublade" verschwinden. 3. Viele Ergebnisse und Untersuchungen werden leider gar nicht umgesetzt – entweder weil die Marktforschungsabteilung im Unternehmen eine untergeordnete Funktion oder organisatorische Einbindung besitzt, oder weil betriebliche Marktforscher die Ergebnisse nicht ins Marketing übersetzen können.

Zur Rolle der Marktforschung in der Konsumgesellschaft

Marktforschung kann also für die beauftragenden Unternehmen verschiedene Funktionen und Aufgaben erfüllen, und es kann unterschiedlicher Nutzen aus den Studien gezogen werden. Offen ist aber noch die Frage, welche Rolle die Marktforschung für den Konsumenten spielt und inwiefern sie ihm nutzt.

Im Wesentlichen gibt es bei dieser Fragestellung zwei recht gegensätzliche Grundthesen, auf die man im Zusammenhang von Marktforschung und Konsumgesellschaft trifft. Zentral bei beiden Ansätzen ist die Rolle des Konsumenten: Geht man, wie viele Kritiker der Konsumgesellschaft und des Marketings, von einem eher schwachen, beeinflußbaren Individuum und einer starken Werbe- und Marketingmacht aus, dann führt dies zur „Manipulations"-These. Kerngedanke ist: Die Konsumgesellschaft und das Marketing produzieren „falsche Bedürfnisse" und verführen den Konsumenten letztendlich zu einem irrationalen Überkonsum mit schweren sozialen, psychologischen und ökologischen Folgen.

Da der Konsument den Anbietern von Produkten und Dienstleistungen strukturell unterlegen ist, bedarf es deshalb eines besonderen Schutzes der Verbraucher. Die Rolle, die die kommerzielle Marktforschung bei diesem Grundgedanken spielt, faßte der Publizistik-Professor Ulrich Saxer beim BVM Jahreskongreß 2006 in Nürnberg in seinem Vortrag „Das Gute inmitten des Bösen" wie folgt zusammen: Das Bemühen der Marktforschungsbranche sei im Letzten, „den Verbraucher manipulierbar zu machen", und Befragte würden an einem Interview nicht teilnehmen, wenn sie wüßten, daß mit den Ergebnissen der Marktforschung Verbraucher manipuliert werden sollen.

Die Manipulationsthese ist in der Marktforschung – spätestens seit der Diskussion um die Rolle der Motivforschung in den späten 1950er Jahren – bekannt. Sie wird auch immer wieder gerne pauschal und provozierend gegen alle am Marketing beteiligten Akteure aufgegriffen. Nicht nur hinsichtlich der Marktforschung sind die meisten Beweisführungen allerdings wenig überzeugend (vgl. Menge 1971; Reetze 1995). So schreibt Menge, jedoch ohne weitere Belege vorzubringen: „Daß Kaufmotivationen und allgemeines Kaufverhalten auch durch Marktforscher ermittelt werden, liegt auf der Hand. So entpuppen sich selbst zunächst ganz simpel wirkende Methoden und Mittel der Marktforscher auf den zweiten Blick als ein sehr fein gesponnenes Netz zum Einfangen von Käufern" (1971: 45). Wegen der wachsenden Annäherung von Marktforschung und Marketing kann man den Grundgedanken jedoch nicht gänzlich unbeachtet lassen. Wenn man ihm schon folgt, dann müßte er zumindest relativiert werden, denn „Meinungsforschung ist in keinem Falle selber der Manipulator, sondern immer nur sein Gehilfe" (Wyss 1991: 58), d.h. Gehilfe von Marketing und Werbeindustrie, die Marktforschungsumfragen natürlich zur Marktbeeinflussung (wie vorher von Pepels definiert) nutzen. Insbesondere die Werbeindustrie ist bei einem wachsenden privaten Konsum einem hohen Legitimationszwang ausgesetzt, weil sie in der Konsumgesellschaft die zentrale Rolle bei der Bedürfnisweckung und -steuerung einnimmt. So sieht auch König (2000: 387-419) die Werbung (und nicht die Marktforschung) als ein Instrument, welches der Wirtschaft als Konsumverstärker dient. Weitere Konsumverstärker sind für ihn die Mode/modischer Wandel; die Vergabe von Krediten, die es ermöglichen, Anschaffungswünsche zu erfüllen; Verpackungen, die den Konsumenten spontan ansprechen und verlocken; Substitute, Surrogate, Imitate als preiswerte Alternative zu den gewünschten Waren und schließlich die Wegwerfprodukte.

Folgt man dieser schlichten „Manipulationsidee", dann werden rund um die Rolle der Marktforschung auch die folgenden Thesen (in Stichworten) diskutiert:

- Die Marktforschung diene nur den Unternehmen und mache nur die „Verkäufer" schlauer. Marktforschung führt so zu einer wachsenden Wissens-Asymmetrie in der Konsumgesellschaft.
- Es besteht zwischen Konsument und Marktforschung kein wechselseitiger Informationsaustausch. Es gibt nur eine einseitige Kommunikation zwischen Konsument und Marktforschung, nämlich der Konsument teilt mit – die Marktforschung nimmt auf.
- In diesem Zusammenhang gibt es kaum eine Rückspielung des im Marktforschungsprozeß gewonnenen Wissens. Marktforschung dient also auch nicht der Verbraucheraufklärung, verringert nicht die strukturelle Benachteiligung der Konsumenten.

Die andere Grundthese geht von der *Souveränität des Konsumenten* aus. Und tatsächlich: In der alltäglichen Forschungsarbeit zeigt sich der Konsument zumeist gut informiert, selbstbewußt und kritisch. Vielen Befragten ist es auch explizit wichtig, sich durch die Teilnahme an Marktforschungsuntersuchungen Gehör zu verschaffen. Zudem kann immer wieder beobachtet werden, daß die Mehrheit der Konsumenten sich der allgegenwärtigen kleinen und großen Verführungsversuche der Konsumgesellschaft durchaus bewußt ist, und daß sie gelernt hat, die Symbole des modernen Warenangebots zu verstehen und mit ihnen umgehen kann. Der Konsument will heute vor allem selbst entscheiden, inwiefern er sich den Verführungsversuchen hingibt oder auch nicht. Aufgrund dieser alltäglichen Erfahrungen mit den Konsumenten ist es deshalb logisch, daß die Marktforschungsbranche von einem „mündigen Verbraucher" ausgeht.

Auch aus gesellschaftlicher Perspektive kann die Konsumgesellschaft als nicht die schlechteste aller Gesellschaftsformen gesehen werden. So betont Norbert Bolz in „Das konsumistische Manifest" (2002) die Möglichkeit der globalen Konsumgesellschaft, die Welt zu befrieden, indem sie die Segnungen des Konsums allen Völkern zuteil werden läßt. Bolz räumt zwar ein, daß der Konsu-

Zur Rolle der Marktforschung in der Konsumgesellschaft

mismus sinnentleert sei, dafür aber nicht zu ideologischer Verhärtung neige: „Der Konsumismus ist das Immunsystem der Weltgesellschaft gegen den Virus der fanatischen Religionen" (Bolz 2002: 16).

In diesem System hilft die Marktforschung, die Bedürfnisse der Konsumenten besser zu durchschauen und zu befriedigen. Sie ist das Sprachrohr des Konsumenten im Marketingprozeß, und ihre vermittelnde Funktion führt dazu, daß Konsumenten die Produkte und Dienstleistungen zur Verfügung gestellt bekommen, die ihren wirklichen Bedürfnissen entsprechen. Mit der Teilnahme an der Marktforschung steigt zudem die Macht des Konsumenten im Marketing. Nicht zuletzt durch die vermittelnde Funktion der Marktforschung ist die Partizipation des Konsumenten an der Marketingentwicklung noch nie so groß wie heute gewesen. Und wie Thomas Kühn (2004) betont, sind veröffentlichte Marktforschungsstudien eine leider immer noch zu wenig genutzte Quelle für kritische gesellschaftsbezogene Analysen durch akademische Sozialwissenschaftler.

5 Perspektiven von Marktforschung und Konsumgesellschaft

Wie die Zukunft des Konsums und der Konsumgesellschaft aussehen könnte, das soll an dieser Stelle den visionären Zukunfts- oder Trendforschern überlassen bleiben, wie z.B. David Bossart (1997). Nur soviel scheint sicher: Von einem Ende des Konsums kann keine Rede sein – aber wahrnehmbare Grenzen sind allgegenwärtig. So sind ganz besonders in Deutschland gewisse Wachstumsgrenzen einer alternden Konsumgesellschaft absehbar. Wenn auch die individuelle Konsumlust grenzenlos zu sein scheint und sich nach immer mehr und neuen Konsumerlebnissen sehnt, so sind es doch die verfügbaren Einkommen der Konsumenten, die dem konsumierenden Individuum reale Grenzen setzen, und dies auch vor dem Hintergrund der sich abzeichnenden radikalen Sozialreformen. Hinzu kommt der sich verschärfende Klimawandel, der den Konsum bremsen könnte, weil er die Grenzen der ökologischen Belastung der Erde spürbar macht und Politik und Wirtschaft zu Reaktionen zwingt. So fordern schon selbst die politisch Mächtigen einen „Konsumverzicht", z.B. auf Flugreisen in den Urlaub, beim Autokauf und bei anderen umweltbelastenden Konsumgewohnheiten. Doch selbst wenn in der deutschen Konsumgesellschaft Grenzen wahrzunehmen sind, global besteht immer noch ein deutlicher Nachholbedarf vor allem in den wirtschaftlich boomenden Ländern wie China, Indien, Rußland.

Seit einigen Jahren leisten sich zunehmend mehr Konsumenten in den reichen, sinnsuchenden Gesellschaften den *Ethik-Luxus*. Gekauft wird immer mehr das, was als Zusatznutzen das schlechte ökologische und soziale Gewissen des

Konsumenten beruhigt. Michael Otto, Vorstandsvorsitzender des Otto-Konzerns, betont bei der Veröffentlichung der „Otto-Trendstudie Konsum-Ethik 2007": „Der Wohlfühlfaktor Ethik spielt bei der Kaufentscheidung eine immer größere Rolle." Aber es wird nicht mehr nur indirekt durch die Kaufentscheidung sozioökologische Verantwortung demonstriert, heute sind es massenhaft Konsumenten, die Unternehmen und Wirtschaft massiv unter Druck setzen und sozial- und umweltbetontes Handeln einfordern. Nicht zuletzt auf Druck der Konsumenten wird im Marketing heute immer häufiger „Nachhaltigkeit" thematisiert, und mehr und mehr Unternehmen reagieren darauf mit der Verknüpfung von gesellschaftlich relevanten Zielen und Managementstrategien. Bleibt es nicht nur bei Lippenbekenntnissen, dann ist nicht auszuschließen, daß ein ökologisch, sozial und ökonomisch verträglicher Konsum oder „moralischer Konsum" zu einer grundsätzlichen Neuausrichtung der westlichen Konsumgesellschaften – einschließlich Konsum- und Lebensstilen – führen kann (vgl. Koslowski/ Priddat 2006).

Aber nicht nur die Konsumgesellschaft entwickelt und wandelt sich weiter, auch die Marktforschung stößt an Grenzen und muß sich neuen Herausforderungen stellen. Einige *zukunftsrelevante Branchentrends*, wie sie sich zum Anfang des neuen Millenniums zeigen, sind:

- Weltweite Unternehmenszusammenschlüsse in der Marktforschung, d.h. vormals regionale oder nationale Marktforschungsinstitute werden „global player".
- Folgen der Globalisierung für die Marktforschung: Eine Revision des Esomar-Kodex, den internationalen Marktforschungsstandesregeln, ist geplant. Es wird darüber diskutiert, inwieweit die Markforschungsgrundsätze wie Wahrung der Befragten-Anonymität und der wissenschaftliche Charakter der Marktforschung deutlich aufgeweicht werden können (vgl. Context Nr. 5, 2007).
- Weitere Technisierung der Marktforschung (Onlineforschung).
- Hauptproblem der Marktforschungsbranche: eine seit vielen Jahren immer weiter sinkende Teilnahme- und Antwortbereitschaft in der Bevölkerung.

Insbesondere die sinkende Antwortbereitschaft der Konsumenten bereitet den umfragebasierten Instituten Sorge. Als Grund für diese kritische Tendenz können die folgenden Faktoren identifiziert werden: Da ist erstens eine wachsende Überfragung und Auskunftsmüdigkeit der Verbraucher. Zweitens ist ein gewisses Imageproblem der Umfrageforschung in der Gesellschaft zu konstatieren. So wurden in der Analyse der Bundestagswahl 2005 die verfehlten Prognosen der Demoskopie zum Anlaufpunkt öffentlicher Branchenkritik. Hier zweifelten Politiker an der Sinnhaftigkeit von Umfragen und Wahlforschung: „Da gibt man Unmengen Geld für Meinungsforschung aus, und dann kommt so ein Ergebnis 'raus", so CDU-Generalsekretär Volker Kauder, oder Peter Sloterdijk forderte im „Philosophischen Quartett" gar ein Gesetz zur Eindämmung der Demoskopie, und daß Schluß sein müsse mit der „unlegitimierten Meinungsdiktatur" (vgl. Horizont 40/2005: 17). Vorbei scheint die Zeit, als Umfrageforschung noch als „Königsweg der Sozialforschung" galt und Umfrageforscher noch als „Wunderkinder" angesehen wurden, „die mit 2.000 Menschen voraussagen vermögen, was 100 Millionen tun werden" (Scheuch 1979: 4).

Auch die starke Zunahme des Telefonmarketings macht es den telefonischen Marktforschungsumfragen schwerer, bei Verbrauchern auf Akzeptanz und Teilnahmebereitschaft zu stoßen. In diesem Zusammenhang überprüfte das Landgericht Hamburg im Juni 2006 die Rechtmäßigkeit von Telefonbefragungen mit dem Ergebnis, daß Anrufe zu Marktforschungszwecken (ohne vorherige Einwilligung des Angerufenen) unzulässig sind, sofern sie mittelbar der Absatzförderung anderer Unternehmen dienen. Die Begründung lautete: „Der erhebliche Anstieg der Anzahl der telefonischen Befragungen zu Zwecken der Marktforschung ergebe bereits für viele Anschlussinhaber einen störenden und belästigenden Charakter". Marktforschung solle sich – so die Richter – für ein anderes Erhebungsmediums entscheiden. Obwohl das Urteil in der nächsten Instanz aufgehoben wurde, mußte der Berufsverband ADM/BVM noch einmal ausdrücklich feststellen, daß Umfragen zu Marktforschungszwecken keine Werbung sind, und daß der wissenschaftliche Charakter nicht dadurch entfällt, daß Marktforschung unternehmerisch tätig ist. Auch die „interessensmäßig gebundene Auftragsforschung" unterliegt der Wissenschaftsfreiheit (Art. 5 Abs. 3 GG), und darüber hinaus gibt es keine allgemeine Mißbilligung der Marktforschung in der Gesellschaft (vgl. Context 15/2006). Angesichts dieser Imageprobleme und sich häufender Gerichtsurteile zu Ungunsten der Telefon-Marktforschung hat der Berufsverband eine Initiative „Marke Marktforschung" in die Wege geleitet. Ziel dieser PR-Maßnahmen ist es, in der Bevölkerung und bei Meinungsführern Verständnis für die Arbeit der Marktforscher zu wecken und Unterschiede zum Direktmarketing zu vermitteln (vgl. Context 13/2007).

Neben diesen Faktoren ist eine weitere Entwicklung sowohl für die Konsumgesellschaft als auch für die Marktforschung zukunftsrelevant. So versetzte erst im Jahr 2005 das so genannte Web 2.0 in Form von Wikipedia, YouTube, Flickr und vielen anderen Mitmachangeboten, Blogs, und Communities das Marketing in helle Aufregung. Denn plötzlich bemerkte man, daß sich der Konsument mal wieder ganz anders verhält als angenommen. Viele der modernen, wohl informierten Konsumenten geben sich nicht mehr nur mit der passiven, reaktiven Rezipientenrolle zufrieden, sondern suchen aktiv die Öffentlichkeit und offenbaren ihr Leben und ihre Leidenschaften in Internetblogs, schreiben in Meinungsforen ausführliche Produktrezensionen und Kommentare zu Marken,

Produkten und Unternehmen, stellen selbstgedrehte Videos ins Netz und beteiligen sich massenhaft an Mund-zu-Mund-Empfehlungen. Das neue Internet ist dabei weit mehr als nur ein neuer Vertriebskanal. Es bietet unbegrenzte Möglichkeiten des Networkings, es ist ein Ort, an dem sich Menschen zusammenfinden, sich unterhalten, sich darstellen, ihr Wissen teilen und ihre Interessen organisieren. Aus den vormals passiven Rezipienten sind höchst aktive, kreative, mitteilungsbedürftige Produzenten geworden, die verstanden haben, daß man andere erreichen kann und Rückmeldung bekommt. *Massenkommunikation ist endlich eine Möglichkeit für jeden einzelnen geworden!*

Das Internet hat aber auch das Bedürfnis vieler nach direkter, authentischer Kommunikation beflügelt. Für die Marktforschung bedeutet diese Entwicklung zum Beispiel, daß immer mehr Konsumenten für ihr Konsumentenfeedback statt des vermittelten Weges über die Marktforschung immer häufiger *den direkten Diskurs* mit Unternehmen, Produkt und Marke suchen. Märkte werden so wieder stärker zu Dialogen. Die Brücke Marktforschung ist für den proaktiven Konsumenten und für das dialogbereite Marketing nicht unbedingt mehr von Nöten. Produktion und Konsumtion rücken durch das Internet näher aneinander heran.

Aber dank des öffentlichen Raums Internet und des Bedürfnisses vieler, anscheinend alles zu offenbaren, wird es gleichzeitig für die Marktforschung immer leichter, neue Einblicke in die Welt des Konsumenten zu gewinnen, sich in ihn hinein zu versetzen, seine Bedürfnisse und Gewohnheiten zu studieren und zu sehen, wie er mit Marken und Produkten umgeht. Derzeit befinden sich weit mehr als 20 Mio. Fotos (inklusive Kommentierungen) auf Flickr.com, die Impressionen von geöffneten Handtaschen, Kühlschrank- und Kleiderschrankinhalten, Schnappschüssen von Partys, Wohnzimmern und Arbeitsplätzen und dem alltäglichen Gebrauch von Marken und Produkten zeigen. Aus diesen neuen Möglichkeiten einer „virtuellen Anthropologie" (um die Idee von Vershofen wieder aufzugreifen) erwachsen andererseits auch wieder viele neue Chancen einer sich wandelnden Marktforschung in der Konsumgesellschaft des 21. Jahrhunderts.

Abschließend sei ein kleiner Ausblick auf die zukünftige Entwicklung der kommerziellen Marktforschung gewagt: Ausgehend von den bereits genannten Problemen und Herausforderungen der Branche – und ganz besonders der sinkenden Teilnahmebereitschaft in der Bevölkerung – wird es immer wahrscheinlicher, daß sich die kommerzielle Marktforschung langfristig zu einer Art „Permission Marktforschung" entwickeln wird. Das heißt in der Praxis, daß die sinkende Teilnahmebereitschaft zunehmend durch vorselektierte Befragten-Stichproben kompensiert wird. Diese werden zum Beispiel per „Werbekennzeichen" (Einverständniserklärung für eine Kontaktaufnahme zu Marktforschungs- oder Werbezwecken) von Adreßverlagen und Unternehmen generiert. Durch die explizite Einwilligung der Befragten können auch Datenschutzproblematiken (z.B.

Zur Rolle der Marktforschung in der Konsumgesellschaft

Anonymität, Weitergabe personenbezogener Daten) diminuiert werden, was wohl auch im Sinne der diskutierten Esomar-Revision wäre. Gelöst ist das Problem der Teilnahmebereitschaft bereits in der quantitativen Onlineforschung. Hier erfolgt die Stichprobenbildung und Datenerhebung anhand von aktiv oder passiv rekrutierten Befragtenpanels (Online-Access-Panel), und die Teilnahme der Konsumenten an Markt- und Meinungsforschungsuntersuchungen wird durch verschiedene Incentivierungssysteme honoriert. Deshalb ist es wenig prophetisch, wenn konstatiert wird, daß die Marktforschung mit und über das Internet im Marktforschungsportfolio in Zukunft weiter an Bedeutung gewinnen wird, vor allem zu Lasten von schriftlichen, telefonischen und auch persönlichen Untersuchungsansätzen.

Ungelöst ist bisher das Problem, daß Konsumenten für ihr Feedback immer mehr direkt Unternehmen „ansteuern" und nicht den Umweg über die Marktforschung nehmen. Hier steht fest, daß sich die klassische Marktforschung dem Medium anpassen muß, welches die Konsumenten verstärkt nutzen. Die klassische Marktforschung muß sich wandeln, muß interaktiver werden, mehr Dialogorientierung beweisen. Immerhin: Daniel F. Galouyes literarische Zukunftsvision von einer Welt fest in der Hand der Meinungsforschung scheint sich aber nicht abzuzeichnen.

Literatur

Adorno, Theodor W. (1951), Minima Moralia. Reflexionen aus dem beschädigten Leben, Frankfurt/M.
Balzer, Eva (2007), Standortbestimmung aus historischer Sicht. In: Gabriele Naderer/Eva Balzer (Hg.), Qualitative Marktforschung in Theorie und Praxis. Grundlagen, Methoden, Anwendungen, Wiesbaden, S. 33-56.
Bossart, David (1997), Die Zukunft des Konsums. Wie leben wir morgen? Düsseldorf/München.
Bretschneider, Rudolf (2000), Konsumgesellschaft – Entwicklungslinien und Perspektiven. Wien.
Brewer, John (1997), Was können wir aus der Geschichte der frühen Neuzeit für die moderne Konsumgeschichte lernen? In: Siegrist Hannes u.a. (Hg.), Europäische Konsumgeschichte. Zur Gesellschafts- und Kulturgeschichte des Konsums (18. bis 20. Jahrhundert), Frankfurt/New York, S. 51-74.
Broda, Stephan (2006), Marktforschungs-Praxis. Konzepte, Methoden, Erfahrungen, Wiesbaden.
Burt, Ronald S. (1992), Structural holes: The Social Structure of Competition, Cambridge/MA.
Context. Vertraulicher Informationsdienst zu Fragen der Kommunikation in Wirtschaft und Gesellschaft, Folge 15/2006, Folge 05/2007.

Dichter, Ernest (1964), Handbuch der Kaufmotive, Düsseldorf.
European Society for Opinion and Marketing Research (Esomar) (2006), Global Market Research 2005, Amsterdam.
Galbraith, John Kenneth (1958), The Affluent Society, Boston/Mass.
Galouye, Daniel F. (1965), Simulacron 3, München.
Grünewald, Stephan (2006), Deutschland auf der Couch. Eine Gesellschaft zwischen Stillstand und Leidenschaft, Frankfurt/New York.
Hellmann, Kai-Uwe (2003), Soziologie der Marke 2003, Frankfurt/M.
Hellmann, Kai-Uwe (2005), Ausweitung der Markenzone: Zur Einführung, in: ders./ Rüdiger Pichler (2005) Ausweitung der Markenzone. Interdisziplinäre Zugänge zur Erforschung des Markenwesens, Wiesbaden S.7-18.
Holzmüller, Hartmut H./Renate Buber (2007), Optionen für die Marketingforschung durch die Nutzung qualitativer Methodologie und Methodik, in: dies., Qualitative Marktforschung. Konzepte – Methoden – Analysen. Wiesbaden 2007, S. 5-17.
Horizont. Zeitung für Marketing, Werbung und Medien 40/2005, Wahl kratzt am Mafo-Image, S. 17.
Horkheimer, Max/Theodor W. Adorno (1969), Dialektik der Aufklärung. Philosophische Fragmente, Frankfurt/M.
Inglehart, Ronald (1977), The silent revolution: Changing values and political styles among western publics, Princeton.
Jäckel, Michael (2004), Einführung in die Konsumsoziologie. Fragestellungen – Kontroversen – Beispieltexte, Wiesbaden.
Kapferer, Clodwig (1994), Zur Geschichte der deutschen Marktforschung, Hamburg.
König, Wolfgang (2000), Geschichte der Konsumgesellschaft, Stuttgart.
Koschel, Kay-Volker (2004), Lass Dich inspirieren, in: Bestseller – Das Magazin von Horizont 4/2004, S. 22-25.
Koslowski, Peter/Birger P. Priddat (2006), Ethik des Konsums, München.
Kühn, Thomas (2004), Das vernachlässigte Potenzial qualitativer Marktforschung. Forum Qualitative Sozialforschung/Forum: Qualitative Social Research [Online Journal], 5(2), Art. 33. Verfügbar über: http://www.qualitative-research.net/fqs-texte/2-04/2-04kühnd.htm.
Kühn, Thomas/Kay-Volker Koschel (2007), Soziologie. Forschen im gesellschaftlichen Kontext, in: Gabriele Naderer/Eva Balzer, Qualitative Marktforschung in Theorie und Praxis. Grundlagen – Anwendungsbereiche – Qualitätsstandards, Göttingen, S. 121-136.
Linnert, Peter (1969), Die neuen Techniken des Marketings, München.
Marcuse, Herbert (1967), Der eindimensionale Mensch. Studien zur Ideologie der fortgeschrittenen Industriegesellschaft, Darmstadt.
Menge, Wolfgang (1971), Der verkaufte Käufer. Die Manipulation der Konsumgesellschaft, Frankfurt/M.
Packard, Vance (1958), Die geheimen Verführer. Der Griff nach dem Unbewußten in Jedermann, Düsseldorf.
Pepels, Werner (1997), dtv-Lexikon der Marktforschung. Über 100 Begriffe zur Informationsgewinnung im Marketing, München.

Zur Rolle der Marktforschung in der Konsumgesellschaft

Reetze, Jan (1995), Gläserne Verbraucher. Markt- und Medienforschung unter der Lupe, Frankfurt/M.

Salvemini, Lorella P. (2002), Toscani. Die Werbekampagnen für Benetton 1984-2000, München.

Scheier, Christian/Dirk Held (2006), Wie Werbung wirkt. Erkenntnisse des Neuromarketing, Freiburg/Berlin/München.

Scheuch, Erwin K. (1979), Umfrageforschung als Teil der Sozialforschung, in: Viggo Blücher/Erwin K. Scheuch/Renate Mayntz/Wolfgang Zapf, Umfrageforschung als Sozialforschung. Vorträge zur Markt- und Sozialforschung. Heft 2 (BVM-Kongreß 1979), Offenbach.

Schneider, Norbert F. (2000), Konsum und Gesellschaft, in: Doris Rosenkranz/ders. (Hg.), Konsum – Soziologische, ökonomische und psychologische Perspektiven. Wiesbaden, S. 9-22.

Schrage, Dominik (2003), Integration durch Attraktion. Konsumismus als massenkulturelles Weltverhältnis, in: Mittelweg 36. 6/2003, S. 57-86.

Schulze, Gerhard (1992), Die Erlebnisgesellschaft. Kultursoziologie der Gegenwart, Frankfurt/M.

Szallies, Rüdiger/Günter Wiswede (1990), Wertewandel und Konsum. Fakten, Perspektiven und Szenarien für Markt und Marketing, Landsberg/Lech.

Ullrich, Wolfgang (2006), Haben wollen. Wie funktioniert die Konsumkultur? Frankfurt/M.

Wiswede Günter (1990), Der „neue Konsument" im Lichte des Wertewandels, in: Rüdiger Szallies/Günter Wiswede (1990), Wertewandel und Konsum. Fakten, Perspektiven und Szenarien für Markt und Marketing, Landsberg/Lech. S. 11-40.

Wyss, Werner (1991), Marktforschung von A-Z. Eine Einführung aus der Praxis, für die Praxis, Adlingenswil.

2 Validität als Prestigewert der kommerziellen Konsumforschung

Die kommerzielle Konsumforschung erhebt Daten über Konsumentenvorlieben und verschafft Unternehmen dadurch strategierelevante Einsichten. Die von ihr erhobenen Daten, die sich nicht zuletzt ihrer methodischen Expertise verdanken, versprechen Auftraggebern deshalb einen spezifischen Nutzen. Zugleich können aussagekräftige und prognosefähige Daten von diesen aber auch gegenüber anderen als ein symbolisches Gut eingesetzt werden, das ihren Prestige symbolisiert – auch kann die ostentative Hervorhebung methodisch angeleiteter Verfahrensweisen in diesem Sinn als Strategie zur Absicherung von Entscheidungen eingesetzt werden.

Felix Keller beschreibt in seinem Beitrag die von der Marktforschung erhobenen Daten als ein konsumierbares Gut. Gerade weil Marktkonstellationen nichts weniger als unüberschaubar sind, kommt dem Datenmaterial der Marktforschung als solchem offenbar ein eigentümlicher, nicht zu unterschätzender Distinktionswert zu: Im Rückgriff auf Veblens Theorie des Distinktionskonsums zeigt Keller, wie Unternehmen sich mit diesen Daten „schmücken", obwohl deren Aussagekraft gerade in Bezug auf die Prognose von Zukunftstrends außerordentlich spekulativ ist.

Thomas Heun betrachtet das Verhältnis von Werbung und Marktforschung, von denen zumeist angenommen wird, sie beruhten auf diametral entgegengesetzten Leitvorstellungen: Das Kreativitätspathos der Werber sei mit der Testfixierung der Marktforscher nicht in Einklang zu bringen. Tatsächlich wird in Werbeagenturen jedoch auch mit Elementen der Marktforschung operiert, wie Heun zeigt – und sei es deshalb, weil Auftraggeber sich nicht ohne Kontrollmöglichkeit auf riskante Kreativideen der Werber einlassen wollen. Bei Lichte besehen handelt es sich jedoch oftmals um einen „strategischen Einsatz" der Marktforschung, bei dem es mehr darum geht, ihr Prestige als valides Verfahren zu Überzeugungszwecken zu nutzen.

Theorie der feinen Daten
Über den Konsum von Zahlen und Tabellen

Felix Keller

Es gibt viele Daten über Konsum. Doch es gibt Weniges über den Konsum dieser Daten. Dabei ist der ökonomische Wert von Daten über Konsum augenfällig: Je unbekannter die Märkte sind, je unsicherer die Informationen über die Akzeptanz eines Produkts sind, als um so begehrter erweisen sich Daten über Märkte: Sie stellen darin augenscheinlich selbst ein gefragtes Konsumgut dar. Das Verständnis dieser Daten und ihres Gebrauchs ruft konsequenterweise auch nach einer konsumsoziologischen Fragestellung. Dabei stellt sich zuallererst die Frage, was denn genau konsumiert wird. Konsumiert werden symbolische Güter, die, als Konsequenz des oben genannten Begehrens, Konsumenten und Konsum vornehmlich in Form von Diagrammen und Reihen numerischer Werte erscheinen lassen, die über Alter, Geschlecht, Einkommen, Milieu, Kaufgewohnheiten und Absichten potentieller Konsumenten berichten. Zeigt sich darin auch anderes und mehr als der Wunsch nach Informationen über den Konsum? Wie ist dieses Wissen zu verstehen?

Daß gerade numerischen Daten bei der Abschätzung des Konsums ein so großes Gewicht zukommt, ist zunächst aufgrund der Kommunikationsmedien der Märkte selbst erklärbar: Geldwert verkörpert die Abstraktion des Tauschprozesses, Unternehmen rechnen mit Zahlen, ihre Existenz und Zukunft bemißt sich in numerischen Werten, in Geldwerten. Unternehmen weisen ihren Erfolg in Zahlen aus, das fragliche Gleichgewicht zwischen Passiva und Aktiva drückt sich in Zahlen aus, und die Chance für ein Unternehmen, Investoren zu finden, steigt drastisch, wenn entsprechende Indices, resultierend aus der Buchhaltung, stimmen. Insofern muß konsequenterweise auch die Außenwelt der Unternehmen selbst als eine Welt von Zahlen erscheinen, damit sich Unternehmen darin zu orientieren vermögen, ihren Erwartungshorizont und ihre Aktionen definieren können. Um mit dem Biologen und Semiotiker Jakob von Uexküll zu sprechen: Die „Merkwelt" der Unternehmen besteht aus einem Universum aus Zahlen, aus Indices der Zu- respektive Abnahmen, der Chancen desgleichen – so wie die Umwelt der Zecke, um Uexkülls berühmtes Beispiel zu nennen, aus einem Universum von Merkzeichen aus: „oben vs. unten", „Buttersäure: ja oder nein" und „warm" versus „nicht-warm" besteht (vgl. Uexküll 1934: 8ff). Zahlen sind in den internen Prozeduren des unternehmerischen Systems direkt verarbeitbar. Entsprechend muß Geschehen im Marktumfeld irgendeinmal in numerischer Form vorliegen, um für die betriebsinternen Kalkulationen und Kommunikationen wahrnehmbar zu werden. Es ist daher gut nachvollziehbar, daß die Marktforschung eine der bedeutendsten Dienstleistungen darstellt, welche die Unternehmen „konsumieren". In einer Untersuchung des Statistischen Bundesamtes über den Bezug von Dienstleistungen durch Unternehmen stellte sich zwar heraus, daß der größte eingekaufte Dienstleistungsbereich mit fünfundzwanzig Prozent aller Dienstleistungen der Bereich „Transport und Logistikleistungen" darstellt, gefolgt von „Miete, Pacht und operativem Leasing". Aber mit einem Anteil von sechzehn Prozent repräsentiert die Marktforschung bereits den drittgrößten Bereich der bezogenen Dienstleistungen.[1] Der Anteil der sogenannten qualitativen Verfahren der Marktforschungen, in denen der Stellenwert quantitativer Daten geringer ist, wird, trotz zunehmender Beliebtheit, im Jahre 2004 auf etwa zehn Prozent der Ausgaben für Marktforschung geschätzt.[2] Alleine schon angesichts der pekuniären Bedeutung, welche die Marktforschung erreicht hat, bietet es sich an, die klassische Fragestellung der Konsumsoziologie auf den Konsum dieser numerischen Werte und diagrammatischen Darstellungen durch Unternehmen auszuweiten, mit anderen Worten: die Frage nach dem Konsumwert dieses symbolischen Gutes zu stellen.[3] Freilich wird sich zeigen, daß die unmittelbar konsumsoziologische Fragestellung auch eine wissenssoziologische Dimension in sich trägt, da der Konsum von Zahlen und Tabellen in einem gewissen Sinne auch erst das hervorbringt, was gemessen wird: das Design, die Form der Märkte selbst.[4]

1 Die Frage nach dem Konsum von Daten

Ein möglicher Grund dafür, daß die Soziologie sich bislang wenig für den Konsum von Ergebnissen der Konsumforschung interessiert hat, liegt womöglich darin, daß der Gebrauchswert dieses symbolischen Gutes klar zu sein scheint: Mit den Daten der Befragungen und Interviews sollen die Märkte abgeschätzt, das Potential möglicher Konsumenten erfaßt werden. Die Ergebnisse drücken Marktpotentiale, Marktlücken, Marktprobleme aus. Ein Blick in die einschlägi-

---

[1] Nachfrage nach Dienstleistungen 2003. Erhebung nach § 7 BStatG. Projektbericht, Statistisches Bundesamt, Wiesbaden 2005.
[2] http://www.qualitative-research.net/fqs-texte/3-05/05-3-5-d.htm#g1 (zuletzt besucht: 11.7.2007)
[3] Hierbei geht es keineswegs um eine Kritik der Methoden selbst, mit der Vorstellung, wie sie besser sein könnten, sondern um ein Verständnis des symbolischen Gutes, das die Marktforschung produziert: Darin steckt unter Umständen ein Schlüssel zur sozialen Welt, der in der ursprünglichen Fragestellung der Auftraggeber der Untersuchung nicht unbedingt enthalten ist, vgl. Bourdieu (1992: 208f.).
[4] Inwiefern sich Konsum in der (Vorstellung der) Märkte immer auch als Produktion denken läßt und de facto Konsum immer wieder zu Produktion gewendet wird, zeigt Jameson (1991: 267ff.).

Theorie der feinen Daten

gen Branchenzeitschriften zeigt das Bestreben der Marktforschung, auch die kleinsten Nischen von Märkten zu explorieren. Die Berichte über Marktforschungsergebnisse, in einem nur ganz kurzen Zeitraum beobachtet, gleichen einem wundersamen Panoptikum der Warengesellschaft, in der sich Ding an Ding reiht, Ergebnis an Ergebnis, von sehr Erwartbarem bis hin zu absolut Verblüffendem, Ergebnisse, die wohl keinen Bereich des Verbrauches von Gütern, und sei er auch noch so absurd, in ihren Darstellungen auslassen. Neben sich gewichtig gebender Forschung, wie etwa jener über die Bewertung des ZDF-Werbefernsehens, welche die eingespielten, marktmächtigen „Altersgrenzen" der relevanten Konsumgruppen schlicht über Bord werfen will,[5] stehen Ergebnisse, die erstaunen lassen, weshalb sie denn wohl der Erwähnung wert sind: 90,8 Prozent von 10.005 befragten Bundesbürgern geben in einer repräsentativen Umfrage an, gerne Schokolode zu essen, meldete die Deutsche Depeschenagentur am 5. April 2007, wobei 22 Prozent der weiblichen Konsumenten angaben, „ein ungutes Gefühl zu haben, wenn sie in einen Schokoriegel beißen"; bemerkenswerter erscheint vielleicht schon, daß sich jede zweite befragte Frau in einer anderen Studie einer unabhängigen Marktforschungsgesellschaft einen Grillabend mit einem Kochstar wünscht, wie die *Fleischerzeitung* meldete (18. April 2007); und doch zu verblüffen mag, daß rund fünf Prozent der Tierhalter schon das Futter ihres Vierbeiners probiert haben, wie die Gesellschaft für Konsumforschung GfK, einer der Branchenleader weltweit, im Auftrag einer Zeitschrift herausfand, und zwar anhand der Befragung von 585 Haustierbesitzern ab 14 Jahren, wobei die GfK Wert darauf legt, daß die Ergebnisse für die Gruppe der Tierhalter repräsentativ seien.[6] Welche Informationen werden mit dem Einblick in eine solche Wunderkammer der sogenannten Marktwirtschaft genau vermittelt, was ist exakt der „Newswert" solcher Meldungen, für Unternehmen und oftmals gar für eine breitere Öffentlichkeit, denen sie zugespielt werden?

Die Magie, die von den Ergebnissen der Marktforschung offensichtlich ausgeht, beschränkt sich bemerkenswerterweise keineswegs auf privatwirtschaftliche Unternehmungen, sondern ergreift auch öffentliche Institutionen aller Art: Selbst ganze Städte sehen sich inzwischen als Marktteilnehmer und entsprechend als Betriebe, die öffentlich Marktforschung konsumieren, um ihre Wettbewerbsfähigkeit zu signalisieren. So schreibt die Stadt Greven: „Jede Stadt behauptet von sich, ein attraktiver Standort zu sein. Wie soll ich wissen, ob das auch ob-

---

[5] „Käufertypen schlagen Altersgruppen". Die Zeitschrift „Horizont", 5. April 2007, S. 31. Zur Eruierung, auf welche Weise Konsumforschung vor einer breiteren, interessierten Öffentlichkeit „demonstrativ konsumiert", i.e. rezipiert wird, wurde die Datenbank für Wirtschaftskommunikation Lexis Nexis, welche alle relevanten Branchenzeitschriften archiviert, systematisch durchsucht und die als typisch erscheinenden Texte zum Bereich der Konsumforschung hier erwähnt.

[6] General-Anzeiger, Bonn, vom 15. März 2007, S. 48.

jektiv richtig ist. Um Ihnen ein objektives Urteil zu erlauben, veröffentlichen wir Zahlen der *Gesellschaft für Konsumforschung*, die Sie als Herausgeber vieler bundesweiter Marktforschungsergebnisse kennen."[7] Freilich, bei genauerer Lektüre lassen sich in den Branchenzeitschriften auch skeptische Gefühle gegenüber der Vermeßbarkeit der Marktpotentiale entdecken. So etwa liest man in der Lebensmittel-Zeitung anläßlich einer entsprechenden Tagung, daß die Frage, wie der Kunde sich verhalte, trotz „ausufernder Marktforschung" sich immer wieder stellen werde. Experten lassen erkennen, daß der Kunde inzwischen „kaum berechenbar" und durch Ambivalenzen und absurde Entscheidungen geprägt sei. Dennoch entwürfen die Marktforscher immer weitere Szenarien.[8]

Ähnliche Skepsis zeigt die Zeitschrift *Versicherungswirtschaft* in einem Artikel mit dem Titel: *Der Kunde geht bereits auf Sie zu – gehen Sie ihm entgegen!* Der Konsument wandle sich schneller denn je, er werde ungeduldiger, mitbestimmender und cleverer zugleich. „Immer ausgefallenere Methoden lassen es Firmen viel Geld kosten, an den Konsumenten heranzukommen," schreibt die Zeitung. Doch was solle ein Sachbearbeiter in der Schadenabteilung mit Trends, neuerdings gar Megatrends, etwa mit dem Megatrend „Die neuen Frauen" anfangen? Solche Aussagen verpufften in den Kurzzeitgedächtnissen, wie die Zeitschrift *Versicherungswirtschaft* weiß. Dennoch, auch dieser Artikel empfiehlt den Aufbau eines „Radarsystems" für gesellschaftliche Veränderungen und zählt dabei wiederum auch auf die gängigen Methoden der Marktforschung.[9]

Diese Skepsis,[10] verbunden mit dem zuweilen fraglichen Informationswert der Nachrichten, sollte indessen aufhorchen lassen, und es stellt sich die Frage, ob der Gebrauchswert der Daten alleine darin liegen kann, daß sie wissenschaftliche Prognosen liefern und „objektive" Aussagen über den Markt formulieren. Gewiß ist der Aspekt der Informationen über die Märkte ein wichtiger Bestandteil des Wertes der Daten, aber aus dem Blickwinkel der Konsumsoziologie nicht der ausschließlich bedeutende. Wie der Gebrauchswert von Kleidern nicht bloß darin liegen kann, zu schützen und zu wärmen, mag der Wert der Daten ebenso wenig sich darin erschöpfen, die schwer erfaßbare Wirklichkeit der Märkte und ihrer Entwicklung letztgültig abzubilden. Diese klassische These der Soziologie des Konsums hat Thorstein Veblen formuliert und dabei bekanntlich das Konzept des „demonstrativen Konsums" eingeführt. Demonstrativer Konsum äußert

---

[7] www.greven.net (http://212.124.40.66/wirtschaft/index.php?c=/wirtschaft/greven/gfkkennzahlen.shtml; zuletzt aufgerufen: 11.7.2007).
[8] Lebensmittelzeitung, 9. Dezember 2005, S. 46.
[9] Versicherungswirtschaft, 1. Oktober 2005, Heft 19, S. 1510.
[10] Von einer ähnlichen Ambivalenz der Häufigkeit ihres Gebrauchs und dem Zweifel an den Ergebnissen ist auch die Schwester der Marktforschung, die Meinungsforschung, gekennzeichnet. Auch diese Ambivalenz läßt sich in eine wissenssoziologische Fragestellung umformulieren; vgl. Keller (2001).

Theorie der feinen Daten

sich exemplarisch bei Kleidern als Konsumgut, indem Kleider ihren „kommerziellen Wert in allen modernen Gesellschaften viel eher aus der Tatsache [beziehen], daß sie der Mode entsprechen und also Prestige besitzen, als aus dem Umstand, daß sie ihren eigentlichen Zweck, nämlich die Person des Trägers zu kleiden und zu schützen, erfüllen" (Veblen 1989: 165).

Der Wert des demonstrativen Konsums liegt nicht im Gebrauchswert, sondern in einem sekundär sich Vermittelndem, im Falle der Kleider: des Prestiges. Oder anders ausgedrückt: Im Prozeß des Konsum entsteht erst symbolischer Status. Selbstverständlich läßt sich der symbolische Wert von Daten nicht mit jenem von Kleidungsstücken einfach parallelisieren, obwohl natürlich der Gedanke eine gewisse Verlockung besitzt, Marktdaten kleideten die Unternehmen auch auf eine gewisse Weise: nämlich für ein Schaulaufen, Stolzieren auf der Promenade der Investoren. Die Möglichkeit, umfangreiche Marktstudien zu präsentieren, besagt gewiß viel über ökonomische Potenz, vermittelt sicher auch Prestige, weil man über möglichst aufwendig erhobene Daten seine Marktfähigkeit ausweisen kann. Aber der Wert der Daten, so die Argumentation, erschöpft sich nicht in der Adelung der Unternehmen. Viel zentraler ist die Einsicht Veblens, daß über den Konsum auch selbst etwas hergestellt wird: ein symbolisches Gut, eine Positionierung. Diese These verweist geradewegs auf ein wissenstechnisches Problem der so genannten Marktwirtschaft selbst.

2 Symbolische Güter und relationale Positionierung

Veblen war in dieser Arbeit vornehmlich an einer Theorie des Wertes, der Wertegenerierung interessiert. Gleichzeitig hatte seine ökonomische Theorie eine klar soziologische, ja anthropologische Konnotation. Soziale Ordnung ist für Veblen im wesentlichen Unterscheidung.[11] Die Basis dieser Unterscheidung ist arbiträr, ihr Wert nicht auf bestimmte, an sich gegebenen Eigenschaften oder Funktionen der Gesellschaftsmitglieder rückführbar. Deshalb wird der Wettbewerb, die Konkurrenz um die Unterscheidungen in der Sphäre der symbolischen Güter ausgetragen. Soweit der bekannte Teil von Veblens Ansatz. Doch diese Sphäre symbolischer Distinktionen ist nicht einfach gegeben, sondern sie bedarf bestimmter gesellschaftlicher Voraussetzungen. So schreibt Veblen: „Bemerkenswert ist [...], daß der Konsum als Prestigemittel wie als Zeuge der Wohlanständigkeit in jenen Schichten der Gesellschaft am beliebtesten ist, wo auch der

---
[11] Es ist evident, daß hiermit eine zentrale These Pierre Bourdieus vorweggenommen wird, die über Bourdieus Ansatz des genetischen Strukturalismus auch eine breitere gesellschaftstheoretische und methodische Begründung findet (Bourdieu 1987), die aber gerade dadurch dem 1899 erstmals erschienen Werk die bleibende Relevanz sichert.

menschliche Kontakt des Individuums am größten und die Mobilität der Bevölkerung am stärksten ist" (Veblen 1989: 95). Veblen identifiziert damit implizit die materialen Rahmenbedingungen, in der Unterscheidung erst möglich und notwendig wird: Dichte, Sichtbarkeit der Anderen und Mobilität. Diese Rahmenbedingungen sind wiederum in einem ganz bestimmten materialen Kontext gegeben: dem städtischen Raum. Die Stadt ermöglicht Sichtbarkeit als Bezugssystem, ohne daß dieses von anderen sozialen Dimensionen überlagert wird: Denn in der Großstadt begegnen sich vornehmlich Unbekannte, die voneinander zunächst die äußere Erscheinung wahrnehmen. Entsprechend ist der Anreiz zum demonstrativen Konsum in der Stadt größer als auf dem Land, und in der Stadt sind größere Ausgaben nötig, „um dem gegebenen Stand finanzieller Wohlanständigkeit gemäß zu leben, als auf dem Lande" (Veblen 1989: 95).

Der Raum der Großstadt führt die unbekannten konkurrierenden Anderen einander erst vor Augen, und die vielen Anderen machen die demonstrativen Unterscheidungen von Nöten, damit die soziale Ordnung der Distinktion sich erhält. Ursächlich für das Auftauchen des demonstrativen Konsums ist nicht der Geist der Großstadt, nicht der Habitus der städtischen Bevölkerung (dieser ist höchstens Konsequenz dieser Prozesse), sondern das Bezugssystem, das die Großstadt erzeugt: die sichtbare Konfrontation der unbekannten Konkurrenten. Ein demonstrativer Konsum ist nun also nicht einfach nur passives Abgrenzen, er ist in der Vielheit des Auftauchens damit auch Entstehenlassen einer symbolischen Ordnung. Marktraum und städtischer Raum gehen vermittelt über demonstrativen Konsum symbolischer Güter ineinander über.

3 Das Design der Märkte

Mit Veblens Theorie läßt sich damit nicht nur der Konsumwert von Daten und Tabellen über die bloße Informationsbeschaffung hinaus erkennen, sondern dieser Ansatz erlaubt es auch, die Attraktivität dieses „Konsumgutes" in einen wissenssoziologischen Kontext der Frage der symbolischen Form der Märkte zu stellen, der auf die Konstitutionsbedingungen der Entität „Märkte" selbst verweist. Freilich ist zunächst die Frage zu klären, inwiefern sich Veblens Distinktionstheorie in der Tat eignet, den Konsum von Marktforschung zu begreifen. Exemplarisch zeigen läßt sich der Zusammenhang des Wunsches zur Unterscheidung mit dem Konsum von Marktforschungsergebnissen anhand der Einführung der Marktforschung im Brokerhaus *Merrill Lynch & Co.* Merrill Lynch war eine der ersten Firmen in der Finanz-Branche, die von Konsumenten-Surveys Gebrauch machte, und zwar in einer bedrohlichen Zeit nach dem Börsencrash im Jahre 1929. Erstaunlicherweise zeigt eine firmenhistorische Untersuchung deutlich, daß die von Merill Lynch bei der Consulting Firma *Braun's Management* eingekaufte Marktforschung kein klares Ziel hatte, etwa das Anheben von Vertrauen, die Einführung eines Produktes, sondern alleine zur Suche nach Unterscheidung von andern Investment Banken initiiert wurde – mit unbekanntem Ausgang (vgl. Perkins 1996: 236). Durch die Forschung wurde deutlich, daß das Vertrauen in die Broker der Bank gering war, weil sie, wie üblich, nach direktem prozentualem Umsatz entlohnt wurden. Inwiefern konnten die Kunden also sicher sein, daß die Broker nicht primär in eigenem Interesse, sondern in ihrem Interesse handelten? Um das Vertrauen künftiger Kunden zu gewinnen, wurden Broker nun nicht mehr nach einzelnen Abschlüssen von Verträgen, sondern bloß noch nach Jahresumsatz entlohnt – eine Strategie, die unverzüglich Erfolg zeigte. Die Tatsache, daß sich Merill Lynch um die Ängste der Kunden sorgte, wurde zum Distinktionsmerkmal, das Merill Lynch auf dem Feld des Marktes der Investmentbanker auszeichnete – ein Distinktionsmerkmal, das wiederum beobachtet wurde und zu Abgrenzungen der anderen Brokerhäuser führte, aber letztlich im Willen zur reinen Unterscheidung gegründet war und nicht in einer Fragestellung oder Mutmaßung über ein Produkt oder ein Marktsegment. Die Idee des Produkts ist der Suche nach Distinktion nachgelagert, vermittelt wird beides erst durch den Konsum von Marktforschung.

Diese Art des explorativen Gebrauchs von Daten, die Differenzen um der Differenz willen sucht, ist bekanntlich Kennzeichen der Marktforschung bis heute. Bereits 1964 hatte einer der großen Pioniere der Marktforschung, Daniel Yankelovich, ausdrücklich vor der Anwendung von Theorien der Sozialwissenschaften auf die Fragen der Marktforschung gewarnt (vgl. Yankelovich 1964: 90). Bemerkenswert ist dieser viel zitierte Artikel, weil er eine klassische Argumentationsweise gegenüber quantifizierender Sozialforschung mit der Praxis quantitativer Arbeit gleichsam versöhnen will und so einem neuen Umgang mit quantitativem Wissen den Weg bereitet, der dieses mit einer höheren Eigenlogik versieht. Die Sozialwissenschaften böten zwar eine ganze Reihe theoretischer Strukturen zur Erklärung marktwirtschaftlicher Daten an: Doch dieser Versuchung müsse widerstanden werden. Die Daten würden nämlich mittels sozialwissenschaftlicher Fragestellungen nur aufgrund bestehender Konzepte erklärt, die den Daten letztlich äußerlich sind: Sie würden nicht „whithin the market" selbst betrachtet. Der Impetus ist klar: Marktforschung soll nach Differenzen und Differenzierungsmöglichkeiten suchen, die möglichst überraschend, von der Konkurrenz nicht vorhersehbar sind. Aber Theorien verkörpern bekanntes Wissen, vermögen keine erstaunlichen Differenzierungsmöglichkeiten aufzuzeigen, sondern nur *a priori* bestehendes Wissen anzuwenden. Theorien, Deduktionsgebäude von Sätzen, erdrücken das Material mit bereits vorher Gewußtem, das sich eben nicht für die marktwirtschaftliche Etablierung eines Anderen, eines Überraschenden, eines Distinkten eignet. Dies führt inzwischen zu Phantasien, so entnehme ich einer einschlägigen Publikation des Jahres 1997, daß angesichts der sich immer weiter automatisierenden Datenverarbeitung versucht wird, das Subjekt des Forschers, stets beeinträchtigt aufgrund seines Vorwissens, vollständig auszuschalten. Das Finden und Erfinden von Differenzierungsmerkmalen wird Maschinen überlassen, idealerweise sollen diese Maschinen so einfach Ergebnisse liefern wie *Cash Machines* Banknoten. Der Forscher forscht nicht mehr, jene letzten Sozialforscher, die noch entlohnt werden, erhalten gemäß diesem Modell die Aufgabe, die Ergebnisse allenfalls noch zu interpretieren (vgl. Moskowitz 1997). Mit *Data Mining* und *Artificial Intelligence* in der Datenauswertung ist dieser utopische Zustand beinahe erreicht.[12]

Bei alledem zeigt sich zusammenfassend eines deutlich: Der Gebrauch von Daten ist die Suche nach reiner Unterscheidung, nach Unterscheidung von anderen Marktteilnehmern aufgrund des Bewußtseins, sich in einem, freilich in seiner Form und in seinem Ausmaß nicht unbedingt bekannten Raums der Konkurrenz mit anderen zu befinden. Die resultierenden Unterscheidungen sind vorher nicht „da" gewesen, in Form von Theorien, Hypothesen oder Vorwissen. Der Konsum von Daten ist damit nicht nur passiv. Die Nachfrage nach Unterscheidungen und Unterscheidungsmöglichkeiten zieht die Produktion von Wissen nach sich, das in Form von Grafiken und Tabellen die Märkte in eine spezifische symbolische Form gießt, die Marktpositionierung erst zuläßt: als eine Sphäre von Differenzen und Unterscheidungsmöglichkeiten, die selbst wiederum von anderen beobachtet und für ihre abgrenzenden Positionierungen gebraucht werden. Nicht umsonst spricht Susan Strasser in ihrer Studie über *The Making of the American Mass Market* (1989) im Zusammenhang mit der Einführung der Konsumforschung von einem Prozeß des *Designing Markets*. Die statistischen Formen der Marktforschung stellen in gewissem Sinne das *Design* der Märkte dar, produziert über die Nachfrage nach Unterscheidung. Auf welche Weise Märkte in der Suche nach Unterscheidung symbolisch geformt werden, gerade über Konsum von Konsumforschung, öffnet die konsumsoziologische Frage hin zu einer wissenssoziologischen Fragestellung: Die Bedeutung von Veblens Theorie liegt in diesem Zusammenhang darin, daß Veblen auf die räumlichen Konstitutionsbedingungen des demonstrativen Konsums hinweist und auf die darauf basierende, über Distinktionsprozesse verbundene Genese und Reproduktion eines symbolischen Raumes, der sich auch angesichts der nachhaltigen Transformationen der Marktrealitäten aufrecht zu erhalten vermag.

---

[12] Kenneth Ellioth/Richard Scionti/Mike Page: The Confluence of Data Mining and Market Research for Smarter CRM, Arbeitspapier, 2003, http://www.spss.com/de/news/archiv/ a0203.htm (zuletzt besucht 11. 07. 2007).

4 Die Genese diagrammatischer Markträume

Der Begriff des „Marktes" verweist immer auch auf die räumlichen Entstehensbedingungen dieses Konzepts. Der Term gründet selbst in einer räumlichen Metapher, die sich wiederum auf historische Realität selbst bezieht. Tauschhandlungen, so zeigt die Wirtschaftsgeschichte, realisierten sich zunächst an konkreten Orten, in Städten, waren auf örtlich-zeitlich fixierte Institutionen, eben Märkte angewiesen. Mehr noch, Städte fungierten oft primär als „Marktorte" (Weber 1980: 728), und die Notwendigkeit, Warentausch zu organisieren, Märkte zu etablieren, verhalf in gewissem Sinne überhaupt erst zum Entstehen von Städten und städtischer Zivilisation (vgl. Polanyi 1977: 87). Gleichzeitig ist „Ort" von „Raum" zu trennen (Giddens 1988: 174): Städte als Orte lagen stets im Mittelpunkt verschiedener „einander überlagernder Räume" (Braudel 1987: 199) – der Raum der Produktion, des Tausches, der Information, der politischen und religiösen Zelebration etwa. Braudel zeigt anhand Nürnbergs im 16. Jahrhundert, auf welche Weise, ausgehend vom konkreten Handels- und Marktort dieser Stadt, sich ein eigentlich europäischer Handlungsraum bildet, mit dem physischen Ort Nürnberg als Zentrum, der sich selbst wiederum nur noch in einer diagrammatischen Form darstellen läßt (vgl. Braudel 1987: 200). Doch um Informationen zu tauschen, um Waren anzubieten und zu erstehen, war die örtlich-unmittelbare Sichtbarkeit der anderen Marktteilnehmer vor dem Auftauchen von anderen Informationssystemen noch von überragender Bedeutung. Die Frage der Konstitution des Marktes war also durch die gleichsam architektural-räumlichen, institutionellen Rahmenbedingungen schon gegeben. Das Loslösen des Raumes des Tausches von den örtlichen Bedingungen über zunehmende technische und ökonomische Abstraktionsstufen[13] geht auch mit dem Auftauchen der Marktforschung als Wissensbeschaffung über die Märkte einher. Mehr noch: Damit einhergehend schafft die Marktforschung die Konstitutionsbedingungen dessen, was sie untersucht, indem sie den Raum der Differenzen aus dem örtlichen Kontext heraushebt und hin zu diagrammatischen Räumen transformiert, die wiederum interpretierbare Ergebnisse erst erscheinen lassen. Diese Konstitution diagrammatischer Räume resultiert sowohl aus der Formierung von Wissen als Kenntnis, wie die eigene Position sich von anderen unterscheidet (wofür die wissenstechnischen Rahmenbedingungen für ein System von Bezügen erst geschaffen werden müssen), wie auch aus der Verwendung der Daten selbst, indem der Gebrauch und die Demonstration der eigenen Konsumforschung gegenüber anderen Kon-

---

[13] Giddens bezeichnet diesen Prozeß als „disembedding". Damit meint Giddens (1991: 21ff.) einen globalen Prozeß des „lifting out" sozialer Beziehung aus örtlichen Rahmenbedingungen, ein Prozeß der welthistorischen Transformation, der (fast) alle soziale Realitäten erfaßt.

kurrenten weitere Forschungen oder Kritik derselben evoziert: also mithin einen Raum von Wissensbezügen mitkonstituiert.

Genauso wie die raumzeitlichen Bedingungen des großstädtischen Lebens den demonstrativen Konsum von symbolischen Gütern evozierten, so lassen sich auch strukturelle Kontexte erkennen, welche einen demonstrativen Datenkonsum begünstigen. Und diese Rahmenbedingungen selbst verändern sich derzeit maßgeblich, was aber den Konsum von Konsumforschung auf eine merkwürdige Weise noch attraktiver erscheinen läßt. Diese historischen Rahmenbedingungen der Marktforschung selbst werden erkenntlich, wenn das Auftauchen der Marktforschung in einen breiteren soziologischen Kontext gestellt wird. Im Gegensatz zu den Sozialenqueten, die in England und Frankreich entstanden, erweist sich die USA als Geburtsort der Marktforschung, und dies wohl nicht zufällig. So führt Paul Cherington in einem 1924 veröffentlichten Artikel über *Statistics in Market Studies* aus (Cherington 1924: 174), daß die USA im 19. und beginnenden 20. Jahrhundert schlicht die größte ökonomische Freihandelszone verkörperten, sowohl territorial wie bevölkerungsmäßig. Zu der schieren Größe kam, daß nahezu überall das Englische verstanden wurde, eine einheitliche Währung existierte, die Verkehrs- und Kommunikationsverbindungen relativ exzellent waren sowie einheitliches Recht herrschte. Der schieren Größe dieses homogenen wirtschaftlich-rechtlichen Raumes stand jedoch die ethnische *Fragmentierung* der Bevölkerung, die diesen Raum bewohnte, entgegen, die sich mit jeder Immigrationswelle noch steigerte. In den zwanziger Jahren des letzten Jahrhunderts existierten in den USA 978 Zeitungen in nichtenglischen Sprachen, in New York City lebten mehr Iren als in Dublin und mehr Italiener als in Rom. Die Komplexität und Größe dieses Marktes ließen ihn beständig verändern, neue Markt-Situationen entstanden gleichsam über Nacht. Denn die ethnische Heterogenität wirkte sich unmittelbar darauf aus, was und auf welche Weise die verschiedenen Gruppen konsumierten.

Die Einwandernden brachten, so führt auch Strasser aus, gerade als Reaktion auf die neue, fremde Welt, auch stark von den Herkunftsländern geprägte Geschmacks- und Konsumrichtungen mit. Mußte ein neues Produkt eingeführt werden, bedurfte dies einer genauen Abklärung, auf welche Weise es von den unterschiedlichen ethnischen Gruppierungen aufgenommen werden könnte (vgl. Strasser 1989: 146f). Die Heterogenität der Bevölkerung und die Abwesenheit von gemeinsamen Traditionen erforderte also die Schaffung von neuem Wissen, respektive auch: neuen Formen der Beschaffung von Wissen. Die Konstellation der USA ist in dieser Hinsicht einzigartig: Die strukturelle *Heterogenität* der Konsumkultur verlangte nach Wissen über mögliche Märkte und Plazierungsmöglichkeiten von Produkten; die strukturelle *Homogenität* des ökonomischen Raumes ermöglichte erst standardisierte Vorgehensweisen, also die Schaffung

Theorie der feinen Daten 65

neuer Möglichkeiten der Wissensgenerierung, welche die heterogenen Praktiken erst aufeinander zu beziehen vermochte. Diese neue ökonomische Konstellation, welche die amerikanische Situation gegenüber traditionellen Märkten auszeichnete, bildete die Bedingungen des Auftretens von Marktforschung. Hierbei ermöglichten gerade neue Techniken der statistischen Datengewinnung eine schnelle und effiziente Kommunikation über die Dynamik und Performanz der Märkte. Schon 1905 ist in einem Handbuch über *modern advertising* zu lesen, daß die Statistiken der Marktforschung im selben Maße zum Gelingen einer erfolgreichen Planung einer Werbekampagne beitrügen wie die mathematischen Berechnungen der Architekten zu funktionsfähigen Bauplänen einer großen Bibliothek.[14]

Der Begriff des „Marktes" bewahrt damit mehr als einen räumlichen Ursprung, vielmehr vermittelt er in Verbindung mit geeigneten statistischen Methoden erneut eine räumliche Vorstellung ökonomischer Transaktionen: Die Parallelisierung von Architektur und Statistik im obigen Zitat erweist sich als durchaus sinnvoll. Denn der Wert der quantitativen Daten liegt auch in den Möglichkeiten, Markträume sinnlich wahrnehmbar zu machen, die Imagination einer Positionierung in diesen Räumen ungeachtet fehlender örtlicher Bedingungen des Raumes wieder zu ermöglichen. Gerade deshalb sind besonders Datenauswertungsverfahren in der Marktforschung so prominent, welche die Daten geometrisch darstellen, also ebenfalls „verräumlichen": Korrespondenzanalysen, Faktorenanalysen, Multidimensionale Skalierung seien genannt. So führte der Entwickler der klassischen „räumlichen Theorie der Märkte", Theo Harold Hotelling, der explizit wieder das Stadtmodell des Handelns aufgreift (Hotelling 1929: 45), als Mathematiker auch kanonische Korrelationsanalyse und die Hauptkomponentenanalyse ein, die sich als Vorläufer und Varianten der oben genannten verräumlichenden Verfahren der Darstellung von Datenmengen verstehen lassen (Hotelling 1933). In diesem Zusammenhang zwischen Raumvorstellung und Datendarstellung spiegelt sich nichts weniger als die Bedeutung des homogenen Raumes für die Entstehung der Marktforschung, oder noch weiter gedacht, für die Vorstellung von „Märkten" und den damit verbundenen Gleichgewichtsvorstellungen selbst. Gerade indem die Marktforschung mit ihren eigenen Möglichkeiten der Darstellung und diagrammatischen Repräsentationen die genuin räumliche Vorstellungen der Märkte aufrecht zu erhalten vermag, kommt ihr womöglich auch eine viel fundamentalere Bedeutung zu als bloß die Erforschung der Nachfrage: nämlich durch die Suche nach Distinktion die grundlegenden Kategorien, mit der Betriebe ihre Umwelt wahrnehmen, unter gänzlich veränderten Voraussetzungen aufrechtzuerhalten.

---

[14] Vgl. Earnest Elmo Calkins/Ralph Holden: Modern Advertising (1905), zit. n. Strasser (1989: 148).

5 Die imaginären Märkte der Zukunft

Das historische Konstrukt des „Marktes" sieht sich seit einiger Zeit mit einem grundlegenden Wandel konfrontiert, der dahingehend gerade die steigende Attraktivität des Konsumgutes Marktforschung verstehen läßt, so die nachfolgend zu erläuternde These. Es läßt sich nämlich ohne Zweifel fragen, inwiefern das Konstrukt des „Marktes" – im Sinne der Idee eines Anbietens und Austauschens von Waren, gleichzeitig räumliche Metapher wie praktizierte Realität (Jameson 1991: 260) – sich zur Zeit erneut durch die ökonomische Öffnung der nationalen Grenzen, die Transformation der Nationalökonomien und angesichts neuer Informationstechniken maßgeblich ändert. Ein Konzept ist per Definition nie die Realität, aber es läßt sich auch die Frage stellen, ob das ökonomisch Reale nicht immer mehr der Metapher, die es zu fassen versucht, entgleitet (vgl. Milberg 2001). „Non-market trade", früher vor allem auch in anderen Ethnien und politischen Systemen gesucht, gewinnt immer größere Aufmerksamkeit.[15] Nur ein kleiner Teil der weltgesellschaftlichen Transaktionen läßt sich als Ablauf begreifen, der innerhalb eines Rahmens stattfindet, der sich noch als „Markt" bezeichnen ließe.[16] Ungeachtet der Geltung oder Neuheit solcher Einsichten: Wo ein Markt „anfängt" und „aufhört" wird unklar, die Übergänge zwischen dem, was ehemals „Volkswirtschaften" hieß, werden fließend. Damit wird aber die räumliche Konstitution der Märkte und ihrer Segmentierung unsicherer. Die Marktforschung versucht, dem mit immensem Aufwand entgegenzuwirken, um den diagrammatischen Raum eines (Welt-)Marktes zu sichern. Der *Roper Reports Worldwide* der GFK-Gruppe umfaßt beispielsweise Befragungen von 31.000 Verbrauchern in über dreißig Ländern, ein Unterfangen, das nach „Ländern geordnete, globale Marktperspektive" ermöglicht.[17] Daß damit das Instrumentarium der Befragung in methodischer Hinsicht bis aufs Äußerste strapaziert wird, dürfte augenscheinlich sein. Die Differenzziehung in einem diagrammatischen Raum ist indes bei diesem Projekt gesichert: Es ist mittlerweile computertechnisch interaktiv möglich, flexibel globale Märkte über Tabellen und Grafiken zusammenzusetzen, zu vergleichen, zu gestalten und nach Belieben zu formieren. Weil die Marktgrenzen nur noch Codewerte von Variablen in einer immensen Datenmatrix darstellen, lassen sie sich prinzipiell auch beliebig neu zusammensetzen, was ebenso für die Marktsegmente gilt (wobei die Frage bleibt, ob diese flexible Erschaffungs-

---

[15] Vgl. Rotstein (1970). Beispielsweise wird geschätzt, daß rund ein Drittel des Welthandels innerhalb multinationaler Firmen stattfindet (Markusen 1995).
[16] Vgl. Auerbach (1988) nach Milberg (2001).
[17] Vgl. das Dokument „Welcome to Roper Reports Worldwide" und weitere Informationen auf http://www.gfk.com (http://www.gfk.com/imperia/md/content/presse/broschueren/produkte/rrw07_introduction_document.pdf, zuletzt aufgerufen: 11. 7. 2007).

möglichkeit von Märkten am Bildschirm dem Vertrauen in die Stabilität des Wissens auf längere Sicht zuträglich sein wird). Doch diese traditionellen Anwendungen der Marktforschung, die einer Ausweitung bestehender Methoden gleichkommt, sind nur eine mögliche Dimension der Reaktion auf diesen Wandel. Die Attraktivität der Konsumforschung steigert sich mutmaßlich gerade wegen der angesprochenen Prozesse auch in eine andere Dimension, eine Dimension, die gleichzeitig die Marktforschung unabhängiger von den existierenden ökonomischen Realitäten werden läßt, und den diagrammatisch sichtbar gemachten Märkten gleichzeitig einen immer virtuelleren Charakter zuweist. Wie schon zu Beginn mit Veblen festgestellt wurde, werden die Beobachtung der anderen Marktteilnehmer und die Möglichkeit, sich von ihnen zu unterscheiden, angesichts eines komplexen Bezugssystems wie der Stadt zum entscheidenden Kriterium nicht nur der eigenen Selbstdarstellung, sondern gar der Bildung eines Selbst über die Erscheinungsweise. Je unsicherer aber der Raum der Märkte wird, desto bedeutsamer werden die Rahmenbedingungen des gegenseitigen Beobachtens, des Beobachtens von anderen Marktteilnehmern, der Antizipation ihrer Handlungen, ihres Erfolges.[18]

Da die synchrone Positionierung in einem ökonomischen Raum, dessen Grenzen unklarer werden, schwieriger wird, rückt die Positionierung auf der fortschreitenden Zeitachse in den Vordergrund, so die These. Die Frage der Zukunft tritt um so mehr hervor, je mehr versucht wird, die anderen Marktteilnehmer zu beobachten, sich differentiell über die Antizipation ihres künftigen Handelns von ihnen zu positionieren, nur um damit die eigenen möglichen Handlungen zeitlich immer weiter zu extrapolieren. Der Imaginationshorizont der symbolischen Märkte kippt gleichsam von der synchronen „vertikalen" Achse in die horizontale Achse der Zeitlinie, das heißt: in die Zukunft. Die Ergebnisse der Marktforschung werden in dem Maße zusätzlich attraktiv, da sie nicht nur bloß Ergebnisse „realer" Entwicklungen vorhersagen können, sondern schlicht, indem sie Entscheide der Konkurrenten beeinflussen *könnten* und schon alleine aus diesem Grunde als Möglichkeit antizipiert werden müssen (deshalb wohl auch die eingangs festgestellte Ambivalenz aus Neugierde und Skepsis gegenüber den neusten Trends und Methoden der Marktforschung). Dieser Prozeß wird augenscheinlich, wenn die Berichte von Unternehmen über neuere Entwicklungen der Marktforschung konsultiert werden. Die alte Frage, wer welches Produkt wohl

---

[18] Aufgrund welcher Eigendynamik damit das Begehren nach Information produziert wird, das sich anschließend auch befriedigen läßt, ist mit Niklas Luhmanns Einsicht in die Konsequenzen ökonomischer Risiken bestens erfaßt. Luhmann schreibt, daß in dem Maße, wie Systeme komplex und für andere intransparent werden, die Beobachtung dieser Systeme auf die Beobachtung anderer Beobachter dieser Systeme ausweicht. Die „Direktanalyse" werde ersetzt durch eine „Beobachtung anderer Beobachter", ohne daß „die Sachverhalte" noch geprüft werden müßten (Luhmann 1991: 190).

morgen kaufen werde, wird in eine Zukunft ausgeweitet, die bislang der *Science Fiction* vorbehalten war. Die Zeitschrift *Automobil-Industrie*[19] schreibt in einem Artikel über die *Generation Golf VII* sinngemäß: Bei der notwendig sich stellenden Frage, was der Kunde von morgen brauchen werde, sei das Problem, daß der Kunde über seine Bedürfnisse in 10, 15, 20 Jahren noch wenig wisse. Deshalb gehört die Erfassung der Marktpotentiale, das Erstellen demographischer Entwicklungen und das Erkennen langfristiger Trends zu den vornehmlichsten Aufgaben dieses Bereichs. Ähnliches ist auch in der Zeitschrift *Der Hotelier* zu lesen: „Was werden wir in zehn bis zwanzig Jahren trinken? Was essen? Nur noch im Gehen und Stehen oder manchmal noch im Sitzen? Und zu welchen Gelegenheiten, in welcher Umgebung treffen wir uns mit welchen Menschen? Das sind Fragen, auf die viele Gastronomen gerne eine Antwort wüssten."[20]

Wie ist diese Projektion imaginärer Märkte in die Zukunft zu deuten? Der Ursprung dieser Zukunftsforschung führt zwar wiederum unmittelbar in die USA der 1920er Jahre, zum Beginn der Markt- und Meinungsforschung, als Präsident Hoover eine Kommission ins Leben rief, um Entwicklungen im Sozialstaat abzuschätzen (vgl. Minois 1998: 743). Aber zu einer festen Größe ist die Trendforschung, also die Ausdehnung der Märkte als Erwartungshorizont über die Gegenwart hinaus, wohl mit John Naisbitts Werk *Megatrends. Ten New Directions Transforming Our Lives* geworden (vgl. Naisbitt 1982).[21] Heute gibt sich die Trendforschung mit ihren teils erstaunlich weiten Zeithorizonten als etablierter Teil der Marktforschung. Als *Corporate Foresight* diffundiert die Zukunftsforschung offenbar derzeit von einer Angelegenheit der Großkonzerne zu einer mittelständischer Unternehmen, wie bereits die obig zitierten Beispiele zeigen: *Corporate foresight* soll auf die Fragen zukünftiger Produktplazierung antworten, die zukünftigen regionalen Märkte in den Blick bekommen, sie soll dem rasanten technischen Wandel begegnen, so läßt sich einer Broschüre zu einem Kongreß mit dem Namen Vom *Trend zum Produkt. Corporate Foresight in der Praxis* entnehmen,[22] ein Kongreß, der die „Märkte der Zukunft" aufzeigen möchte. Exemplarisch illustriert die grafische Darstellung eines der wichtigsten Trendforschungsbüros Deutschlands die Ausdehnung der Marktforschung:[23] Die Grafik zeigt eine Zeitachse, die von der Gegenwart bis ungefähr in die Mitte die-

---

[19] Automobilindustrie, Heft 12, 29. Nov. 2005, S. 46.
[20] NGZ – Der Hotelier, 12. November 2005, o.S.
[21] Das Gallup-Institut, eines der Innovatoren der Markt- und Meinungsforschung, folgte im Jahr 1984 mit einer ähnlichen Werk mit dem Namen *George Gallup Jr. predicts the future of America. Based on the most extensive polls ever taken on the future* (Gallup 1984).
[22] Broschüre zum Kongreß: Vom Trend zum Produkt. Corporate foresight in der Praxis, Köln, 28. November 2006, veranstaltet von z-punkt The foresight company und Andreas Grosz.
[23] Die Grafik war publiziert auf: http://www.z-punkt.de/zpunkt/bilder/trendsystematik-gross.jpg (zuletzt aufgerufen: 11.9.2006).

ses Jahrhunderts reicht. „Konsumententrends", gemeint sind „kurz- bis mittelfristige Veränderungen in Bedürfnislagen, Einstellungen- und Handlungsorientierungen", die klassischen Bereiche der gegenwartsbezogenen Markt- und Meinungsforschung, reichen von der Gegenwart (ungefähr 2005) bis etwa ins Jahre 2010. „Mittel- bis langfristige Wandlungsprozesse in Gesellschaft, Wirtschaft, Technologie, Politik und Umwelt" bezeichnen in der Grafik einen Zukunftshorizont bis etwa ins Jahre 2020. Diese beiden Trends sind aber letztlich eigentlich überlagert von den so genannten Megatrends, die bis ins Jahre 2030 und sogar darüber hinaus andauern werden und dabei „langfristige und übergreifende Transformationsprozesse und Paradigmenwechsel" bilden. Diese durch Begriffe der Wissenschaftsforschung plausibilisierten Darlegungen[24] erzeugen einen weit in die Zukunft reichenden Imaginationshorizont, der sich mit dem Konzept und den Instrumenten von sozialwissenschaftlicher „Forschung" nur noch schwerlich inhaltlich fassen ließe. Weshalb erweist sich aber der Konsum von Trendprognosen, die doch naturgemäß instabiler sein müssen als retrospektive Vermessungen,[25] als so attraktiv, daß selbst etablierte Firmen, exemplarisch etwa Siemens,[26] sich ernsthaft damit beschäftigen? Ist es hier alleine noch die Beobachtung der Beobachtung der anderen Marktteilnehmer, die Antizipation ihrer Strategien, die für den Konsum dieser Forschung ausschlaggebend ist? Oder anders gefragt: Der Raum der Zukunft, der sich, relativ losgelöst von sozialwissenschaftlichen Methoden und den Märkten der Gegenwart entwickelt, was hat er mit dem angesprochenen Thema des Datenkonsums zu tun?

---

[24] Der lange Horizont der technischen Entwicklungen, der hereinbrechenden Zukunft (future shock), die damit einhergehenden Transformationsprozesse, die unversehens Vertrautes antiquiert erscheinen lassen, ein sehr alter Topos industriegesellschaftlicher Diskurse, wurde von Alvin Toffler in den siebziger Jahren in die Realitäten der zweiten Hälfte des zwanzigsten Jahrhunderts übersetzt (Toffler 1970). Früher noch, in den sechziger Jahren, hatte Thomas Kuhn den Begriff des „Paradigmenwechsels" geprägt, der mit den harten Fakten der Geschichte der Physik mit Realität versehen wurde (Kuhn 1996). Wie Kuhn aber später bemerkte, war der Begriff zu bedeutungsoffen (Kuhn 1997), weshalb er ihn durch den Begriff der „disziplinären Matrix" ersetzte. Gerade diese Bedeutungsoffenheit ermöglichte aber das Einwandern des Paradigmenbegriffs in andere Diskurse, von der Esoterik bis zur Marktforschung.
[25] Diese „natürliche" Instabilität der Zukunft führt zu einer merkwürdigen Verdoppelung des Begriffs Megatrends selbst, die nunmehr nach wichtigen und unwichtigen Megatrends beurteilt werden müssen. Es gibt mittlerweile Publikationen zu den „20 wichtigsten Megatrends" (vgl. http://www.z-punkt.de/fileadmin/be_user/D_Publikationen/D_Arbeitspapiere/Die_20_wichtigsten_Megatrends.pdf, zuletzt aufgerufen: 11.7.2007).
[26] Im Siemens-Geschäftsbericht des Jahres 2005, dem Brief an die Aktionäre, wird diese Einsicht in die Notwendigkeit, Märkte der Zukunft zu extrapolieren und damit Marktforschung über virtuelle Zukunftsmärkte zu betreiben, drastisch vor Augen geführt: „Megatrends geben die Richtung vor: [...] Unsere Geschäftsaktivitäten leiten sich ab aus den Herausforderungen, die von den globalen Megatrends ausgehen. Das sind im Wesentlichen der demographische Wandel und die fortschreitende Urbanisierung [...]. Diese beiden Megatrends prägen die Welt von morgen. Sie erfordern besondere Lösungen auf den Gebieten der Gesundheit, Wasser, Energie und Beleuchtung, Mobilität und Sicherheit". Siemens Aktiengesellschaft (Hg.), 2006: Geschäftsbericht 2005. Bestell-Nr. A19100-F-V67, S. 8ff.

Die imaginären Zukunftsdaten ergeben aus der Perspektive des demonstrativen Konsums durchaus Sinn und verweisen womöglich auf ein noch grundsätzlicheres Problem als die Distinktionsbestrebungen von Marktteilnehmern. Ganz im Gegensatz zur immensen Zeitausdehnung der imaginären Märkte in der Konsumforschung verkürzt sich die Lebensdauer der Unternehmen im Zuge der genannten Entwicklung der globalen Märkte beträchtlich, auch hier der ökonomischen Regularität folgend, daß die räumliche Ausdehnung von Märkten mit sinkender Überlebensdauer von Unternehmen einhergeht. Die Zahlen illustrieren einen drastischen Prozeß. Die Unternehmen, die 1920 im *Standard & Poor*-Index der 90 größten Unternehmen gelistet waren, verblieben durchschnittlich 65 Jahre in diesem. Im Jahre 1997, 40 Jahre nach der Einführung des *Standard Poor*-Index der 500 größten Unternehmen, waren gerade noch 15 Prozent der ursprünglich erfaßten Unternehmen im Index.[27] Im Jahre 1998 lag die Überlebensdauer beim S&P 500 gerade bei geschätzten zehn Jahren.[28] Andere Daten zeigen Ähnliches, auch auf mittelständische Unternehmen bezogen: Eine jüngere holländische Studie über die Existenzdauer von Firmen in Europa und Japan errechnet eine durchschnittliche Überlebensrate von Unternehmen, den potentiellen Konsumenten also von Konsum- und Trenddaten, von nicht mehr als 12,5 Jahren.[29]

Angesichts der erwartbaren Lebensdauer von Unternehmen muten die Zeithorizonte, welche die Trendforschung entwirft, reichlich paradox an. Gewiß, es ist fraglich, wie „nachhaltig" dieser Trend zu Megatrends sein wird, oder ob der Trend zu diesen Zeithorizonten nicht vielmehr ein kurzfristiger ist. Doch der mögliche Sinn der eigentümlich anmutenden Beschäftigung mit diesen langen Zeithorizonten jenseits realer Märkte offenbart sich dann, wenn wiederum die Konsumdimension dieser Marktforschung und ihrer Zukunftsdaten ins Augenmerk rückt, im Sinne des demonstrativen Konsums. Die feinen Daten, die extrapolierten Trends haben auf einer ersten Ebene nach wie vor und ganz und gar die Eigenschaft eines Luxuskonsumgutes, von dem Veblen sprach: Sie versichern die eigene Existenz des Konsumenten anderen konkurrierenden Konsumenten, nun auch in naher und ferner Zukunft. Doch an diesem Beispiel zeigt sich die zuvor diskutierte konstituierende Bedeutung des Datenkonsums in besonderer Deutlichkeit, gleichsam eine zweite Ebene des Konsums von Daten der Konsumforschung bezeichnend. Die imaginären Märkte, die sich über ein immer neu sich konfigurierendes System von Zahlen, Tabellen und Diagrammen in klaren symbolischen Formen offenbaren und den Unternehmen einen Zukunftshorizont

---

[27] Frankfurter Allgemeine Zeitung, 26.1. 2004, S. 20.
[28] Das Kongreßzentrum OFW der Universität Köln widmete beispielsweise diesem erst noch in seinen Konsequenzen zu verstehenden Sachverhalt einen eigenen Kongreß: Vgl. http://www.ofw.de/ 340.0.html?&L=0&no_cache=1&sword_list[]=500&sword_list[]=S%26P (zuletzt aufgerufen: 11.7.2007).
[29] http://www.businessweek.com/chapter/degeus.htm (Zuletzt aufgerufen: 11.7.2007).

Theorie der feinen Daten 71

vermitteln,[30] bringen über die Konstitution eines Entscheidungsraums auch ökonomische Handlungsfelder erst hervor, die sonst nicht gegeben wären (sofern die eingekaufte Forschung nicht einfach ignoriert wird). Der Konsum von Markterforschung der Zukunft produziert auch hier erst über den Akt des Konsums und des Demonstrierens des Konsumierten die Geltung der konsumierten Informationen: das, was nicht gegeben, aber notwendig ist für ökonomische Entscheidungen, nämlich die Möglichkeit der Antizipation von Unterscheidungsmöglichkeiten angesichts ökonomischer Realitäten, die sich kaum (mehr) als synchron-räumlichen „Markt" begreifen lassen.[31] Insofern unterliegt auch diese in die Zukunft blickende Form der Marktforschung der Logik des demonstrativen Konsums wie ehedem die klassische Marktsegmentierung, sie bringt aber die Konstitution des damit erzeugten symbolischen Raumes deutlicher zum Ausdruck. Daß Unternehmen derzeit die Möglichkeit dieser differentiellen Positionierung über die Extrapolation eines Zukunftshorizontes suchen, in der sie mit aller Wahrscheinlichkeit gar nicht mehr existieren werden, entbehrt nicht einer gewissen Ironie. Die Frage bleibt, inwiefern sich dieses sich selbst stabilisierende System von Marktforschung, Konsum von Marktforschung, Markrepräsentation angesichts einer Realität aufrecht zu erhalten vermag, die womöglich der ursprünglichen Vorstellung von Märkten (und damit: von Marktforschung) längst entglitten ist.

Literatur

Auerbach, Paul (1988), Competition: the Economics of Industrial Change, New York.
Bourdieu, Pierre (1987), Die feinen Unterschiede. Kritik der gesellschaftlichen Urteilskraft, Frankfurt/M.
Bourdieu, Pierre (1992), Meinungsforschung – Eine ‚Wissenschaft' ohne Wissenschaftler, in: Pierre Bourdieu (Hg.), Rede und Antwort, Frankfurt/M., S. 208-216.
Braudel, Fernand (1987), Sozialgeschichte des 15.-18. Jahrhunderts. Der Handel, Zürich.
Cherington (1924), Statistics in Market Studies, in: Annals of the American Academy of Political and Social Science, Nr. 115, S. 130-135.
Gallup, George (Jr.) (1984), Forecast 2000: George Gallup Jr. predicts the future of America. Based on the most extensive polls ever taken on the future, New York.

---

[30] Auf wissenssoziologischer Ebene nehmen die diagrammatischen Konstruktionen und die damit verbundenen Prognosen in gewisser Weise eine ähnliche Funktionen ein, wie sie Eviatar Zerubavel bei *Time Maps* eruiert hat: eine mnemonische Synchronisation relativ unabhängig von der „realen" Geschichte, mit dem Unterschied, daß es sich bei der Referenz nicht um die Vergangenheit, sondern die Zukunft handelt (Hotelling 1929).
[31] Das Festhalten an diagrammatischen Kategorien der Nationalräumlichkeit läßt sich auch in den Sozialwissenschaften generell beobachten, obwohl sie dort womöglich andere Funktionen erfüllt (vgl. Keller 2006).

Giddens, Anthony (1988), Die Konstitution der Gesellschaft, Frankfurt/New York.
Giddens, Anthony (1991), The Consequences of Modernity, Cambridge.
Hotelling, Harold (1929), Stability in Competition, in: The Economic Journal, Jg. 39 H. 153, 39, S. 41-57.
Hotelling, Harold (1933), Analysis of a complex of statistical variables into principal components, in: The Journal of Educational Psychology, Jg. 24 H. 6, S. 417-441.
Jameson, Fredric (1991), Postmodernism, or, The cultural Logic of Late Capitalism, London/New York.
Keller, Felix (2001), Archäologie der Meinungsforschung. Mathematik und die Erzählbarkeit des Politischen, Konstanz.
Keller, Felix (2006), Die Evidenz der Gesellschaft. Die Genealogie visueller Objekte im American Journal of Sociology, in: Michael Cuntz et al. (Hg.), Die Listen der Evidenz. Mediologie, Band 15, Köln, S. 203-220.
Kuhn, Thomas S. (1996), Die Struktur wissenschaftlicher Revolutionen (1962), Frankfurt/M.
Kuhn, Thomas S. (1997), Neue Überlegungen zum Begriff des Paradigma, in: Thomas S. Kuhn. Die Entstehung des Neuen. Studien zur Struktur der Wissenschaftsgeschichte, Hg. Lorenz Krüger, Frankfurt/M., S. 389-420.
Luhmann, Niklas (1991), Soziologie des Risikos, Berlin u.a.
Markusen, James R. (1995), The Boundaries of Multinational Enterprises and the Theory of International Trade, in: Journal of Economic Perspectives, Jg. 9 H. 2, S. 169-189.
Milberg, William (2001), Decentering the market metaphor in international economics, in: Stephen Cullenberg (Hg.), Postmodernism, economics and knowledge, London, S. 407-430.
Minois, Georges (1998), Geschichte der Zukunft. Orakel. Prophezeiungen. Utopien. Prognosen, Düsseldorf/Zürich.
Moskowitz, Howard R. (1997), From a process to a transaction: Implications for research and the research community. Paper Prepared For: CASRO Yearbook, 1997. White Plains/New York.
Naisbitt, John (1982), Megatrends: the new directions transforming our lives, New York.
Perkins, Edwin J. (1996),: Market Research at Merrill Lynch & Co., 1940-1945: New Directions For Stockbrokers, in: Business and Economic History, Jg. 25 H. 1, 25, S. 232-241.
Polanyi (1977), The Great Transformation. Politische und ökonomische Ursprünge von Gesellschaften und Wirtschaftssystemen, Wien.
Rotstein, Abraham (1970), Karl Polanyi's Concept of Non-Market Trade, in: The Journal of Economic History, Jg. 30 H. 1, S. 117-126.
Strasser, Susan (1989), Satisfaction Guaranteed. The Making of the American Mass Market, New York.
Toffler, Alvin (1970), Future Shock, New York.
Uexküll, Jakob (1934), Streifzüge durch die Umwelten von Tieren und Menschen. Ein Bilderbuch unsichtbarer Welten, Berlin.
Veblen, Thorstein (1989), Theorie der feinen Leute. Eine ökonomische Untersuchung der Institutionen, Frankfurt/M.
Weber, Max (1980), Wirtschaft und Gesellschaft, Tübingen.
Yankelovich, Daniel (1964), New Criteria for Market Segmentation, in: Harvard Business Review, Jg. 42 H. 2, S. 83-90.

Zwischen Schein und Sein

Die Bedeutung der Marktforschung für die Werbewirtschaft und ihre Werbung

Thomas Heun

1 Marktforschung als Hemmnis der Kreativität?

Das Bild eines „gestörten" Verhältnisses zwischen Vertretern der Werbeindustrie und Marktforschern scheint auf den ersten Blick zu wenig Fragen Anlaß zu geben. Bei aller Unterschiedlichkeit der Definitionen, was „gute" Werbung ausmacht, wird von kaum jemandem in Frage gestellt, daß ein gewisses Maß an Kreativität dazu gehört. Im Gegenteil: Kreativität wird vielmehr als notwendige Voraussetzung für den Wettlauf um die Aufmerksamkeit des Publikums angesehen und als eine der grundlegenden Erfolgsstrategien der Werbung allgemein akzeptiert.[1] Hierbei erscheinen alle externen Einflüsse, die der Kreativität Grenzen setzen – wie z.B. geringe Budgets für die Kommunikationsmaßnahmen, durch Wissenschaft oder Marktforschung generierte „qualitative" und „quantitative" Erkenntnisse oder gar Zielvorgaben – auf den ersten Blick als ein Hemmnis der Kreativität (vgl. Leven 1996; Schnierer 2002a), und die in diesem Zusammenhang operierenden Akteure werden schnell, wie z.b. der Berufsstand der Marktforscher, zu einem „Feindbild" der Werber stilisiert (vgl. Nerdinger 1990: 118). Dieser erste Eindruck wird durch immer neue (und doch gleiche) Aussagen von Praktikern aus dem Bereich der Werbung genährt, die sich wechselseitig über Testverfahren oder über die angeblich „mangelnde Risikobereitschaft" ihrer Auftraggeber beklagen.[2] Wirft man einen Blick auf vorhandene Studien zur Durchdringung der Werbewirtschaft mit Erkenntnissen aus Wissenschaft und Forschung, scheint sich das Bild einer allgemein kritischen Haltung der Werber

---

[1] Vgl. Schierl 2002; Jung/von Matt 2002; Koppetsch 2004; Zurstiege 2005. Nach Guido Zurstiege gilt es für Agenturen nicht nur, mittels kreativer Werbung die Aufmerksamkeit der Konsumenten für die beworbenen Angebote zu erlangen, sondern vielmehr sich im Wettbewerb der Agenturen um die Gunst potenzieller Werbekunden „kreativ durchzusetzen". Hierbei spielen die sogenannten „Kreativ-Wettbewerbe" der Branche als „eines der wichtigsten Mittel der Selbstvermarktung" der Agenturen eine entsprechend wichtige Rolle (Zurstiege 2005: 182).

[2] Jung/von Matt (2002: 30f.). David Ogilvy (2005 [1963]: 138), der Gründer der Werbeagentur *Ogilvy & Mather*, fühlte sich angesichts der starken Orientierung einiger seiner Kunden an der Marktforschung an „Betrunkene" erinnert, „denen eine Laterne viel mehr als Stütze denn als Lichtquelle dient".

gegenüber den Methoden empirischer Forschungsarbeit auch auf den zweiten Blick zu bestätigen. So kommt Thomas Schierl im Rahmen einer qualitativen Grundlagenstudie zu der Erkenntnis, daß es zwar Anzeichen für die Durchdringung der Werbung mit Erkenntnissen der Kommunikations- und Werbeforschung gibt, die „Diffusion strukturalen Wissens" sich aber als ein langfristiger und zäher Prozeß darstellt, der zudem nicht auf der aktiven Aneignung der Werbeakteure basiert (Schierl 2002a: 478f.).

„Die notwendigen Veränderungen von Werbekommunikation basieren also weniger auf der aktiven Aneignung strukturalen Wissens durch die Werbeakteure als vielmehr auf der Beobachtung von Gesellschaft und ihrer Kommunikation, in der Praktiker, vor allem solche mit Meinungsführerrolle, Trends ausmachen und durch ihre Internalisierung bzw. Antwort darauf diese Trends mit der eigenen Arbeit, da diese wiederum von anderen – teilweise nicht einmal bewusst – aufgenommen werden, weiter verstärken." (Schierl 2002a: 479)

Doch wie vertragen sich das Bedürfnis nach Risikovermeidung auf Seiten der Unternehmen und der gestiegene Bedarf der Agenturen nach „Spezialisten mit detaillierten Kenntnissen" mit dieser anscheinenden Resistenz gegenüber modernen Marktforschungsmethoden (Schierl 2002b: 431)? Die Antwort liegt auf der Hand: Genau wie Kreativität nur einen Aspekt von „guter Werbung" darstellt, so geht es auch beim Einsatz von Marktforschung in der Werbung nicht nur darum, (für den Auftraggeber) unliebsame „kreative Überraschungen" möglichst stark zu kontrollieren, sondern vielmehr darum, den Prozeß der Werbung mit zusätzlichen Informationen anzureichern und die Handlungssicherheit der Agenturen im Umfeld des wirtschaftlichen Wettbewerbs zu erhöhen. Doch wie gelingt es den Agenturen, Marktforschung in ihren „hektischen Arbeitsalltag" zu integrieren und gleichzeitig den methodischen Anforderungen der Disziplin Rechnung zu tragen (Zurstiege 2002)? Werden vorhandene Methoden übernommen oder kommt es im Kontext der Kreation von Werbung zur Entwicklung eigener Methoden, die den spezifischen Anforderungen der Agenturen Rechnung tragen? Ist die Marktforschung in Agenturen nur ein Teil einer „muddling through-Werbestrategie" oder vielmehr eine etablierte Disziplin?[3] Im folgenden soll der Versuch unternommen werden, die Rolle der Marktforschung im Span-

---

[3] Hölscher (1998: 280). Hölscher hat in ihrer Untersuchung den Versuch unternommen, den Einfluß von „Life-Style-Werbung" auf die Lebensstile der Adressaten der Werbekommunikation zu untersuchen und kommt dabei u.a. zu der Erkenntnis, daß „Kriterien der ‚Wissenschaftlichkeit' bei der Betrachtung von Life-Style-Forschungsergebnissen wenig Bedeutung" haben. Die Ursache für den generellen „muddling through-Verhaltensstil" von „Werbetreibenden (und Werbern)" liegt ihrer Meinung nach in der Tatsache begründet, daß „alles Handeln [...] in letzter Instanz auf einen messbaren monetären Profit" abzielt (Hölscher 1998: 280).

Zwischen Schein und Sein 75

nungsverhältnis zwischen „kreativen" und „rationalen" Argumentationszwängen der Werbung zu verdeutlichen. Bevor es zu einer eingehenden Analyse und Diskussion der Methoden kommen kann, ist es notwendig, die besonderen Anforderungen der Prozesse der Werbekonzeption vor dem Hintergrund eines grundlegenden historischen Perspektivwechsels in der Wirtschaft darzustellen, in dessen Zuge „nicht mehr nur die Klasse der Produzenten, sondern auch die Schicht der Konsumenten als aktive Agenten zu begreifen" sind (Stehr 2007: 54). Diese gewachsene Bedeutung der Konsumenten ist deshalb besonders folgenreich, da der Zugang zu den Konsumentenmotivationen mittels Marktforschung nicht nur über Erfolg oder Mißerfolg von Maßnahmen zur Produktpromotion entscheidet, sondern Marktforschung vielmehr auch als Mittel der „Validitätssuggestion" für Unternehmen eine allgemeine Bedeutungssteigerung erfahren hat.

2 Von der Produktion zur Konsumtion

Die Geschichte der Marktforschung ist unmittelbar mit der zunehmenden Ausdifferenzierung von wirtschaftlichen Teilmärkten im 20. Jahrhundert verbunden. Als Resultat dieser „neuen Unübersichtlichkeit" kam es in den 1950er Jahren zu einem Bedeutungsgewinn der Marktforschung, der Zeitgenossen nicht nur zu Forderungen nach der Ausdifferenzierung entsprechender organisatorischer Strukturen auf Seiten der Unternehmen animierte, sondern der sie bisweilen sogar zu dem Wunsch nach einer allgemeinen „Verwissenschaftlichung der Unternehmensführung" inspirierte, in deren Zuge zentrale Unternehmensentscheidungen mit Hilfe von Marktforschungsdaten abgesichert werden sollten (vgl. Schäfer 1961: 155).

Zentral für diesen umfassenden Bedeutungszuwachs der Marktforschung war die zunehmend schwierige Prognostizierbarkeit von Wahlentscheidungen der Konsumenten (vgl. Klemp 1959: 784). Das deutliche Wirtschaftswachstum und der zunehmende Wohlstand der Bevölkerung in den USA und in Westeuropa setzten bei den Konsumenten Sehnsüchte und Bedürfnisse frei, die jenseits eines standardisierten Warenangebots befriedigt werden wollten.[4] Neben den traditionellen *horizontalen Ungleichheiten* begannen in der von Helmut Schelsky als „nivellierte Mittelstandgesellschaft" beschriebenen gesellschaftlichen Wirklichkeit der 1950er Jahre zunehmend *horizontale Ungleichheiten* an Bedeutung zu gewinnen. Im Zuge dieser „Entvertikalisierung sozialer Ordnung" und der damit verbundenen „Pluralisierung der Lebensformen" kam es zu einer übergrei-

---

[4] „Bis weit in die Fünfzigerjahre wurde der angestaute Nachholbedarf in heftig teils aufeinander folgenden, teils sich überlagernden Wellen befriedigt, wobei eine deutliche Tendenz von den Grundbedürfnissen zu immer höheren Ansprüchen hin feststellbar ist. Der Freßwelle folgte die Bekleidungswelle, dieser die Möblierungs-, die Motorisierungs- und Reisewelle." (Schindelbeck 2001: 25)

fenden „Entdeckung des Verbrauchers" durch die Wirtschaftsunternehmen (vgl. Hölscher 2002a: 489; Brose 1958). Die Notwendigkeit, ein Verständnis für diese „neuen Konsumenten" zu erlangen, verdeutlicht der Appell von Suthoff in der Zeitschrift *Der Markenartikel* aus dem Jahr 1960:

> „Die Markttransparenz wird geringer, die Güter differenzierter und die Marktkenntnis schwieriger. Jeder wirtschaftliche Betrieb ist daher gezwungen, sich einen möglichst objektiven Maßstab für die Beurteilung der Marktlage seines Betriebs, seiner Branche und schließlich der gesamten Volkswirtschaft, der supranationalen Wirtschaft und sogar der Weltwirtschaft zu verschaffen." (Suthoff 1960: 87f.)

Die Dringlichkeit dieser Forderung vermittelt einen Eindruck, wie groß die damalige Herausforderung war, nicht nur die Methoden der jungen Disziplin der Marktforschung an die Bedürfnisse der Unternehmen anzupassen, sondern diese auch gegen die in den folgenden Jahren rund um die Diskussion von den „geheimen Verführern" und ihrem „Griff nach dem Unbewußten in Jedermann" zu verteidigen[5] und die breite Anwendung der Verfahren durchzusetzen.[6]

Die Frage nach der Reichweite der Werbewirkung bei der „Bedürfnis-Produktion" kann an dieser Stelle keine umfassende Beantwortung finden (vgl. Hunziker 1972; Horkheimer/Adorno 1986). Es bleibt allerdings festzuhalten, daß es in der Wirtschaft im Zuge der beschriebenen Entwicklung zu einem grundlegenden „Perspektivwechsel von der Produktion zur Konsumtion" kam, der sich auch für die Werbung, die Baudrillard in einer besonders einflußreichen „strategic position" im Umgang den Konsumentenbedürfnissen sah, als äußerst folgenreich erweisen sollte (vgl. Baudrillard 1998 [1970]: 126; Hellmann 2003: 344).

2.1 Markttransparenz durch Marktforschung

Zentral für den Erfolg der Agenturen ist der meßbare Beitrag der von ihnen konzipierten und produzierten werblichen Maßnahmen im Rahmen der absatzwirtschaftlichen Pläne ihrer Auftraggeber. Auch wenn die „Kreativität" der Werbe-

---

[5] Packard (1958). Die Kritik von Packard bezieht sich primär auf „tiefenpsychologische Verfahren" und auf die „Anwendung der Massenpsychologie auf Werbefeldzüge" durch „tiefenpsychologische Manipulatoren" (Packard 1958: 5ff.). Auch wenn die „experimentelle Werbepsychologie" bereits „in den 20er Jahren einen hohen Entwicklungsstand erreicht hatte", kam es erst in den 1950er und 1960er Jahren zu einem verstärkten Einsatz dieser Verfahren im Bereich der kommerziellen Marktforschung und zur Ausdifferenzierung der „Konsumentenforschung" als Forschungsbereich innerhalb der Marktforschung (Kroeber-Riel 1992: 4).

[6] Eine Kritik, die auch heute noch, insbesondere wenn es um Methoden der tiefenpsychologischen Motivforschung oder gar der neurobiologischen Werbeforschung geht, wenn auch nicht mehr in der Vehemenz der Diskurse der 1950-1970er Jahre, geäußert wird (vgl. Schaper 2004).

mittel immer wieder als eine Voraussetzung für die Gewinnung von „folgenreicher Aufmerksamkeit" angeführt wird,[7] und diese sowohl für die Agentur als auch für deren Mitarbeiter einen wichtigen Faktor der Selbstvermarktung darstellt,[8] scheint es vielen Werbekunden zu gehen wie Pieter Nota, Markenvorstand der Beiersdorf AG, der an erster Stelle die Effektivität seiner Werbemaßnahmen fordert: „Uns ist es egal, ob wir Kreativpreise gewinnen, wir wollen Produkte verkaufen."[9]

Das gestiegene Bedürfnis, die Effektivität und Effizienz von Werbung zu kontrollieren und die damit verbundene Entwicklung von neuen Methoden der empirischen Werbeerfolgskontrolle stellt einen der wesentlichen Trends in der Werbeindustrie seit den 1950er Jahren dar. Um das „Versprechen auf *effektive Kreativität*" einlösen zu können, wurde es für die Werbeagenturen unverzichtbar, sich nicht nur an den „neuen Sehnsüchten" der Konsumenten, sondern auch an dem gestiegenen Kontrollbedürfnis der Kunden zu orientieren und ihre Arbeit zu differenzieren und zu verwissenschaftlichen (vgl. Zurstiege 2005: 179; 2002: 124; Hölscher 2002a: 484; Reinhard 1993). Im Rahmen dieses Prozesses der „fachlichen Hebung" der Arbeitsweise der Agenturen[10] trat neben die „kreative Konzeption" – mittels derer die Agenturen nach Zurstiege in der Lage sind, sich „operationale Autonomie" zu sichern – die „technische Konzeption" von Werbung, mittels derer die „Entscheidungen der Werbetreibenden [für den Werbekunden, T.H.] kalkulierbar" wurden (Zurstiege 2002: 124). Während die „kreative Konzeption" nach Zurstiege das „gewisse Etwas", also das Vorhandensein einer Art „kreativer Handschrift" der Agentur und ihrer Mitarbeiter umfaßt, subsumiert er unter dem Begriff der „technischen Konzeption" all diejenigen Maßnahmen, mittels derer die Agenturen versuchen, ihren kreativen Output in einen analytischen Prozeß zu integrieren, der sie in die Lage versetzt, ihre Dienste als im

---

[7] Hellmann (2003: 246). Die Inhaber der Agentur *Jung von Matt* setzen „kreativ" mit „außergewöhnlich" gleich (Jung/von Matt 2002: 88) und sprechen (nur) „kreativer Werbung" die Kraft zu, Menschen zu erreichen und eine „kognitive Dissonanz zu erzeugen" (ebd: 18). Erst „kreative Werbung" entwickelt ein „Momentum" und macht die Werbung „immuner [...] gegenüber der Informationsüberlastung und austauschbaren Produkten." (ebd: 75)

[8] Thomas Schierl kommt im Rahmen seiner Arbeit zu der Erkenntnis, daß sich zumindest ein Großteil der *Texter, Grafiker* und *Art Direktoren* eher am „kreativen Erfolg der Kampagne innerhalb der ‚advertising community'" orientieren, als daß sie sich primär mit den Zielen der Kunden identifizieren (Schierl 2002b: 440; vgl. auch Kover/James/Sonner 1997).

[9] So in Werben & Verkaufen (Heft 14/2007: 16). Ausdruck dieser gestiegenen Bedeutung von Werbeeffizienznachweisen ist der Bedeutungsgewinn von sogenannten Effizienzwettbewerben in der Werbebranche, wie z.B. dem *Effie* des GWA: „Der Effie ist für mich der wichtigste und relevanteste Preis der gesamten Werbewirtschaft, da er die Effizienz und Wirkung von Werbung honoriert und damit nicht ausschließlich die Kreativität, sondern auch harte Fakten aus dem Markt bewertet." (Jörg Schäffken, Marketing Direktor Interbrew Deutschland, Delmenhorster Kreisblatt, 06. Oktober 2004).

[10] Deren Notwendigkeit Mataja bereits 1913, in Anbetracht der zeitgenössischen Kritik gegenüber dem „Ärgernis der Reklame", einforderte (Mataja 1913: IX).

Sinne des Kunden kontrollierbare Leistungen darzustellen (ebd.: 125). Diese technische Agenturkompetenz impliziert sowohl die von Suthoff geforderte Erlangung einer möglichst umfassenden Markttransparenz für die Unternehmen, als auch die Fähigkeit, den Prozeß in der Phase nach der Erbringung der Kreativleistung mit technisch-wissenschaftlichen Methoden begleiten und gegebenenfalls optimieren zu können. Das Spannungsverhältnis zwischen „kreativer" und „technischer Kompetenz" stellt einen hohen Anspruch an die organisatorische Vermittlungsarbeit der Agenturen, die auf den ersten Blick nur schwer zu leisten ist, gilt es doch „Kreativität" (Inspiration) und „Rationalität" (Argumentation) grundlegend in Einklang zu bringen.[11]

Ähnlich wie die Entwicklungen der kommerziellen Marktforschung gehen auch die wesentlichen Impulse bei der Implementierung von Marktforschungsmethoden in den Prozeß der Werbekonzeption vom amerikanischen Markt aus. So berichtet David Ogilvy in seinen 1963 erstmalig publizierten „Geständnissen eines Werbemannes" wie selbstverständlich von den Forschungsaktivitäten US-amerikanischer Werbeagenturen, mittels derer entweder zentrale Konsumentenbedürfnisse – z.B. im Bereich der Transportmittel des öffentlichen Personennahverkehrs[12] – oder wesentliche „Konsumbarrieren" – wie z.B. aus dem Bereich des Fremdenverkehrs – erforscht wurden.[13] Auch wenn Ogilvy die Forschungsmethoden in den entsprechenden Passagen nicht öffentlich macht, spricht aus seinem Anspruch auf den Status eines „Fachmannes" (für ein bestimmtes Marktsegment) nicht nur der Geist einer Primärforschungsorientierung, sondern ein umfassender Erkenntnisanspruch, der sich mit grundlegenden Prinzipien unterschiedlicher Ansätze der qualitativen Sozialforschung deckt und der die neue Bedeutung der „technischen Kompetenz" von Agenturen widerspiegelt:[14]

---

[11] Vor dem Hintergrund dieser Vermittlungsaufgabe unterbreitet der Werbeforscher John P. Jones den Vorschlag, „Forschung als Basis für ‚Bauch-Entscheidungen'" einzusetzen. (Jones 1991: 33)

[12] Ogilvys Buch heißt im Original „On Advertising". Er berichtet von einem Projekt für das amerikanische Bus-Unternehmen *Greyhound*, für das sowohl seine Agentur als auch ein Wettbewerber konzeptionelle Ansätze präsentieren sollten, um das Fahren mit Überlandbussen einer breiten Bevölkerung näher zu bringen. Als er Gelegenheit bekam, die Entwürfe der anderen Agentur zu begutachten, zeigte er sich derart von der forscherischen Leistung der anderen Agentur beeindruckt, daß er dieser Agentur das Feld überließ und, ohne die Entwürfe seiner eigenen Agentur zu präsentieren, die Heimreise antrat: „Seine Marktforscher waren wirklich zum Kern des Problems vorgedrungen, und seine Texter hatten einen Slogan entwickelt, der den Nagel auf den Kopf traf: ‚It's such a comfort to take the bus and leave the driving to us.'" (Ogilvy 2005: 58)

[13] „Unsere Forschung hatte ergeben, daß das einzige, aber größte Hindernis für uns darin lag, daß der Europäer übertriebene Vorstellungen von den Kosten hatte, die mit dem Besuch in den Vereinigten Staaten verbunden sind." (Ogilvy 2005: 56)

[14] So fordert u.a. Gerhard Kleining im Rahmen seiner ‚Qualitativ-Heuristischen Sozialforschung' die „maximale strukturelle Variation der Perspektiven" auf den Forschungsgegenstand zur Erlangung einer „intersubjektiven Gültigkeit" (Kleining 1995: 91), und Glaser/Strauss empfehlen im Rahmen

„Sie müssen alles über dieses Produkt wissen. Wenn es zum Beispiel ein Benzin-Etat ist, so lesen Sie Bücher über Chemie, Geologie und den Verkauf von Petroleumerzeugnissen. Lesen Sie die Fachpresse, die es in dieser Branche gibt. Lesen Sie alle Forschungsberichte und Marketingpläne, die Ihre Agentur je über dieses Produkt verfasst hat. Verbringen Sie Ihren Samstagvormittag an Tankstellen. Verkaufen Sie Benzin, und sprechen Sie mit den Autofahrern. Besuchen Sie die Raffinerien und die Forschungslaboratorien Ihres Kunden. Studieren Sie die Werbung der Konkurrenz. Nach zwei Jahren werden Sie mehr über Benzin wissen als Ihr Vorgesetzter, und dann sind Sie vielleicht auch soweit, sein Nachfolger werden zu können." (Ogilvy 2004: 193f.)

2.2 Vom Konsumentenverständnis zum „Consumer Insight Management"

Neben der zunehmenden Homogenisierung der Produkte auf den einzelnen wirtschaftlichen Teilmärkten hat die seit den 1950er Jahren fortschreitende „Individualisierung der Lebensentwürfe" die Aufgabe der Werbung mehr und mehr zu einer Aufgabe der strategischen Adressierung unterschiedlicher Zielgruppen gemacht (vgl. Hellmann 2003: 122). Dieser strategischen Herausforderung wurden die organisatorischen Strukturen der Agenturen gegen Ende des 20. Jahrhunderts angepaßt (vgl. Cooper 1997; Beninde 2000). Während zu Zeiten eines David Ogilvy „klassische" Marktforschungsabteilungen noch ein fester Bestandteil einer jeden größeren Werbeagentur waren, wandelten sich die Strukturen im Laufe der 1980er Jahre zunehmend zugunsten neu geschaffener Planungsabteilungen, in denen sich „strategische Planer" der „verbraucherorientierten strategischen Planung von Kommunikationsmaßnahmen" zu widmen begannen (Beninde 2000: 21). Bestandteil dieser Tätigkeit wurde, neben der Anwendung der „klassischen Testverfahren" zur Kontrolle der Effizienz von Kommunikationsmaßnahmen, die Erlangung eines umfassenden Verständnisses von Marken und Zielgruppen und ihren Verbindungen (vgl. Cooper 1997: XV). Während die Weiterentwicklung der Testverfahren der Werbeforschung eher im Rahmen wissenschaftlicher Studien oder von den um Werbeträgereffizienznachweise bemühten Medienunternehmen vorangetrieben wurde, kam es im Zuge dieser neuen „strategischen Konsumentenorientierung" innerhalb der Werbeagenturen nicht nur zu einer stärkeren Integration von Marktforschungsergebnissen in den Prozeß der Planung von Werbung, sondern auch zu einer schrittweisen Konzentration der Forschungsorientierung auf die Generierung sogenannter „Consumer Insights" für die entsprechenden wirtschaftlichen Teilmärkte (vgl. Rainey 1997: 3; Fortini-Cambell 1999; 2001). Gefragt waren nicht

---

ihres Ansatzes der ‚Grounded Theory' die umfassende Berücksichtigung alternativer Quellen der Erkenntnis bis hin zum Studium schöngeistiger Literatur (1979: 169).

länger nur soziodemographische Konsumentenprofile, sondern vielmehr Antworten auf Fragen nach der *allgemeinen Gefühlslage von Teenagern*, nach der *geheimen Logik des Marktes der Schokoriegel* oder nach *Erwartungen von Kunden gegenüber modernen Finanzdienstleistern*.[15]

> „At the heart of an effective creative philosophy is the belief that nothing is so powerful as an insight into human nature, what compulsion drive a man, what instincts dominate his action, even though his language so often camouflages what really motivates him." (Bill Bernbach, zit.n. Cooper 1997: XIV)

Neben der Suche nach einem umfassenden Verständnis und einem „Gefühl" für die jeweilige Zielgruppe und ihre Sehnsüchte und Träume gilt es in der Werbung seit den 1980er und 1990er Jahren nicht nur, dieses Zielgruppenverständnis in eine „neue Form" der Werbung zu überführen, sondern vielmehr sich auf ein zentrales und für die Konsumenten entsprechend relevantes – und zunehmend emotionales – Nutzenversprechen zu konzentrieren.[16] Läßt sich die Werbung bis weit in das 20. Jahrhundert als eine idealisierte Überhöhung und Überstilisierung von stereotypen Vorstellungen eines „schönen Lebens" beschreiben, so entwickelte sich zur Jahrtausendwende eine Form der „Insight-gesteuerten Werbung", deren Ziel es wurde, die Distanz zu den realen Lebenswelten der Zielgruppen so gering wie möglich zu gestalten und diese im Sinne eines „recipient designs" so „authentisch" und relevant wie nur irgend möglich zu (re-) präsentieren (vgl. Abbildung 1).[17]

> „Die wichtigste Aufgabe der Werbung treibenden Unternehmen ist die kommunikative Inszenierung ihrer Marken als glaubwürdige Werte-Angebote, die zielgenau die Werte-Hierarchie der Zielgruppe abbilden." (Krüger 2003: 97)

---

[15] Wobei Agenturvertreter wie Scorah Kay eine klare Trennung zwischen Marktforschern und ‚Planern' ziehen: „The market researcher is there to answer questions, the planner is there to ask them and interpret the answers." (zit.n.: Rainey 1997: 12)

[16] Während es Mitte des 20. Jahrhunderts noch ausreichte, rationale Nutzenargumente zu kommunizieren, läßt sich seit Mitte der 1990er Jahre beobachten, daß diese rationalen Nutzen mehr und mehr durch übergeordnete emotionale Versprechen der Werbung („Ich liebe es") substituiert werden (vgl. Plassmann 2006).

[17] Willems/Kautt (2003: 68). Im Rahmen der Dove-Kampagne wurde der Versuch unternommen, unter dem Motto „Jede Haut ist schön", die bisherigen professionellen Foto-Modelle durch „authentischere" Protagonistinnen zu ersetzen und „wirklich mal mit echten Menschen zu werben" (Bergmann 2007: 22) – und damit der Marke laut Produktmanagerin Nicole Ehlen „Charakter" und „Emotionalität" (ebd.) zu verschaffen. Im Zuge des Erfolgs der Dove-Kampagne (Abb. 1) hat sich das Unternehmen Unilever 2007 zusätzlich verpflichtet, nur noch Models einzusetzen, deren ‚Body-Mass-Index' (BMI) über 18,5 liegt (SZ, 11.05.07: 14).

Zwischen Schein und Sein 81

Jede Haut ist schön. Dove.

Neu

Abb. 1: Plakatmotiv aus einer Image-Kampagne der Marke *Dove* (2006).

Auf den ersten Blick scheint diese Suche nach relevanten und möglichst „authentischen" Inhalten und Formen der Zielgruppenansprache höchste Ansprüche an die Rückkopplungsprozesse zwischen den Werbestrategen und den Adressaten ihrer Werbebotschaften zu stellen. Wie kann es sein, daß die Akteure der Werbung, die sich als Mitglieder der Gesellschaft ganz bestimmten sozialen Milieus zugehörig zeigen, in der Lage sind, eine Zuordnung der Kommunikationszielgruppen zu den vielfältigen „kleinen sozialen Lebenswelten" zu leisten?[18] Und wer sagt den Gestaltern der Werbung, daß sie mit der Konzentration auf das eine „große Versprechen" – bei all den unterschiedlichen Motivationen, die einen Konsumenten z.B. zur Wahl einer Finanzdienstleistung veranlassen können – auf das relevanteste aller Versprechen setzen (vgl. Ogilvy 1958: 125)? Auf den ersten Blick erfordert diese Form der Werbung nicht nur ein intuitives und ‚parasoziologisches' Operieren (Willems/Kautt 2003: 7), sondern vielmehr die Verlagerung von einer „produktiven Produktion" zu einer stärker an Verbrau-

---

[18] Luckmann (1978: 279). Hölscher kommt im Rahmen ihrer Arbeit, die den Einfluß der „Life-Style-Werbung" auf die Lebensstile der Adressaten untersucht, zu der Erkenntnis, daß sich „die Werber" als Zielgruppe überwiegend als „gehobene Individualisten" typisieren lassen (Hölscher 1998: 283).

cherbedürfnissen orientierten „rezeptiven Produktion" (vgl. Hellmann 2004: 40). Damit einher geht ein umfassendes Instrumentarium an Forschungsmethoden, welches es erlaubt, nicht nur die entsprechenden Erkenntnisse über die Sehnsüchte der Adressaten der Werbung zu generieren, sondern diese auch anhand der konkreten Werbemittel zu validieren.

2.3 Der strategische Einsatz der Marktforschung

Die Besonderheiten der Marktforschungsmethoden von Werbeagenturen lassen sich ohne Kenntnis der spezifischen Agentur-Bedürfnisse nur schwer verstehen:

> „The most important contribution research can make to increasing the selling effectiveness of advertising is at planning stage. [...] research can heighten our understanding of the market and of the consumer so that we can better understand the job that advertising has to do and the climate in which it has to operate. If this is done properly it not only guides and stimulates the creative process but also provides a much better basis for eventual decisions about the likely worth of a campaign."
> (Hedges 1974: 12-14)

Nimmt man Hedges beim Wort, so geht es den Werbeagenturen beim Einsatz von Marktforschung generell weniger darum, Zielgruppen bis ins kleinste Detail zu studieren oder gar umfangreiches Wissen über Wirkungsmechanismen von Werbung zu analysieren, sondern vielmehr darum, „kreative Denkprozesse" mit entsprechenden Informationen zu fundieren.[19] Daß ein derartiger Dialog zwischen „technischer" und „kreativer Konzeption" die Agenturen vor kulturelle und konzeptionelle Herausforderungen stellt, liegt auf der Hand. Einerseits gilt es, die auf Daten und zum Teil komplexen Verfahren basierende Marktforschung, und damit die „technische Kompetenz" der Agenturen, mit den „kreativen Prozessen" und der „kreativen Kompetenz" der Werbung in Einklang zu bringen, so daß ein fruchtbarer Dialog zwischen den unterschiedlichen „technischen" und „kreativen" Disziplinen entstehen kann.[20] Andererseits stehen die Agenturen vor der Herausforderung, Methoden entwickeln zu müssen, die nicht nur auf die üblichen Standards der Marktforschung rekurrieren, sondern mittels

---

[19] Vgl. Jones (1991: 33). Die englische Werbeagentur *BBH* versucht den Unterschied zur eher rational-analytisch argumentierenden Marktforschung durch eine eigene Definition zu verdeutlichen, in dem sie „Planning" als „creative thinking based on information" bezeichnet (Horizont 16/1998: 34).
[20] Während der „technischen Konzeption" in der Regel „Berater" und „strategische Planer" zugeordnet werden, wird die „kreative Konzeption" in der Regel durch die „Art Direktoren" und „Texter" der Agentur repräsentiert.

derer sie in die Lage versetzt werden, ihre spezifischen Forschungsvorhaben je nach Bedürfnis zu operationalisieren.

Neben dem eingangs geschilderten Perspektivwandel von der Produzenten- zur Konsumentenorientierung und der zunehmenden Fokussierung auf die Generierung zentraler ‚Consumer Insights' scheinen sowohl die hohe „Selbstvermarktungskompetenz" der Agenturen als auch der „von außergewöhnlicher Hektik und großem Zeitdruck geprägte Agenturalltag" deutliche Spuren im quantitativen und qualitativen Marktforschungsverständnis der Agenturen hinterlassen zu haben (vgl. Willems/Kautt 2003; Schierl 2002b: 441). Gängige Forschungsprozesse, stammen sie nun aus dem Bereich der Wissenschaft oder aus der kommerziellen Marktforschung, erstrecken sich mitunter über Zeiträume von mehreren Monaten und lassen sich, in Anbetracht der Tatsache, daß für die Entwicklung von Werbung z.T. nur wenige Wochen zur Verfügung stehen, nur schwer auf den Bereich der Agenturen übertragen. Wenn überhaupt Primärforschungsmaßnahmen in Frage kommen, gilt es hier vielmehr, innerhalb kürzester Zeit Forschungsfrage und -methode zu definieren, die „Feldarbeit" zu organisieren, den Prozeß der Datenerhebung zu initialisieren und – möglichst innerhalb Wochenfrist – mit den Erkenntnissen und „Insights" der Marktforschung den Gestaltungsprozeß der Werbung zu inspirieren. Im Idealfall ist sogar noch darauf zu achten, daß sich neben dem Primärnutzen, also der Beantwortung der eigentlichen Forschungsfrage, ein Sekundärnutzen ergibt, der es der Agentur ermöglicht, die Forschungsergebnisse im Rahmen der eigenen PR-Arbeit zu publizieren. Dieses Unterfangen stellt nicht nur hohe organisatorische Anforderungen an die Agenturen, sondern verlangt auch nach einem gewissen Maß an Virtuosität in der Handhabung der Forschung, insbesondere wenn man bedenkt, daß die Aufgabe häufig nicht nur darin besteht, das Vorhaben zu konzipieren und den Forschungsprozeß zu organisieren, sondern vielmehr darin, die Primärforschung in vollem Umfang selbst durchzuführen.[21]

Um einen Überblick über die grundlegende Forschungsmotivation der Werber zu erlangen, läßt sich eine Vielzahl von Aussagen in den Publikationen der Agenturen oder aus dem Bereich der „Werbefachpresse" studieren. Sobald man sich der genauen Analyse der zum Einsatz kommenden Forschungsverfahren zuwendet, stößt man schnell, wie bei allen anderen Formen der „betrieblichen Marktforschung", an Grenzen der Informationsbereitschaft. Die Akteure des Wirtschaftssystems nutzen ihre innerbetrieblichen Marktforschungen in der Regel als Teil eines internen Informationssystems, das die Grundlage für das unternehmerische Handeln bildet. Dementsprechend gering ist in der Regel die Ten-

---

[21] Im Bereich der kommerziellen Marktforschung wird der Forschungsprozeß in der Regel durch einen „Studienleiter" konzipiert und organisiert, aber mittels einer funktional differenzierten und arbeitsteiligen Struktur innerhalb der Forschungsinstitute realisiert.

denz ausgeprägt, die durch die Forschungsprojekte generierten Erkenntnisse mit anderen Marktteilnehmern oder Dritten zu teilen. Das bedeutet, daß sich Erkenntnisse über Vorhaben, Methoden oder gar Ergebnisse der betrieblichen Marktforschung in der Regel nur in direkter Kooperation mit den entsprechenden Unternehmen generieren lassen. Das Interesse dieses Beitrags liegt jedoch weniger darin, eine dimensionale Analyse der „Methoden der empirischen Agenturforschung" durchzuführen oder exemplarische Forschungsprozesse nachzuvollziehen, sondern vielmehr darin, Zugang zu den Methoden der „Insight-Generierung" zu bekommen und einen grundlegenden Beitrag zur Klärung der Forschungsmotivation der Agenturen im Marketing-Kontext zu leisten.

3 Ausgewählte Methoden der Konsumentenforschung

Auch wenn bei weitem nicht alle Agenturen der Neigung erliegen, ihre Primärforschungsmaßnahmen als Generatoren von Aufmerksamkeit zu nutzen, kommt die hohe „Selbstvermarktungskompetenz" der Agenturen dem Anliegen dieses Beitrags zu Gute (vgl. Willems/Kautt 2003). Während im Bereich der Werbewirkungsforschung ein hoher Grad an methodischer Standardisierung herrscht, an dem sich auch die Agenturen, wenn sie überhaupt in diesem Feld aktiv forschen, orientieren müssen, scheint der Bereich der Zielgruppenforschung, zumindest im Bereich der innerbetrieblichen Marktforschung, ungleich größere „methodische Freiheit" für eine individuelle Operationalisierung der Forschungsvorhaben zu bieten. Diese größere Freiheit läßt sich einerseits mit der geringen Tradition dieses Forschungsfeldes erklären, andererseits handelt es sich hierbei um einen Bereich, der offensichtlich nicht so hohe Anforderungen an den Grad der professionellen Spezialisierung und an die technische Kompetenz der Akteure zu stellen scheint. Das Tätigkeitsfeld der soziologisch-psychologischen Analyse bietet allem Anschein nach – im Gegensatz zum Bereich der quantitativen Werbewirkungsforschung[22] – deutlich geringere Einstiegshürden für Konsumforscher unterschiedlicher professioneller Herkunft und erscheint damit als der ideale Ort für „ein Heer an zeitgeistsensiblen Universal-Experten, szenekundigen Trend-Scouts, weitsichtigen Trend-Gurus und nüchtern kalkulierenden Marktforschern." (Zurstiege 2005: 238; vgl. auch Luhmann 1996: 92)

Ein Blick in die entsprechende „Forschungslandschaft" der Agenturen scheint zudem den Eindruck zu bestätigen, daß Daten über Zielgruppen nicht nur als informatives Fundament einer kreativen Werbung dienen, sondern daß einige

---

[22] In diesem Bereich ist die Anwendung multivariater Methoden der Statistik, zum Beispiel von ökonometrischen Modellings, mittels derer sich die Effekte der „Variable Werbung" auf den Zusatzumsatz isolieren lassen, keine Seltenheit.

Agenturen die größeren „Freiheitsgrade" in diesem Bereich nutzen, um sich und ihre Kreativität auch im eher „technischen" Kontext der Marktforschung darzustellen.

3.1 Stimmen des Volkes: vom „Vox-Pop" zum „Trendvideo"

Werbeagenturen sehen sich immer wieder mit der Herausforderung konfrontiert, sich innerhalb kurzer Zeiträume Zugang zu wirtschaftlichen Teilmärkten, neuen Marken und neuen Zielgruppen zu verschaffen. Eine immer wieder in der Argumentation der Agenturen auftauchende Form der Primärforschung stellen die sogenannten „Vox-Pops"[23] oder „Trendvideos" dar. Bei dieser Form von Interviews verfolgen die Agenturen das Ziel, kurzfristig face-to-face-Befragungen zu den unterschiedlichsten Themen durchzuführen. Ein zweiköpfiges Agentur-Team, in der Regel bestehend aus Kameramann/-frau und Interviewer/-in, wird mit einem Kurzfragebogen in belebte Straßenabschnitte geschickt, um dort die jeweils relevante Zielgruppe zu rekrutieren und zu einem Interview zu bewegen. Die Rekrutierung wird meist auf der Basis von grundlegenden soziodemographischen Kriterien, jedoch häufig ohne langwieriges ‚screenen' der potentiellen Befragungspersonen, sondern oftmals anhand von subjektiven Einschätzungen bezüglich der Übereinstimmung mit Rekrutierungskriterien durchgeführt. Diese Art der Straßeninterviews wird insbesondere dann eingesetzt, wenn es darum geht, ein grundlegendes Stimmungsbild der Zielgruppe zu bestimmten Marken bzw. Markenimages („Was fällt Ihnen zu der Marke xy ein?") oder zu konkreten Warengruppen („Was ist Ihnen besonders wichtig, wenn Sie an einen Autokauf denken?") zu generieren. Die Anzahl der befragten Personen schwankt je nach Fragestellung und Verwertungszusammenhang, wobei Befragungen in mehr als einer Stadt oder über Ländergrenzen hinaus eher die Ausnahme darstellen.[24] Die große Beliebtheit von ‚Vox-Pops' läßt sich zuallererst mit forschungsökonomischen Gründen erklären. Ein Kurzfragebogen ist schnell geschrieben, zwei Praktikanten sind ebenso kurzfristig rekrutiert, und nach ein paar Stunden auf der Straße lassen sich aus einem Fundus von 30 Interviews innerhalb kurzer Zeit Schlüsse zum grundlegenden Stimmungsbild der Zielgruppe bezüglich der Forschungsfrage generieren. Zudem scheint die Beliebtheit dieser Forschungsmethode nicht nur aus dem unmittelbaren und kostengünstigen Erkenntnisgewinn, sondern auch aus ihrer „allgemeinen Präsentationsfähigkeit" zu resultieren. Da die Interviews in der Regel auf Videobändern dokumentiert werden, lassen sich besonders plakative Passagen isolieren und, je nach Argumentationsbedarf, in

---

[23] Hergeleitet vom lateinischen „vox populi" („Stimme des Volkes").
[24] Befragt wird in der Regel innerhalb des Stadtviertels, in dem auch die Agentur ihren Sitz hat.

die Agenturpräsentationen integrieren. Durch diese Einbindung ist die Agentur einerseits in der Lage, ihre Zielgruppenorientierung eindrucksvoll zu dokumentieren, und andererseits die Inszenierung der kreativen Agenturleistungen durch „Zielgruppenstimmen" dramaturgisch zu differenzieren und zum Teil sogar zu validieren.[25]

> „Es mag zum Beispiel nützlich sein, als Agentur von Fall zu Fall auf die Straße zu gehen und den Verbraucher live zu befragen und die Ergebnisse dieser Befragung Kunden in Form eines kleinen Videos zu präsentieren. Doch wir machten diese Trendvideos zu unserem Standardinstrument: Wir nutzen die bei jeder Aufgabe, um den kreativen Prozess zu steuern. Hier versagt konventionelle Marktforschung, weil sie einfach zu behäbig ist. Per Trendvideo können wir innerhalb weniger Stunden überprüfen, ob wir zum Beispiel mit einer Sloganempfehlung richtig liegen. Das Trendvideo verhält sich zu konventioneller Marktforschung wie die Pistole zum Gewehr. Sie ist zwar nicht ganz so präzise. Doch in der Hitze des Gefechts das Einzige, was einem weiterhilft. Und Präsentationen ohne Hitze haben wir noch nicht erlebt." (Jung/von Matt 2002: 213)

Ein Blick auf die Methode der „Vox-Pops" muß von vornherein unvollständig bleiben und kann nicht mehr als einen Eindruck von dem grundlegenden „methodischen Vorgehen" vermitteln. Auch wenn eine Vielzahl von Agenturen dieses Verfahren zu nutzen scheint, lassen sich allgemeine Angaben der Akteure zu den methodischen Standards kaum finden. Eher im Gegenteil: Es scheint den Agenturen vielmehr darum zu gehen, ihre Kreativität in der Variation des „methodischen Set-Ups" der Befragungen unter Beweis zu stellen, als Standards für diese Verfahren zu publizieren.[26] Das Vorgehen der Agenturen, soweit es sich zweifelsfrei nachvollziehen läßt, legt zudem den Schluß nahe, daß gängige Prinzipien der Methoden empirischer Sozialforschung, wie z.B. die Ziehung von

---

[25] Häufig werden die Vox-Pops auch dazu genutzt, die von der Agentur entwickelten Werbemaßnahmen ersten „Pre-Tests" zu unterziehen. Folgt man Nerdinger (1991: 94), der davon ausgeht, daß in Agenturen eine latente „Angst" davor existiert, daß durch „objektive Methoden" die „Wertlosigkeit" der Agenturarbeit nachgewiesen werden könne, gewinnt der Aspekt der „ersten Validierung" der entwickelten Werbemaßnahmen als Bestandteil der „Verkaufstaktik" der Agenturen zusätzlich an Gewicht.

[26] So nutzen die Inhaber der Agentur *Jung von Matt* „ihre Methode" der Straßeninterviews als Hinweis auf ihre Konsumentenorientierung und geben Auskunft darüber, wie sie in der Lage sind, ihre Methode je nach Herausforderung zu variieren. Sie scheinen es aber nicht für notwendig zu halten, Details zu den von ihnen durchgeführten Befragungen zu publizieren. Vielmehr nähren ihre Angaben eher den Verdacht, daß die Befragungen nicht von geschulten Interviewern, sondern vielmehr von Agenturmitarbeitern mit einem geringen Grad methodischer Schulung durchgeführt werden: „Unsere Kreativen [womit in der Regel *Texter* oder *Grafiker* gemeint sind, T.H.] fuhren mit einem Wohnmobil wochenlang durch den Osten und befragten verschiedenste Menschen nach ihren Ansprüchen an eine Zeitung." (Jung/von Matt 2002: 208)

Zwischen Schein und Sein 87

Zufallsstichproben zur Erhöhung der Chance auf Übereinstimmung zwischen „Grundgesamtheit und Inferenzpopulation" (Schnell/Hill/Esser 1993: 287) oder der Einsatz von geschultem Interviewer-Personal zur Kontrolle von Interviewer-Effekten, bei den Untersuchungen von nachrangiger Bedeutung sind. Vielmehr repräsentiert diese Art der Marktforschung eine an die besonderen Bedürfnisse der Agenturen angepaßte Form der Erhebung, deren methodische Rahmenbedingungen nur in geringem Maße den methodischen Konventionen der Markt- und Sozialforschung Rechnung tragen.

3.2 Die Agentur zu Gast bei „den Deutschen" – der Jung von Matt-„Wozikonfi"

Neben der dramaturgischen Aufwertung der „Vox-Pops" oder „spontanen Straßeninterviews" zu „Trendvideos" erweist sich die Agentur *Jung von Matt* auch jenseits „konventioneller Befragungsmethoden" als besonders kreativ bei der Entwicklung (und Vermarktung) ihrer Methoden. Die für ihre Kreativleistungen – und ihre Vermarktungskompetenz des eigenen Kreativimages – bekannte Werbeagentur hat eine eigene Methode entwickelt, „die Lebenswelt und Konsumvorlieben" der Zielgruppen „tagtäglich hautnah spüren [zu] können."[27] Um dem „Agenturleitsatz" „Kommunizieren auf Augenhöhe" gerecht werden zu können, werden nicht nur „Trendvideos" gedreht, „mit Hilfe einer versteckten Kamera" Zielgruppen ausgespäht oder im Rahmen „gemeinsamer Kochabende oder Diskussionsrunden" Erkenntnisse zum „Thema Werbung" generiert, sondern es wurde darüber hinaus in den Räumlichkeiten der Agentur „Deutschlands häufigstes Wohnzimmer" eingerichtet (vgl. Matthäus 2004).

Hierbei handelt es sich um einen Raum, dessen Einrichtung den Angaben der Agentur zu Folge das Ergebnis einer umfangreichen Forschungsarbeit darstellt: „Wir haben einfach erforscht, wie die meisten Menschen in Deutschland leben. Das Ergebnis war Deutschlands häufigstes Wohnzimmer."[28] Ziel dieses Forschungsprojekts ist es nicht nur, „Zielgruppennähe" herzustellen, sondern auch, diese „für alle Mitarbeiter, Kunden und Gäste der Agentur anfassbar und

---

[27] Vgl. http://www.jvm.de/wozikonfi/htm_de/index.htm (14.07.2006). Die Agentur hat im Jahre 2007 zum wiederholten Male den ersten Platz beim wichtigsten deutschen Kreativitätswettbewerb, der jedes Jahr vom *Art Directors Club Deutschland* (ADC) durchgeführt wird, belegt. Im Rahmen dieses Wettbewerbs wählt eine Jury, über unterschiedliche Kategorien, die kreativsten Werbemittel eines Jahres.
[28] http://www.jvm.de/wozikonfi/htm_de/index.htm (14.07.2006). Die Einrichtung ist nach Angaben der Agentur einerseits mit „Deutschlands häufigsten Einrichtungsgegenständen" versehen, verfügt andererseits über „eine ganze Menge persönlicher Dinge", da „fast alles im Wohnzimmer einen autobiographischen Zug hat" und „deshalb nicht durchschnittlich sein kann" (GF Karen Heumann, zit.n. Matthäus 2004).

zugänglich zu machen" (ebd.). Die „Pflege" und das „ständige Updaten" dieses Projekts wird von der Agentur als Maßnahme einer „permanenten Zielgruppenforschung" beschrieben und als das Ergebnis einer „ausführlichen Analyse zahlreicher Studien, Bücher und Artikel" und „qualitativer Primärforschung" dargestellt, in deren Rahmen die Agentur „ausgewählte Wohnzimmer besucht und mit ihren Bewohnern gesprochen" hat, „um Dinge herauszufinden, die große Studien und öffentliche Quellen nicht abbilden" (ebd.). Gleichwohl scheint das Projekt als „Mittel der Zielgruppenforschung" wenig den aktuellen Anforderungen von Werbeagenturen zu entsprechen. Dies gilt insbesondere vor dem Hintergrund, daß sich die Kommunikationszielgruppen zunehmend vom Bild des Durchschnittsbürgers differenzieren. Wie aber kann es dann gelingen, dem Prinzip eines „Kommunizierens auf Augenhöhe" nachzukommen, ohne im gleichen Schritt die Studienanlage in Bezug auf die zunehmende Zielgruppensegmentierung zu differenzieren?

Es scheint der Agentur weniger darum zu gehen, ihren Mitarbeitern die Welt eines durchschnittlichen Privathaushalts näher zu bringen, als vielmehr einen interessanten Konferenzraum und ein stimulierendes „Forschungserlebnis" zu bieten, bei dem es sich um „das Ausgeflippteste" handelt, „was man in einer Werbeagentur finden kann".[29] So überwiegt auch hier der Eindruck, daß es sich bei dem „häufigsten Wohnzimmer" eher um eine kreative PR-Maßnahme der Agentur als um einen ernst gemeinten Forschungsbeitrag zur Erlangung eines tieferen Konsumentenverständnisses handelt.

3.3 „Die Thompsons" – die Agentur zu Gast bei der Zielgruppe

Während der Ansatz, gesellschaftliche Realitäten innerhalb der betrieblichen Wirklichkeit nachzubilden, eher eine außergewöhnliche Methode auf dem Weg zu einem besseren Zielgruppenverständnis von Werbern darstellt, läßt sich der Versuch, einen Zugang zu unterschiedlichen Lebenswelten mittels sogenannter Panelstudien zu bekommen, häufiger beobachten.[30] Panelstudien bieten die Möglichkeit eines direkten und schnellen Zugangs zu der Welt der Konsumenten und ermöglichen es den Agenturstrategen, kontinuierlich Erkenntnisse zum Wandel von Einstellungen und Konsumgewohnheiten zu generieren. Ein Beispiel für so ein Konsumentenpanel stellen „die Thompsons" der Werbeagentur *J. Walter Thompson* dar. Im Rahmen dieser Zielgruppenstudie werden acht Haushalte von

---

[29] „Wohnzimmer-Nutzer" und angestellter *Creative Director* Lukas laut Matthäus (2004).
[30] Im Rahmen einer Panel-Studie lassen sich dieselben Variablen an identischen Personen zu unterschiedlichen Zeitpunkten erheben (Lazarsfeld 1962: 253; Galtung 1967: 85; Schnell/Hill/Esser 1993: 254).

der Agentur über den Zeitraum eines Jahres begleitet, interviewt und Entwicklungen im Leben der Konsumenten dokumentiert.

„Wir wollen verstehen, wieso Leute das eine tun und das andere lassen, welche Prioritäten sie setzen und welche Bedürfnisse miteinander konkurrieren. Damit wir Werbung machen können, mit der die Menschen gerne ihre Zeit verbringen." (www.jwt.de, 13.07.2007)

Auch wenn das Panel lediglich aus acht Testpersonen besteht, scheint sich in der Zusammensetzung der Teilnehmer schon eher der Versuch beobachten zu lassen, der zunehmenden Differenzierung von Lebensstilen auch im Rahmen der Agenturforschung Rechnung zu tragen. So wurden „acht ganz unterschiedliche Haushalte" ausgewählt, „beim Frühstück, beim Einkauf, am Wochenendprogramm" begleitet und der Versuch unternommen, anhand von „Fotos, Interviews, Besuchen, Telefonaten, E-Mails, Tagebuchaufzeichnungen etc." (ebd.) einen Zugang zu den Lebenswelten dieser Personen zu erlangen. So vielversprechend wie der Ansatz in seiner grundlegenden Ausrichtung scheint, so wenig läßt sich über die Studie und ihre Aktualität im Rahmen der Internet-Dokumentation erfahren. Auch wenn in diesem Falle ein anscheinend öffentlicher Zugang zu den Privathaushalten geschaffen wird, so bleiben die entscheidenden methodischen Details, abgesehen von der Veröffentlichung fotografischer Impressionen, die es dem Betrachter scheinbar erlauben, sich in den ausgewählten Räumlichkeiten umzusehen, im Verborgenen.[31]

3.4 Methodenorientierung der Agenturforschung als Resultat der Agenturpositionierung?

Die Darstellung eines breiteren Spektrums von Forschungsansätzen muß, unter den gegebenen Bedingungen einer Sekundäranalyse von öffentlich zugänglichen Informationen, von vornherein zum Scheitern verurteilt sein. Vor diesem Hintergrund kann auch eine umfassende Methodendiskussion der dargestellten Verfahren über die methodische Kritik von Einzelfällen nur schwerlich hinauskommen. Trotz alledem hinterläßt die Praxis der Konsumentenforschung im Prozeß der Gestaltung von Werbung einen „methodischen Eindruck", der mit der pauschalen Wahrnehmung einer starken „Wissenschaftverachtung" auf Seiten der Werbepraktiker nur noch wenig gemein hat (vgl. Willems/Kautt 2003: 70). Wirft man einen Blick auf die Bandbreite der in den Agenturen zur Anwendung kom-

---

[31] Die Website ermöglicht eine virtuelle Rundumsicht in ausgewählten Zimmern der jeweiligen Privathaushalte (siehe hierzu www.jwt.de).

menden Methoden und Verfahren, bekommt man nicht nur einen Eindruck von der zunehmenden Notwendigkeit, einen „kleinsten gemeinsamen (Klugheits-) Nenner" zu erlangen und das „Vorgehen genau zu reflektieren und dem Auftraggeber argumentativ plausibel zu machen", sondern es entsteht vielmehr der Eindruck, daß die Agenturen Marktforschung weniger als rein funktionale Notwendigkeit begreifen und nur reaktiv handeln. Sie scheinen Marktforschung vielmehr als Mittel zur Hebung der allgemeinen „technischen Kompetenz" und zur Inszenierung ihrer grenzüberschreitenden Kreativität mehr und mehr aktiv zu initialisieren.[32]

Einige Beispiele aus dem Bereich der „Insight-Forschung" haben dies deutlich gemacht.[33] In diesem Bereich sieht sich, wie bereits erwähnt, das forschende Personal der Agenturen mit einem breiten Spektrum kurzfristig wechselnder Forschungsfragen konfrontiert, wobei die Suche nach den entsprechenden Antworten den Bereich unterschiedlicher wissenschaftlicher Disziplinen tangiert: Während die Ergründung des *einen* zentralen Konsumentenbedürfnisses oft nach einer Schulung in (tiefen-)psychologischer Interviewtechnik verlangt, erfordert die Durchführung und Auswertung einer Langzeitstudie zur Lebenswelt unterschiedlicher Zielgruppen eher solide Kenntnisse der Methoden der empirischen Sozialforschung. Die Einrichtung idealtypischer Lebensräume erfordert nicht nur deskriptiv-statistische Wissensbestände und „soziologische Imaginationskraft", sondern vielmehr besondere gestalterische Kompetenzen. Auch wenn die Gewandtheit der Vorgehensweise auf den ersten Blick beeindruckend erscheint, hinterläßt die konkrete Praxis der methodischen Operationalisierung der hier dargestellten Fälle den Eindruck eines von Zeit zu Zeit allzu kreativen methodischen Operierens. Trotz der im Laufe der Zeit zunehmenden „Professionalisierung" und „Verwissenschaftlichung" der Werbeberufe (Willems/Kautt 2003: 69) scheint es auf den ersten Blick, trotz aller „Selbstvermarktungskompetenz" der Agenturen, nicht nur an der Transparenz der zum Einsatz kommenden Methoden, sondern allgemein an einer generellen Verpflichtung auf wissenschaftliche Validität bei der Darstellung und Publikation der entsprechenden Studienanlagen zu mangeln. Auch wenn es an dieser Stelle nicht um eine „Einzelkritik" der Methoden gehen soll, wie sie zum Beispiel in Anbetracht des generellen Ver-

---

[32] Willems/Kautt (2003: 60; 70). In einem Interview mit der Zeitschrift *Horizont* (8/2000) bezeichnete Peter-John Mahrenholz, einer der damaligen Vorstände der *Account Planning Group* (APGD), die als eine Art Interessenvertretung der *Strategischen Planer* in Deutschland fungiert, Marktforschung als ein für die tägliche Arbeit „sehr wichtiges Instrument."

[33] Ein weiteres Beispiel für eine Publikation aus dem Bereich der Markenforschung stellt der *Relationship Monitor* der Agentur *Foote Cone & Belding (FCB)* dar. Im Rahmen dieser quantitativen Studie kommt die Agentur zu sieben Typen von „Menschen-Marken-Beziehungen", die der unterschiedlichen Intensität von Konsumentenbeziehungen zu Marken Rechnung tragen (vgl. Heun/Dastyari 2002).

Zwischen Schein und Sein 91

wendungszusammenhangs des „durchschnittlichen Wohnzimmers" der Agentur *Jung von Matt* oder im Falle der Operationalisierung der Panelstudie der Agenturgruppe *J. Walter Thompson* angebracht wäre, so muß an dieser Stelle doch die Frage gestellt werden, wie sich die Forschungsverfahren zu allgemeinen wissenschaftlichen Forschungsprinzipien oder besonderen Standards der Marktforschung verhalten. So werden kritische Methodendiskurse kaum öffentlich geführt und Details zu den Studien oder „Methodensteckbriefe" selten zusammen mit den Forschungserkenntnissen publiziert, was eine methodische Bewertung für Außenstehende unmöglich macht. Dies ist um so ärgerlicher, als bereits Werner Kroeber-Riel darauf hingewiesen hat, daß gerade eine interdisziplinäre Ausrichtung der Konsumentenforschung „besonders hohe Ansprüche an die Forschungsarbeit" stellt, da sie „die Übernahme [und kritische Reflektion, T.H.] von Erkenntnissen und Methoden aus mehreren akademischen Disziplinen" erfordert (Kroeber-Riel 1992: 7).

4 Marktforschungsmethoden als Resultat der Markenposition?

Die kurze Darstellung der Entwicklungszusammenhänge von Forschungsaktivitäten hat gezeigt, daß es in der zweiten Hälfte des 20. Jahrhunderts im Zuge einer allgemeinen Hebung der „technischen Kompetenz" zu einer schrittweisen Durchdringung „der Werbung" mit Methoden der Marktforschung gekommen ist. In dem Maße, in dem eine datenbasierte Argumentation als Ausdruck einer „technischen Kompetenz" der Werbewirtschaft an Bedeutung gewonnen hat, ist es auch zu einer Annäherung zwischen Marktforschung und Werbung gekommen, so daß von einer fundamentalen Opposition *der* Werber gegenüber *den* Marktforschern kaum noch die Rede sein kann. Eher im Gegenteil: Werbeagenturen verwenden nicht nur Sekundärforschungen, um ihre Arbeit zu legitimieren, sondern sie entwickeln auch zunehmend eigene Forschungsmethoden und nutzen Erkenntnisse aus Studien nicht nur zur Legitimation ihrer Arbeit gegenüber Auftraggebern, sondern vielmehr als eine Art „informatives Sprungbrett" für die „kreative Produktion".

Trotz der vielfältigen Forschungsaktivitäten läßt sich bei näherer Betrachtung der entsprechenden Publikationen der Werbeagenturen subsumieren, daß diese allem Anschein nach, insbesondere im Bereich der Insight-Forschung, nicht nur der Darstellung „technisch-methodischer Kompetenz" geschuldet sind oder als Basis für „kreatives Denken" dienen. Vielmehr scheint auch diese Art der Agentur-Kommunikation ein mehr oder weniger systematischer Bestandteil eines „*professionellen Selbstdarstellungsstils* der Werbebranche" zu sein, der sich am ehesten als der Versuch beschreiben läßt, die eigene Agentur als

„Marke" auf dem Markt der Agenturen zu inszenieren (vgl. Hölscher 2002b: 49). Dies bedeutet, daß das Ausmaß des methodischen Kompetenzdarstellungswillens nicht nur von dem Grad des technischen Professionalisierungsniveaus der forschenden Akteure abhängig ist, sondern auch in einem Abhängigkeitsverhältnis zum Darstellungswillen ihrer „technischen Kompetenz" steht.

Unterstellt man den Agenturen, daß sie grundlegende theoretische Annahmen, wie z.b. das Prinzip einer „integrierten Markenkommunikation", auch im Rahmen der Kommunikation ihrer eigenen (Agentur-)Marke Folge leisten, liegt es nahe, das Ausmaß an methodisch-technischer „Professionalität" des forschenden Agenturvertreters als abhängige Variable der angestrebten Markenpositionierung der Agentur und damit weniger als primär „objektiven Tatbestand", sondern auch als markenstrategische Inszenierungsleistung oder besondere „Kompetenzdarstellungskompetenz" zu begreifen (vgl. Pfadenhauer 1998: 294f.). Das bedeutet: Je nachdem, wie „kreativ" oder wie „technisch" die Akteure im Umfeld der Agenturmarken wahrgenommen werden wollen, stehen sie im Rahmen einer „integrierten Agenturmarkenkommunikation" vor der „zentralen Herausforderung" der Markenführung (vgl. Esch 2005: 712), eigene Studien markenspezifisch zu konzipieren und entsprechend der kreativen oder technischen Markenpositionierung in Richtung ihres Publikums zu inszenieren.

Literatur

Baudrillard, Jean (1998 [1970]), The Consumer Society. Myths and Structures, London.
Beninde, Lara (2000), Planning. Verbraucherorientierte strategische Planung in der Werbeagentur, Bonn.
Bergmann, Jens (2007), Der Schönheitswettbewerb, in: Brand Eins 05/07, S. 20-28.
Brose, Hans Walter (1958), Die Entdeckung des Verbrauchers, Düsseldorf.
Cooper, Alan (1997), How to plan advertising, London.
Esch, Franz-Rudolf (2005), Aufbau starker Marken durch Integrierte Kommunikation, in: ders. (Hg.): Moderne Markenführung, Wiesbaden, S.707-746.
Fortini-Campbell, Lisa (1999), Consumer Insight. Getting into Character, in: Journal of integrated Communication (Online-Publikation), Jg. 1998/99 (http://www.medill.northwestern.edu/imc/studentwork/pubs/jic/journal/1998-1999/fortini%20campbell.htm, 30.10.02).
Fortini-Campbell, Lisa (2001), Hitting the Sweet Spot. How Consumer Insights Can Inspire Better Marketing and Advertising, Chicago.
Galtung, Johan (1967), Theory and Methods of Social Research, Oslo.
Glaser, Barney G./Anselm L. Strauss (1979), The Discovery of the Grounded Theory. Strategies for QualitativeResearch, New York.
Hellmann, Kai-Uwe (2003), Soziologie der Marke, Frankfurt/M.

Hellmann, Kai-Uwe (2004), Werbung und Konsum: Was ist die Henne, was ist das Ei? Konzeptionelle Überlegungen zu einem zirkulären Verhältnis, in: ders./Dominik Schrage (Hg.), Konsum der Werbung. Zur Produktion und Rezeption von Sinn in der kommerziellen Kultur, Wiesbaden, S. 33-46.

Hedges, Alan (1974), Testing to Destruction, London.

Heun, Thomas/Soheil Dastyari (2002), Menschen, Marken und alles dazwischen, in: Mediagramm, Ausgabe 04/2002, S. 22-24.

Hölscher, Barbara (1998), Lebensstile durch Werbung? Zur Soziologie der Life-Style Werbung, Opladen/Wiesbaden.

Hölscher, Barbara (2002a), Das Denken in Zielgruppen. Über die Beziehungen zwischen Marketing, Werbung und Lebensstilforschung, in: Herbert Willems (Hg.), Die Gesellschaft der Werbung, Opladen, S. 465-480.

Hölscher, Barbara (2002b), Werbung heißt: Kreativität, Idealismus, Gestaltung. Zum schillernden Weltbild von Werbern, in: Herbert Willems (Hg.), Die Gesellschaft der Werbung, Opladen, S. 465-480.

Horkheimer, Max/Theodor W. Adorno (1986), Dialektik der Aufklärung. Philosophische Fragmente, Frankfurt/M.

Hunziker, Peter (1972), Erziehung zum Überfluß. Soziologie des Konsums, Stuttgart/Berlin/Köln/Mainz.

Jones, John P. (1991), Macht sich Werbung bezahlt? Die Praxis erfolgreicher Werbung: 19 beispielhafte Kampagnen, Frankfurt/New York.

Jung, Holger/Jean-Remy von Matt (2002), Momentum. Die Kraft die Werbung heute braucht, Berlin.

Jung von Matt (2006): ‚Willkommen in Deutschlands häufigstem Wohnzimmer', URL: www.jvm.de/wozikonfi/htm_de, 20.02.2007.

Kleining, Gerhard (1995), Lehrbuch Entdeckende Sozialforschung. Band I: Von der Hermeneutik zur Qualitativen Heuristik, Weinheim.

Klemp, Henning (1959), Psychogene Produktgestaltung, in: Der Markenartikel, Jg. 21 H. 11, S. 781-789.

Koppetsch, Cornelia (2004), Die Werbebranche im Wandel. Zur Neujustierung von Ökonomie und Kulturim neuen Kapitalismus, in: Kai-Uwe Hellmann/Dominik Schrage (Hg.), Konsum der Werbung. Zur Produktion und Rezeption von Sinn in der kommerziellen Kultur, Wiesbaden, S. 147-162.

Kover, Arthur J./William L. James/Brenda S. Sonner (1997), To Whom Do Advertising Creatives Write? An Inferential Answer, in: Journal of Advertising Research, Jg. 37 H. 1, S. 41-53.

Kroeber-Riel, Werner (1992), Konsumentenverhalten, 5. Auflage, München.

Lazarsfeld, Paul F. (1962), Die Panel-Befragung, in: René König (Hg.), Das Interview, 3. Aufl., Köln, S. 253-268.

Leven, Wilfried (1996), Werbewirkungsforschung aus der Sicht der Praxis, in: Werbeforschung & Praxis, Jg. 12 H. 4, S. 31-35.

Luckmann, Benita (1978), The Small Life-Worlds of Modern Man, in:Thomas Luckmann (Hg.), Phenomenology and Sociology, Harmondsworth, S. 275-290.

Luhmann, Niklas (1996), Die Realität der Massenmedien, Opladen.

Mataja, Viktor (1913), Vorwort, in: Paul Ruben (Hg.), Die Reklame. Ihre Kunst und Wissenschaft, 1. Band, Berlin, S. VII-XI.

Matthäus, Carsten (2004), Wie Deutsche, Schweizer und Österreicher wohnen, in: Spiegel Online, 27.2.2004 (http://www.spiegel.de/wirtschaft/0,1518,288099,00.html).

Nerdinger, Friedemann W. (1990), Lebenswelt Werbung. Eine sozialpsychologische Studie über Macht und Identität, Frankfurt/New York.

Nerdinger, Friedemann W. (1991), Die Welt der Werbung. Werbung aus Sicht der Werber, Frankfurt/New York.

Ogilvy, David (2005 [1963]), Geständnisse eines Werbemannes, München.

Packard, Vance (1958), Die geheimen Verführer. Der Griff nach dem Unbewußten in Jedermann, Düsseldorf.

Pfadenhauer, Michaela (1998), Das Problem zur Lösung. Die Inszenierung von Professionalität, in: Herbert Willems/Martin Jurga (Hg.), Inszenierungsgesellschaft. Ein einführendes Handbuch, Opladen, S. 291-304.

Plassmann, Hilke (2006), Der Einfluss von Emotionen auf Markenproduktentscheidungen, Wiesbaden.

Rainey, Mary T. (1997), The Planning Context, in: Alan Cooper (Hg), How to plan advertising, London, S. 1-14.

Reinhard, Dirk (1993), Von der Reklame zum Marketing. Die Geschichte der Wirtschaftswerbung in Deutschland, Berlin.

Schäfer, Erich (1961), Marktforschung, in: Erwin v. Beckrath (Hg.), Handwörterbuch der Sozialwissenschaften, Stuttgart, S. 147-161.

Schaper, Eva von (2004), Werber an Kleinhirn, in: NZZ Folio Nr. 11/04 (http://www.nzzfolio.ch/www/d80bd71b-b264-4db4-afd0-277884b93470/showarticle/e4ce6c89-410b-4e61-ba1d-a1b3a5ef3bee.aspx, 5.11.2007)

Schierl, Thomas (2002a), Grau mein Freund, ist alle Theorie... Die Diffusion kommunikationswissenschaftlicher Erkenntnisse in der werblichen Kommunikationspraxis, in: Herbert Willems (Hg.), Die Gesellschaft der Werbung, Opladen, S. 465-480.

Schierl, Thomas (2002b), Der Werbeprozess aus organisatorischer Perspektive, in: Herbert Willems (Hg.), Die Gesellschaft der Werbung, Opladen, S. 465-480.

Schindelbeck, Dirk (2001), Illustrierte Konsumgeschichte der Bundesrepublik Deutschland 1945-1990, Erfurt.

Schnell, Rainer/Paul B. Hill/Elke Esser (1993), Methoden der empirischen Sozialforschung, München/Wien/Oldenbourg.

Stehr, Nico (2007), Die Moralisierung der Märkte. Eine Gesellschaftstheorie, Frankfurt/M.

Suthoff, Karl (1960), Marktforschung und Gesellschaftsstruktur, in: Der Markenartikel Jg. 22 H. 10, S. 86-88.

Willems, Herbert/York Kautt (2003), Theatralität der Werbung. Theorie und Analyse massenmedialer Wirklichkeit: Zur kulturellen Konstruktion von Identitäten, Berlin.

Zurstiege, Guido (2002), Die Gesellschaft der Werbung – was wir beobachten, wenn wir die Werbung beobachten, wie sie die Gesellschaft beobachtet, in: Herbert Willems (Hg.), Die Gesellschaft der Werbung, Opladen, S. 121-138.

Zurstiege, Guido (2005), Zwischen Kritik und Faszination. Was wir beobachten, wenn wir die Werbung beobachten, wie sie die Gesellschaft beobachtet, Köln.

3 Transfers zwischen akademischer und kommerzieller Forschung

Die kommerzielle Konsumforschung adaptiert auf der einen Seite Forschungsverfahren aus der akademischen Soziologie für die Zwecke der Marktforschung, aber sie gelangt auf der anderen mitunter auch zu Erkenntnissen, die für die akademische Soziologie fruchtbar sein könnten, obwohl sie selbst nicht nach ihnen gefragt hat. Die Beiträge des dritten Kapitels haben beide das Anliegen, Transfers zwischen der kommerziellen und der akademischen Forschung anzuregen.

Edvin Babic und *Thomas Kühn* schlagen vor, die Rolle der qualitativen Marktforschung als Akteur bei der Produktentwicklung für die Techniksoziologie fruchtbar zu machen. Die mit der Erhebung sozialer Aneignungs- und Deutungsmuster befaßte Marktforschung könne, so die Autoren, der Techniksoziologie angesichts ihres in jüngster Zeit verstärkten Interesses für außertechnische Implikationen der Techniknutzung eine Reihe von Anregungen vermitteln.

Demgegenüber regt der Beitrag von *Andreas Mühlichen* und *Jörg Blasius* an, einen bislang fast ausschließlich in der akademischen Konsumforschung verwendeten quantifizierenden Ansatz für die Zwecke kommerzieller Anwendungen fruchtbar zu machen. Sie schlagen vor, ein von Pierre Bourdieu inspiriertes Verfahren der Korrespondenzanalyse anstelle des in der kommerziellen Konsumforschung gebräuchlichen SINUS-Lebensstilansatzes zu verwenden und machen in ihrer detaillierten Darstellung auf seine Vorteile aufmerksam.

Qualitative Marktforschung als Akteur in der Produktentwicklung

Edvin Babic und Thomas Kühn

1 Einleitung

Aufgrund ihrer sozialen Wirkungen wurde die Entwicklung technischer Konsumgüter und die Rolle der daran beteiligten Akteure zu einem beliebten Thema soziologischer Forschung (vgl. Weingart 1989; Rammert 2000). Dabei herrschte lange Zeit die Annahme vor, daß vornehmlich Experten aus der technisch-ökonomischen Sphäre, wie Unternehmer, Ingenieure und Erfinder, technischen Produkten ihre Gestalt und Funktion verleihen und daß diese dann im Verlauf ihrer Diffusion zu Handlungsnotwendigkeiten für ihre Nutzer werden. Später sollte die Frage nach der ungeplanten Aneignung und dem kreativen Umgang mit Konsumgütern die Perspektive umkehren und den Nutzern eine größere Rolle bei Technisierungsprozessen zusprechen. Trotz dieser paradigmatischen Wende mangelt es jedoch an empirischen Fallstudien, welche versuchen, die Genese neuer Technologien explizit aus den Interdepenzen und Interaktionen zwischen Produktions- und Konsumtionssphäre zu erklären. In den meisten Fällen werden sie als gegeben vorausgesetzt, jedoch nicht näher untersucht (vgl. Hörning 1996). Auch unterlassen es viele Arbeiten, sich mit den Mitteln zu beschäftigen, mit denen auf immer weiter verfeinerte Weise Konsumgüter auf den Markt gebracht werden und denen Konsumenten noch vor der eigentlichen Nutzung ausgesetzt sind: Absatz- und Werbestrategien, Produkt- und Preisgestaltung, Distributions- und Verkaufsbedingungen (vgl. Orland 1999). Wer sich demnach mit der kreativen Aneignung neuer Konsumgüter beschäftigt, muß „Produktion" und „Konsumtion" als Teile eines komplexen Kreislaufs sehen und kann sich nicht mehr nur mit der Frage beschäftigen, wie technische Konsumgüter in alltägliche Handlungen eingebaut werden.

Vor diesem Hintergrund reicht, so unser Argument, die Beschäftigung mit dem praktischen Umgang und der Deutung der Technik durch ihre „Nutzer" oft nicht aus, um die Diffusion und Rekonstruktion technischer Produkte zu erklären: Er muß vielmehr als Konsument mit vielgestaltigen Anschaffungs- und Nutzungsmotiven betrachtet werden, von denen das richtige Funktionieren eines Produkts nur einen kleinen Teil ausmacht. Auch die Unternehmen sind nicht mehr nur als Technikentwickler zu betrachten, hier lohnt ein Blick auf die Entwicklung und Nutzung von Kommunikationssystemen, die Waren mit Bedeutung versehen. Um den Bezug zur Praxis herzustellen, benötigen Unternehmen längst Hilfe von der professionellen Marktforschung, „die als Zusammenspiel von Sozialwissenschaften und Unternehmensstrategien eine immer größer werdende Fülle von Informationen und Signalen des Marktgeschehens" (Orland 1999: 10) sammelt, deutet, weitergibt und Unternehmen bei ihren Innovationsvorhaben berät. Wer also einen genauen Blick auf den Dialog zwischen Unternehmen und Konsumenten werfen möchte, der kommt um die Betrachtung der Marktforschung und ihrer Rolle als Akteur im Prozeß der Technikentwicklung nicht herum.

Wir wollen deshalb im folgenden versuchen, die Rolle der Marktforschung im Prozeß der Produktentwicklung und Aneignung etwas näher zu beleuchten. Techniksoziologische Aspekte sollen hierbei zunächst als ein Beispielkontext dienen, weil sich die Soziologie in den letzten zwei Jahrzehnten immer wieder mit den Interdependenzen von Nutzern und Entwicklern auseinandergesetzt und somit fruchtbare Vorarbeit für eine weiterführende Beschäftigung geleistet hat. Vor diesem Hintergrund gilt es zu zeigen, welche Methoden die Marktforschung entwickelte, um Wissen über soziale Aneignungs- und Deutungsmuster zu generieren und für die Entwicklung, Einführung und Neugestaltung von Produkten nutzbar zu machen. Hierbei soll auch der Frage nachgegangenen werden, inwiefern eine genaue Betrachtung des in der Marktforschung gewonnenen Wissens helfen kann, den Blick der Technikforschung auf die Rolle außertechnischer Faktoren im Prozeß der Technikentwicklung zu lenken, sowohl im Hinblick auf die Produktion als auch auf die Konsumtion. Zu diesem Zweck werden wir in einem ersten Schritt die theoretisch orientierten Konzeptualisierungen einer sozialen Konstruktion der objektiven Merkmale und Bedeutungen von Technik darstellen und diskutieren. Daran anschließend soll der Rolle der Marktforschung in diesem Prozeß anhand einiger branchenspezifischer Beispiele nachgespürt und gezeigt werden, inwiefern techniksoziologische Arbeiten von dem dort gewonnenen Wissen profitieren könnten.

2 Technik als Kulturprodukt

Lange Zeit herrschte in der sozialwissenschaftlichen Literatur die Annahme vor, daß Technik die Handlungs- und Denkweisen ihrer Nutzer determiniert. Rammert (2000) hat dies anhand der Anfänge der soziologischen Beschäftigung mit Technik beschrieben: Vorherrschend war die Orientierung an einem Ursache-Folge-Modell, das sich verstärkt mit den Folgen technischer Innovationen beschäftigte und sozialen Akteuren die Rolle von Adressaten zuschrieb. Dieses Denkmodell wird in der Regel mit dem Namen William Ogburn und seiner Theorie der kulturellen Phasenverschiebung verbunden. Ogburn zufolge besteht die Gesellschaft aus voneinander abhängigen Teilbereichen, die sich jedoch ungleichzeitig verändern. Sowohl die Ungleichzeitigkeit der Veränderungen als auch die gegenseitige Abhängigkeit der einzelnen Teilbereiche bewirken Anpassungsleistungen. Nach Ogburn verläuft dieser Vorgang immer gleichförmig, da es einen Bereich gibt, der allen anderen vorauseilt und so durch seine Bedingungen und Möglichkeiten neue Formen sozialen Verhaltens erzwingt: die Technik. Der Gesellschaft bleibt demnach nichts anderes übrig, als der Technik hinterherzuhinken (vgl. Ogburn 1969).

Rammert weist darauf hin, daß die Kraft solcher Denkmodelle im wesentlichen darin besteht, daß sie sich auf überzeugende Weise mit Alltagserfahrungen und gesellschaftlichen Entwicklungen in Einklang bringen lassen. So stand die Verbreitung standardisierter Massenprodukte schon immer unter dem Verdacht, eine Anpassung und Angleichung kultureller Ausdrucks- und Erfahrungsmöglichkeiten zu bewirken. Als ein Beispiel kann die Entwicklung der Waschmaschine dienen, die nicht nur bestehende Waschvorgänge verändert hat, sondern nachhaltig zu einer veränderten Wahrnehmung von Sauberkeit führte: In dem Maße, wie die körperliche Anstrengung des häuslichen Waschens durch die Waschmaschine zum „nebenbei"-Waschen eingetauscht wurde, wuchsen die Sauberkeitsstandards (vgl. Orland 1991). Die Waschmaschine veränderte demnach die Lebenswelt ihrer Nutzer weniger in Form ihrer Gegenständlichkeit, sondern allgemeiner gesehen durch von Handlungs- und Denkprinzipien, die nach und nach alle Lebensbereiche erfaßten. Soziale Normen werden in dieser Lesart technischen Fortschritts gleichsam in die Technik „eingebaut", und dem Nutzer bleibt nichts anderes übrig als zu folgen, „wenn er nicht marginalisiert werden will" (Rammert 2000: 108). Hinter diesen Prozessen wird eine bestimmte Logik vermutet, die den Wertzuschreibungen und Handlungen des einzelnen ihre Richtung vorgibt. Selbstverständlich ist bei der Bestimmung dieser Strukturlogik die des Kapitals wie so häufig der erste Kandidat. Um bei unserem Beispiel zu bleiben: Wer seine Wahrnehmung von Reinlichkeit entsprechend ändert, ist nicht nur offen für die nächste Generation von Waschmaschinen, Waschpulvern und Weichspülern, sondern ebenso für alle weiteren Produkte, die sich in diesem Bedeutungshorizont bewegen und einem dabei helfen, alle Lebensbereiche rein zu halten. Neben den offensichtlichen Wirkungen von Technik, wie etwa die Definition, Restriktion und Beschleunigung von Prozessen und Handlungsmöglichkeiten, wurden ihr also immer auch subtilere Wirkungs- und Bedeutungszuschreibungen zugeschrieben (vgl. Dollhausen 1993).

Diese einseitige Fokussierung auf die Daten setzende Macht der Technik sollte jedoch alsbald aufgegeben werden und der Beschäftigung mit den Möglichkeiten einer sozialen Prägung von Technik und Technisierungsprozessen Platz machen. Dieser Perspektivenwechsel wurde maßgeblich durch die Geschichte der neuen Informationstechnologien angestoßen und diente fortan auch als beliebte Illustration aktiver Konsumenten: So galten Personal Computer nicht mehr nur als Werkzeuge, die benutzt werden, sondern als Prozesse, die erst entwickelt werden müssen: Erst die Erfindung und Entwicklung von Anwendungskonzepten durch verschiedene Nutzergruppen hat die Massenfertigung von Hardware und das Internet zum Erfolg gebracht (vgl. Castells 2004). Entgegen vorherrschender Innovationstheorien werden technische Konsumgüter demnach nicht nur erzeugt und als fertiges Produkt von den Nutzern übernommen. Doch obwohl das Beispiel des Computers die Macht der Nutzer bei der Diffusion von Technik am prägnantesten illustriert, kann diese Form der Beteiligung letztlich nur auf wenige Bereiche, insbesondere der elektronischen Kommunikationssysteme, beschränkt bleiben. So läßt sich beispielsweise schwer vorstellen, daß sich eine nennenswerte Anzahl von Nutzern an die Entwicklung eigener Haushaltsmaschinen oder Mobiltelefone macht. Für die Mehrzahl technischer Konsumgüter gilt deshalb, daß die Idee und die praktische Anwendung einzelner Technikentwicklungen in einem fortwährenden Aushandlungsprozeß unterschiedlicher Bedürfnisse, Deutungsmuster und Nutzungsformen zwischen Unternehmen und Nutzern austariert werden – ein Prozeß, der sich fortwährend auf die Gestalt und das Innenleben von Produkten niederschlägt. In dieser Lesart hat Technik die Eigenschaft „interpretativer Flexibilität" (Bijker 1995) – sie ist nicht per se festgelegt. Und gerade weil Technik kontingent ist, übernehmen Übereinkünfte über Bedeutungen erstens eine Leitfunktion bei der Entwicklung eines neuen Produkts und bestimmen zweitens, ob sich das Ergebnis gegen andere Deutungen durchsetzen kann und in den Alltag integriert wird: So war beim Telefon lange Zeit unklar, wozu dieser neue Apparat überhaupt dienen sollte. Es gab verschiedene, konkurrierende Deutungen der gleichen Technik. In einer Variante war das Telefon nur eine Ergänzung des „Transportkonzeptes", das auch dem Telegrafiesystem zugrunde lag. Eine andere Vision war das „Radiokonzept", bei dem vor allem die Verbreitung von Informationen von einem Sender an viele Empfänger zugleich dienen sollte. Erst nach einigen Jahren setzte sich dann schließlich das sogenannte „Verständigungskonzept" durch, also das Konzept des technisch vermittelten Wechselgesprächs (vgl. Rammert 1993). Heute wissen wir, daß das Verständigungskonzept immer stärker dem Transport- und Radiokonzept gewichen ist: Man denke nur an die aktuelle Nutzungsformen mobiler Endgeräte. Nicht also die technische Möglichkeiten allein sind entscheidend, sondern die kulturellen Vorstellungen, Wünsche und Visionen, die man mit seiner Hilfe

Qualitative Marktforschung als Akteur in der Produktentwicklung 101

verfolgen kann – die aber auch dazu führen, die Technik in bestimmte kulturell erwünschte Richtungen weiterzuentwickeln.

Auch die Cultural Studies waren aus ihrem Selbstverständnis heraus weniger an der Technik selbst interessiert, sondern an der Art und Weise, wie die technischen Artefakte im Alltag gedeutet werden. Auch hier wurde gegen zwei Arten von Vorbestimmtheit argumentiert:

> „Zum einen gegen die deterministische Vorstellung, dem Nutzer bleibe nichts anderer übrig, als die in die Technik ‚eingebauten' Vorgaben, seien sie technischer, sozialer oder politischer Art, nachzuvollziehen. Zum anderen richten sie [die Cultural Studies] sich gegen die Annahme, der Nutzer trage (etwa durch seinen „Habitus") so feste, eingelebte Dispositionen und Erwartungen an die Dinge heran, daß in der Nutzungspraxis keine wirklich neuen Ausdrucks- und Erfahrungsmöglichkeiten hervorgebracht werden können" (Hörning 1999: 106).

Konsum wird damit als ein produktiver Prozeß angesehen, als kreative Aneignung und somit auch In-Gang-Setzung von etwas Neuem. In einem zweiten Schritt wäre dann (allerdings, über die Perspektive der Cultural Studies hinausgehend) zu untersuchen, wie diese Kultivierungen von den Unternehmen aufgegriffen werden, um bestehende Produkte umzudeuten und an den Alltag ihrer Kunden anzupassen. Es wäre demnach falsch, den Spieß umzudrehen und lediglich dorthin zu blicken, wo die Nutzer eigenständig die offensichtlichen Wirkungen von Technik ihren Bedürfnissen anpassen. Ergiebiger scheint auch hier in einem ersten Schritt der Blick auf die Macht der Konsumenten bei der Bedeutungszuschreibung im Rahmen einer „Kultivierung" von Technik im Alltag (vgl. Joerges 1996).

Wer also die Entwicklung einer Technik verstehen möchte, der muß in erster Linie die sozialen Interpretations- und Aushandlungsprozesse verstehen, die ihre Gestalt bestimmen. Im Kern geht es hierbei um die Frage, welche Akteure wie auf die Genese und Gestaltung von Technik einwirken. Zu diesem Zweck sind in Studien zur Technikentwicklung und Innovationsverläufen diejenigen „Akteure" zu identifizieren, deren spezifische Vorstellungen und Probleme maßgeblich die Debatten um die Entwicklung bestimmter Produkte geprägt haben. Da sich solche Debatten in der Regel nicht an der Funktionsweise technischer Mittel entzünden, schlägt Banse (2002: 20) vor, diese nicht als technische Debatten zu betrachten, sondern als Geltungskonflikte von Technikbildern, verstanden als mehr oder weniger konsistente Sinn- und Deutungsmuster, „die sich (a) durch bestimmte Wissens-, Wert- und Glaubensgefüge beschreiben lassen, und die (b) eine sinnstiftende, zielgebende, orientierende und ‚steuernde' Funktion aufweisen".

Empirische Studien, in denen diese Formen der Interaktion und Interdependenz zwischen Produktion und „produktiver" Konsumtion technischer Konsumgüter im Fokus der Betrachtung stehen, sind selten. Dies mag weniger an dem Desinteresse der techniksoziologischen Forschung am Nutzer liegen, als an der Tatsache, daß es sich bei diesen Forschungsarbeiten in erster Linie um Rekonstruktionen sozialer Aushandlungsprozesse handelt: Beschreibung und Analyse sozialer Konstruktionsprozesse finden in erster Linie ex-post und sekundäranalytisch statt und können deshalb nur diejenigen Akteure berücksichtigen, die im Zusammenhang mit dem Untersuchungsgegenstand im empirischem Material und in (fach)wissenschaftlichen Diskussionen erwähnt werden. Die Nutzer kommen in solchen Foren (bislang) eher selten vor. Und so konzentrierte sich die sozialwissenschaftliche Technikforschung in erster Linie auf die strategischen Orte der Forschungs- und Entwicklungslabore sowie die politischen Arenen, in denen bestimmte Leitlinien für die Entwicklung neuer Technologien ausgehandelt wurden. Instrumentelle Technologien und die Kriterien ihrer Effizienz wurden hier aus sozialkonstruktivistischer Perspektive als variable Bezugspunkte sozialen Handelns relativiert (vgl. Faust/Bahnmüller 1996).

Darüber hinaus fehlen Studien, welche die Kommunikationsverläufe zwischen Produktion und Konsum untersuchen und nicht als gegeben voraussetzen. So kritisiert etwa Huisinga (1996), daß viele Untersuchungen wie selbstverständlich davon ausgehen, daß in der Entwicklung von Technik Aushandlungsprozesse zwischen Produzenten und Konsumenten stattfinden. Auch über die Funktionsweise solcher Kommunikationsprozesse erfährt man wenig. Zwar wird hervorgehoben, daß technische Innovationen das Ergebnis von Aushandlungsprozessen zwischen Technikherstellern und Nutzern sind, in denen die gemeinsamen Gestaltungsleistungen und Lernprozesse über netzwerkartige Beziehungen zwischen den erzeugenden und verwendenden Akteuren organisiert werden, es bleibt jedoch häufig verborgen, welcher Art diese Beziehungen sind. Wie zwischen Entwicklern und Nutzern ein gemeinsames Verständnis von einem neuen Produkt hergestellt wird, darüber erfährt man in techniksoziologischen Studien trotz der theoretischen Bedeutsamkeit der Konsumenten demnach eher wenig.

Dies verweist, wie eingangs bereits beschrieben, auf die Notwendigkeit, einen weiteren Akteur im Innovationsprozeß in den Blick zu nehmen: die Marktforschung. Obwohl bekannt ist, daß Unternehmen in den seltensten Fällen direkt mit den Endverbrauchern ihrer Produkte kommunizieren, wissen wir wenig über die Rolle der Marktforschung als einem Akteur im Prozeß der Technikentwicklung. Dabei kann, so unsere These, insbesondere die Beobachtung und Analyse der Arbeit *qualitativer* Marktforschung als Intermediäre im Innovationsprozeß einen hohen Beitrag zum Verständnis der sozialen Form-Gebung von Technik bereitstellen.

3 Qualitative Marktforschung als Vermittlungsinstanz zwischen Produktions- und Konsumtionssphäre

Die Entstehung der Marktforschung ist eng verbunden mit der Stabilisation der Versorgungslage in den westlichen Industrienationen. Darüber hinaus lassen sich noch weitere gesellschaftliche Veränderungen identifizieren, die den Hintergrund einer immer komplexer werdenden Ausgangssituation bei der Erforschung von Märkten bildeten und eine externe, kommerzielle Beratung des Produktions- und Dienstleistungssektors notwendig machten (vgl. Hellmann 2003).

In Deutschland haben Individualisierungsprozesse zu einer „Pluralisierung in Grenzen" geführt (vgl. Schneider 2001). Nach wie vor haben klassische sozialstrukturelle Kategorien wie Beruf, Geschlecht und soziale Herkunft großes Gewicht für die Chancen und die Orientierungen in der Bevölkerung (vgl. z.B. Born/Krüger 2001; Schaeper/Kühn/Witzel 2000). Gleichzeitig kommt es zu einer Vervielfältigung gesellschaftlich akzeptierter und verbreiteter Lebensformen (vgl. Bien/Marbach 2003) und damit auch zu einer Vervielfältigung von Optionen und einer geringer werdenden Bedeutung sozialer Selbstverständlichkeiten (vgl. Beck/Lau 2004).

Mit „im positiven wie im negativen Sinne" gewachsenen Handlungsspielräumen (Bonß et al. 2004) kommt es auch zu neuen Uneindeutigkeiten und Gefährdungen. Tendenzen, die in der Arbeitssoziologie unter dem Stichwort der „Entgrenzung" diskutiert werden, führen dazu, daß biographische Unsicherheit an Bedeutung gewinnt. Das eigene Handeln muß zunehmend variabel und an sich wandelnde äußere Einflüsse anpassungsfähig sein.

Im Zuge von sich verändernden globalen Kommunikations- und Interaktionsformen kommt es zu sich laufend wandelnden neuen Ausgangssituationen auch für Märkte, die von Grund auf verstanden werden müssen. Und schließlich führen beschleunigte Innovationszyklen zu immer neuen Produkten und Produktkategorien, die nicht nur das Kaufverhalten der Verbraucher, sondern auch Wahrnehmungs- und Informationshandeln verändern und im Fluß halten.

Die zunehmende temporäre Begrenztheit und Greifbarkeit von Wissen hat gleichzeitig weitreichende Folgen sowohl für die Organisation von Forschungsprozessen als auch für die Möglichkeit, innerhalb einer Organisation steuernd in Prozesse einzugreifen. Als Reaktion auf diese Bedingungen basiert das Innovationsverhalten von Unternehmen zu einem hohen Grad auf den Ergebnissen interdisziplinärer Wissensvernetzung (vgl. Giesecke 2003). Die neue Organisationsform besteht gleichzeitig in der Verteiltheit und Unterschiedlichkeit der Akteure, die an der Wissensproduktion beteiligt sind: herkömmliche Produzenten, Nutzer und Marktforscher. Um ein Ausgangsverständnis für diesen „neuen" Konsumenten zu schaffen, reichte die Vermessung eines bekannten Terrains nicht mehr aus. Gefragt waren nun vielmehr die Aufdeckung von Zusammenhängen und die Vermittlung grundlegender Einsichten aus dem spannungsreichen Neben- und Nacheinander unterschiedlicher Bedürfnisse und den daraus erwachsenden Anpassungspflichten.

Qualitative Forschung ist besonders für fundierte Analysen unter Berücksichtigung komplexer Ausgangsbedingungen geeignet (vgl. Flick/Kardoff/Steinke 2003; Kühn 2005). Denn während im Rahmen quantitativer Befragungen Komplexität bereits bei der Konstruktion eines Erhebungsinstruments reduziert werden und die Fragestellung auf inhaltlich bereits bekannte Kernkategorien zugeschnitten werden müssen, bietet die qualitative Forschung den großen Vorteil, durch ihre vergleichsweise flexible und offene Vorgehensweise auch komplexe Ausgangsbedingungen im Forschungsprozeß zu erfassen. Dazu verhelfen auch ihre alltagsnahen Methoden, die dem Befragten Raum für eigene Schilderungen geben und ihn nicht zu Abstraktionen im Raster eines vorgegebenen Begriffsinventars zwingen. Qualitative Forschung gilt deshalb besonders dann als geeignet, wenn es darum geht, Neues aufzudecken und zentrale Kategorien und Zusammenhänge in bislang wenig erforschten Bereichen zu identifizieren. Ihr Vorteil liegt darin, daß sie besonders in die Tiefe gehen kann und ein grundlegendes Verständnis schafft. „Verstehen" ist daher auch einer der Kernbegriffe, die qualitative Forschung ausmachen.

Eine besondere Rolle kommt der qualitativen Marktforschung indes zu, wenn es darum geht, den Anwender in das Innovationshandeln von Unternehmen mit einzubeziehen – eine Leistung, die von Unternehmen immer stärker eingekauft wird und der Risikominimierung bei der Einführung von Innovationen dient. Qualitativer Marktforschung wird in der Praxis über verschiedene Branchen hinweg daher eine „Schlüsselrolle" zugeschrieben, wenn „es um das Verständnis für den Konsumenten geht" (Kaiser 2007: 592). Wenn man sich mit der Bedeutung von qualitativer Marktforschung in unterschiedlichen Branchen beschäftigt, zeigt sich, daß eine entscheidende Stärke qualitativer Forschung branchenübergreifend darin gesehen wird, in komplexer werdenden Marktumgebungen zu analysieren, welche Bedürfnisse bezüglich neuer Angebote bestehen und wie diese durch die Entwicklung neuer Produkte und Kommunikationen erfüllt werden können. Für die Automobilbranche etwa prognostizieren Spiegel und Chytka (2007: 580), daß die permanente Weiterentwicklung des Automobils vermehrt qualitative Forschung erfordern und der „Mensch als Autofahrer eine immer größere Rolle bei der Entwicklung technischer Innovationen spielen" werde. Da Autofahrer in zunehmendem Maße auf sie zugeschnittene Produkte erwarteten, gehe der Trend für die Automobilhersteller dahin, unterschiedliche Anforderungen bei der Konzeption und Gestaltung eines Fahrzeugs und der dazugehörigen Services umzusetzen. Aber es geht in immer stärkerem Maße auch darum, die Deutungsangebote der Konsumenten bezüglich dessen, was ein Automobil ist und welche Bedürfnisse es befriedigen soll, zu erkunden und wirtschaftlich nutzbar zu machen: „Für die Hersteller geht es darum, die Interpretation des Produktes im Kopf des Konsumenten zu antizipieren." (Spiegel/Chytka 2007: 574).

In der Pharma-Branche führt neben demographischen Wandlungsprozessen und der Veränderung gesetzlicher Rahmenbedingungen insbesondere ein sich wandelndes Gesundheitsverständnis zu neuen Herausforderungen für die Entwicklung von Angeboten (vgl. Kühn et al. 2007). In der Bevölkerung wächst die Skepsis gegenüber herkömmlichen Medikamenten, während die Nachfrage nach homöopathischen Medikamenten steigt (vgl. Schweitzer/Siewert 2007: 625). Aus sich verändernden Konsumentenbedürfnissen erwächst der Druck auf die Pharma-Hersteller und -Dienstleister im Gesundheitsbereich, neue Sach- und Dienstleistungen zu entwickeln, die den sich wandelnden Wünschen entsprechen. Das geht auch mit einer Veränderung des Interaktionsgefüges zwischen Ärzten, Apothekern und Patienten einher: „Patienten z.B. engagieren sich immer aktiver in der Therapieentscheidung und sind nicht selten gleichzeitig verunsichert ob der neuen Verantwortung für sich selbst" (ebd.: 630). Die aktive Rolle von Konsumenten gehören zu den Gründen, daß „qualitative Pharmamarktforschung heute stärker nachgefragt wird als früher" (ebd.: 627).

Auch in der Dienstleistungs-Branche wird der qualitativen Marktforschung eine wichtige Rolle zugeschrieben, um neue und verbesserte Angebote zu entwickeln, die auf die Bedürfnisse und Erwartungen der Kunden zugeschnitten sind. Bauer und Kanther (2007) sehen dies vor allem als eine Folge der hohen Komplexität von Dienstleistungsangeboten. So wirken etwa Preis- und Angebotsstrukturen in den Bereichen Telekommunikation oder Versicherungen schnell schwer überschaubar. Für die Entwicklung von bedürfnisbezogenen Produkten ist es aber wichtig zu verstehen, wie der Einzelne sich mit der Komplexität auseinandersetzt – eine nuancenreiche Aufgabe, für die quantitative Verfahren ungeeignet seien. Denn „der Marktforscher muß erst die (preis-)psychologischen Prozesse des Einzelnen und seine individuellen Heurismen in der notwendigen Tiefe verstehen, bevor er analysieren kann, wie häufig sich einzelne Entscheidungstypen oder Entscheidungsprozeßsegmente beobachten lassen." (ebd.: 602). Mit Hilfe qualitativer Marktforschung lassen sich nach Meinung von Bauer und Kanther außerdem konkrete Verbesserungspotentiale von Dienstleistungsangeboten aufzeigen, etwa indem eruiert werden kann, was genau unter Platzhaltern wie Freundlichkeit oder Kompetenz verstanden wird.

Qualitative Marktforschung gewinnt also im Rahmen der Entwicklung und Gestaltung von Technik an Bedeutung, weil sie zu einem grundlegenden Verständnis von neuartigen Konsumenten im Zuge gesellschaftlichen Wandels beiträgt. Sie kommt dabei nicht nur zum Zuge, um die Adaption von Konsumenten an veränderte Angebots- und Produktlandschaften zu untersuchen. Qualitative Marktforschung wird ebenso beim kreativen Prozeß des Aufspürens von Innovationsmöglichkeiten eingesetzt, indem sie herauszufinden versucht, inwieweit die bisherigen Interpretations- und Übersetzungsleistungen der Nutzer weitere Innovationen notwendig oder erfolgreich machen könnten. Sie setzt bei der Beobachtung alltäglicher Verwendungszusammenhänge an und versucht dabei neue, erfolgversprechende Felder für Innovationen auszumachen. Die Bestimmungs- und Erfolgsfaktoren einer Technik können hierbei nur verstanden werden, wenn die Analyse des Innovationssystems nicht am Markt Halt macht, sondern die unterschiedlichen Bedeutungs- und Verwendungszusammenhänge, in die Technik eingepaßt ist, gleichwertig berücksichtigt. Damit stellt die Marktforschung den Rückkopplungszusammenhang aus der konkreten Praxis des Verbrauchs zur Herstellung her.

Im Sinne der sozialen Konstruktion von Technik hat die Identifizierung von Kundenwünschen eine ähnlich wichtige Aufgabe wie die Arbeit im Forschungs- und Entwicklungslabor. So kann nach Barske (2001) allein in der Formulierung von so genannten „Kundeninsights" und Kundenbedürfnissen ein ähnlich weitgehender Schritt liegen wie in der technischen Entwicklung des entsprechenden Produkts. Wer, so Barskes Beispiel, bei der Entwicklung des „Tamagotchi" aus der Beobachtung sozialer Kontextbedingungen heraus anrege, ein hilfsbedürftiges „Wesen" zu erschaffen, zu dem sein Besitzer ein hochemotionales Verhältnis entwickle, leiste mitunter mehr Konstruktionsarbeit als die Programmierung des zugehörigen Mikrocomputers. Qualitative Marktforschung gibt somit Produktentwicklern Einblicke in Erfahrungshorizonte von Konsumenten und „öffnet auf Entwicklungsseite häufig die Augen". Denn „eine Innovation im Automobil mag aus funktionaler Sicht noch so gut funktionieren, wenn sie konsumenten-psychologisch nicht funktioniert, wird sie kaum Durchsetzungskraft besitzen." (Spiegel/Chytka 2007: 580) Bauer und Kanther weisen darauf hin, daß im Dienstleistungsbereich der Bedarf nach qualitativer Marktforschung als intermediärer Instanz besonders hoch ist. Der Trend gehe nicht nur zu einer gesteigerten Nachfrage nach umsetzungsnahen Handlungsempfehlungen und der beratenden Begleitung dieser Maßnahmen, sondern dahin, daß qualitative Marktforscher auch als Trainer bzw. Coach für die im Dienstleistungsprozeß beteiligten Mitarbeiter fungieren sowie beim Kunden als Moderator und Leiter von Workshops auftreten, bei denen es um die Entwicklung von neuen Angeboten geht: „In diesem Fall ist es der Marktforscher selbst, der mit dafür verantwortlich zeichnet, daß die sich aus der Marktforschung ergebenden kritischen ‚weichen' Ergebnisse und Soft Skills von den Mitarbeitern verstanden, trainiert und später auch umgesetzt werden." (Bauer/Kanther 2007: 603). Insgesamt läßt sich also festhalten, daß die Marktforschung weit mehr ist als nur ein Datenlieferant; sie ist ein aktiver Akteur im Prozeß der Produkt- und Serviceentwicklung. Damit läßt sich sagen, daß die Gestalt und der Erfolg von Konsumgütern in einem hohen Maße von dem Vermögen der Marktforschung abhängen, die Alltagspraktiken und Deutungen der Nutzer zu erforschen und zum Sprechen zu bringen, und gleichsam für die Produkt- und Serviceherstellung zu übersetzen. Bei einer Unvereinbarkeit von Nutzererwartungen und Entwicklervisionen können die Beratungsangebote der Marktforschung häufig Anleitungen zu rhetorischen „Schließungen" enthalten. Die häufigste Form der Schließung erfolgt durch die Beseitigung eines Problems via „Redefinition". Bijker und Pinch (1987) konnten diesen Vorgang in ihrer Studie zur Entwicklung des Fahrrades beobachten. Bei der Entwicklung vom über das Vorderrad angetriebenen Hochrad zum Fahrrad heutiger Bauart untersuchten die Autoren sowohl die Vorstellungen von Ingenieuren und Mechanikern als auch diejenigen von sportbegeisterten jungen Männern und Frauenvereinen. Festgestellt werden konnte, daß das Konzept des luftgefüllten Fahrradreifens erst akzeptiert wurde, nachdem das durch ihn zu lösende technische Problem von „Vibrationsdämpfung" zu „Geschwindigkeitssteigerung" umdefiniert worden war: „To close a technological ‚controversy', one need not solve the problems in the common sense of the word. The key point is whether the relevant social groups see the problem as being solved" (Bijker et al. 1987: 44). Auch im Falle der Lösungsvorschläge der Marktforschung handelt es sich nicht um Anleitungen zur Lösungen technischer Probleme, es sind vielmehr Vorschläge für die Ansprache der Kunden. Sie kann jedoch nur dann erfolgreich sein, wenn sie ein umfassendes Verständnis gesellschaftlicher Zusammenhänge hat und diese richtig deutet. Soziologische Perspektiven sind hierbei wichtig, um die Komplexität qualitativer Daten in der Auswertung systematisch einzubeziehen und für begründete Handlungsempfehlungen nutzbar zu machen (vgl. Kühn/Koschel 2007). Denn es reicht nicht aus, ausschließlich die Verbraucher zu befragen und in der Analyse etwa „Likes" und „Dislikes" zu unterscheiden. Um nicht nur aus dem Zusammenhang gerissene Momentaufnahmen zu vermitteln, sondern ein tiefergehendes Verständnis zu gewinnen, sind Einsichten vonnöten, welche gesellschaftlichen Wandlungsprozesse ablaufen, wie diese beschaffen und mit welchen Konsequenzen sie verbunden sind. Und dies ist eine klassische Frage der Soziologie. Durch den Einbezug soziologischer Perspektiven kann verhindert werden, daß die Analysen zu eindimensional, ausschnitthaft oder gar oberflächlich erfolgen. Selbst bei zunächst banal erscheinenden Fragestellungen ist das Wissen um gesellschaftliche Zusammenhänge und Wandlungsprozesse unentbehrlich, um die Bedeutung der in der empirischen Studie erzielten Ergebnisse einschätzen zu können.

4 Fazit

Insgesamt läßt sich also festhalten, daß die qualitative Marktforschung als ein aktiver Akteur im Prozeß der Produktentwicklung zu betrachten ist, der mit dem Blick auf den Konsumenten das Technische als eine Form des Sozialen und somit als eine gesellschaftliche Konstruktion der lebensweltlichen Wirklichkeit begreift. Die Entwicklung und Diffusion technischer Konsumgüter hängen in einem hohen Maße davon ab, ob es der qualitativen Marktforschung gelingt, die Alltagspraktiken der Nutzer adäquat zu erforschen und für die Produktherstellung zu übersetzen. Gerade wenn man diese Stellung der qualitativen Marktforschung betrachtet und sich die damit verbundene gesellschaftliche Verantwortung vor Augen führt, lassen sich abschließend zwei grundlegende Anforderungen formulieren, die eine hochwertige qualitative Marktforschung erfüllen sollte:

1. Eine begründete, durchdachte Auswahl und richtige Anwendung qualitativer Erhebungs- und Analysemethoden.
2. Eine systematische Berücksichtigung theoretischer Erkenntnisse, damit eine ausreichende Tiefe qualitativer Forschung gewährleistet wird.

Ad 1: Durchdachte Methodologie als Grundvoraussetzung

Wenn man sich mit den Erfahrungsberichten betrieblicher Marktforscher auseinandersetzt, stößt man auch auf kritische Töne in Bezug auf qualitative Forschung. Kritik richtet sich gegen eine „qualitative" Forschungspraxis, in der Erhebungs- und Analysemethoden unzureichend angewandt werden. Eine große Gefahr wird darin gesehen, qualitative Forschung nach dem Muster quantitativer Analysen durchzuführen. Statt Begründungsmuster und Diskurse zu rekonstruieren, geht es dann um die Erstellung von Häufigkeitsverteilungen. Werner Kaiser (2007: 590), Leiter der Tchibo Marktforschung, kritisiert dieses Vorgehen vehement: „Vielfach wird vergessen, daß qualitative Marktforschung etwas völlig anderes ist als die Erhebung quantitativer Daten bei kleinen Fallzahlen. [...] Nasen zählen gehört nicht zu den Aufgaben qualitativer Analyse". Kritisch ist die Rolle der qualitativen Marktforschung als Vermittlungsinstanz zwischen Konsumtions- und Produktionssphäre insbesondere dann, wenn Entscheidungssicherheit vorgegaukelt wird, obwohl sie in der Durchführung und Auswertung der Studie nicht forschungsmethodologisch begründet ist. Kaiser spricht in diesem Zusammenhang von Artefakten, die durch die qualitative Marktforschung geschaffen werden können, nämlich künstlich generierte Ergebnisse, die beispielsweise in Form von Rationalisierungen als Folge (zu) direktiver Befragungen entstehen können. Aufgrund ritualisierter, habitualisierter und unbewußter Kaufentscheidungen stelle diese Artefaktbildung ein Problem dar, das sich auch in hohen Flopraten neuer Produkte ausdrückt.

Für gelungene qualitative Forschung bedarf es kommunikationspsychologischen Grundwissens ebenso wie einer intensiven Auseinandersetzung mit Methoden der Interviewführung, Moderation und Auswertung wenig strukturierter Textdaten. Darüber hinaus wird der hohe Stellenwert für die Generierung neuer Produkte und Angebote branchenübergreifend mit der Vielfalt und Kombinierbarkeit verschiedener, differenzierter Methoden in Verbindung gebracht. Herausgehoben werden neben den klassischen themenbezogenen Interviews und Gruppendiskussionen vor allem ethnographische bzw. alltagsbezogene Interviews und Workshops. Ethnographische Interviews (vgl. Mathews/Kaltenbach 2007) sind insbesondere von entscheidender Bedeutung, um Kundenbedürfnisse von Grund auf verstehen zu lernen: „Wer seine Konsumenten zu Hause besucht, in ihren Vorratsschrank schauen oder bei der Produktverwendung zusehen darf, lernt unendlich viel über die Art und Weise, wie diese über das Produkt denken." (Kaiser 2007: 591) Ethnographische Interviews erlauben eine Analyse von Nutzungsverhalten innerhalb sinnstiftender Kontexte. Als wichtig für die Interviewsituation wird erachtet, daß Befragte nicht gezwungen werden, Erwartungen und Entscheidungsprozesse zu abstrahieren und folglich zu rationalisieren, sondern Raum haben, ihren Lebensalltag plastisch in eigenen Worten zu verdeutlichen. Qualitative Marktforschung ermöglicht es in der Folge, Stimmungen und Sehnsüchte zu erschließen und auf diesem Wege mehr über die gegenwärtige und mögliche Wirkzone von Konsumgütern zu erfahren.

Workshops dienen als ideale Form, um kreative Ideen zu generieren sowie verschiedene Umsetzungsvorschläge in produktiver Atmosphäre gegeneinander abzuwägen. Spiegel und Chtyka heben die Bedeutung von Innovations-Workshops für die Automobilbranche hervor: „Das Stichwort heißt ‚kundennahe Produktentwicklung'. [...] Der Fokus der Methode liegt auf dem innovativ-kreativen Schaffen vor dem Erfahrungshintergrund der Kunden – und nicht der Entwickler! Das erklärte Ziel dabei ist, zu einem möglichst frühen Zeitpunkt (und dadurch noch relativ kostengünstig) entscheidende Hinweise für Innovationen oder Richtungsänderungen bei der Produktentwicklung zu erhalten." (Spiegel/Chytka 2007: 577). Insbesondere die Integration von sogenannten „Lead Usern" (von Hippel 1988) gilt als geeigneter Ansatz, die wechselseitige Abhängigkeit von Markt und Technikentwicklung bei der Entwicklung neuer Produkte zu berücksichtigen und Optimierungsvorschläge sowie neue Produktideen zu generieren.

Ad 2: Einbettung von Studien in einen theoretischen Kontext

Als Auftragsforschung ist die Marktforschung in der Regel einem besonderen Zeitdruck ausgesetzt. Daraus ergibt sich die Gefahr, daß sich Marktforscher zu sehr mit einem Tunnelblick auf die Durchführung der konkreten empirischen Studie konzentrieren – und theoretische Erkenntnisse, die für die Einordnung der Ergebnisse von hoher Bedeutung sind, zu wenig systematisch berücksichtigt werden. Wichtig für die Marktforscher ist es, daß man Konsumtion und Produktion nicht als Grundbegriffe voraussetzt, sondern sich mit ihrer variablen kulturellen Bedeutung auseinandersetzt. Denn bereits wenn man von „Konsumenten" spricht, betrachtet man menschliche Individuen in einer bestimmten gesellschaftlichen Rolle, die historisch entstanden ist und sich in einem laufenden Veränderungsprozeß befindet.

In diesem Sinne war es uns wichtig, deutlich zu machen, daß man Konsum nicht ausschließlich als etwas Passives und Reaktives begreifen sollte. Aus einer kulturalistischen Perspektive kann gerade der Konsum aktiver und kreativer Menschen wichtige Impulse für gesellschaftliche Entwicklungen geben. Hier bieten sich Anknüpfungspunkte für die qualitative Marktforschung an die Cultural Studies. Im Rahmen der Cultural Studies werden Konsumpraktiken in den Mittelpunkt der Aufmerksamkeit gerückt. Konsum wird dabei nicht als passiv, sondern als aktiv verstanden. Konsumenten gelten als Bricoleure, die „Waren und Zeichen auswählen, neu zusammenstellen und so vielfältige Identitäten schaffen", Konsum „führt zur Fabrikation von Bedeutungen, zur Zirkulation affektiver Energie und zu unterschiedlichen Formen des Vergnügens" (Winter/Niederer 2007: 405) und wird zu „einer kontextuell verankerten gesellschaftlichen Praxis, in der die Objekte in ihrer Bedeutungs- und in ihrer affektiven Dimension nicht vorgegeben, sondern erst auf der Basis kultureller Erfahrungen und Interessen produziert werden." (ebd.: 406)

Qualitative Marktforschung, die ihre Kunden bei Innovationsvorhaben unterstützt, und techniksoziologische Studien teilen ein gleiches Grundverständnis von Konsumenten und Konsum und rücken ähnliche Themen in den Mittelpunkt. Eine stärkere Verzahnung bietet im Sinne einer „win-win-Situation" Potential für beide Bereiche: Für die qualitative Marktforschung stellt eine stärkere Berücksichtigung von Ergebnissen akademischer Forschung sicher, daß die empirischen Ergebnisse in einen theoretischen Kontext eingebettet werden und ihre Bedeutung vor dem Hintergrund eines ausgeprägten Kultur- und Konsumbildes eingeschätzt werden kann. Für die akademische Forschung stellen die zahlreichen in allen Branchen durchgeführten Studien und das damit verbundene Expertenwissen der qualitativen Marktforscher viel versprechende Ansatzpunkte für kulturbezogene Analysen jenseits der konkreten Forschungsfragestellungen der durchgeführten Projekte dar.

Literatur

Banse, Gerhard (2002), Technikphilosophische und allgemeintechnische Herausforderungen, in: Gerhard Banse/Bernd Meier/Horst Wolffgramm (Hg.), Technikbilder und Technikkonzepte im Wandel – eine technikphilosophische und allgemeintechnische Analyse, Wissenschaftliche Berichte des Forschungszentrums Karlsruhe, Karlsruhe, S. 19-34.

Bauer, Florian/Verena Kanther (2007), Die Dienstleistungsbranche: Nicht greifbare Prozesse verstehen, in: Gabriele Naderer/Eva Balzer (Hg.), Qualitative Marktforschung in Theorie und Praxis, Wiesbaden, S. 595-608.

Beck, Ulrich/Christoph Lau (Hg.) (2004), Entgrenzung und Entscheidung. Was ist neu an der Theorie reflexiver Modernisierung? Frankfurt/M.

Bien, Walter/Jan Marbach (2003), Partnerschaft und Familiengründung. Ergebnisse der dritten Welle des Familien-Survey, Opladen.

Bijker, Wiebe E./Thomas P. Hughes/Trevor J. Pinch (Hg.) (1987), The Social Construction of Technological Systems, Cambridge, Mass.

Bijker, Wiebe E. (1995), Of Bicycles, Bakelites and Bulbs, Cambridge, Mass.

Bonß, Wolfgang et al. (2004), Biographische Sicherheit, in: Ulrich Beck/Christoph Lau (Hg.), Entgrenzung und Entscheidung: Was ist neu an der Theorie reflexiver Modernisierung? Frankfurt a. M., S. 211-233.

Born, Claudia/Helga Krüger (Hg.) (2001), Individualisierung und Verflechtung. Geschlecht und Generation im deutschen Lebenslaufregime, Weinheim.

Castells, Manuel (2004), Der Aufstieg der Netzwerkgesellschaft. Das Informationszeitalter 1, Opladen.

Dollhausen, Karin (1993), Neue Informationstechniken und ihre soziale Konstruktion. Der technische Wandel als soziologisches Theorieproblem, Aachen.

Faust, Michael/Reinhard Bahnmüller (1996), Der Computer als rationalisierter Mythos. Vom Nutzen institutioneller Organisationstheorie für die Analyse industrieller Rationalisierung, in: Soziale Welt Jg. 47 H. 2, S. 129-148.

Flick, Uwe/Ernst von Kardorff/Ines Steinke (Hg.) (2003), Qualitative Forschung. Ein Handbuch, Reinbek.

Giesecke, Susanne (2003), Technikakzeptanz durch Nutzerintegration? Beiträge zur Innovations- und Technikanalyse, Teltow/Berlin.

Gotschall, Karin/G. Günter Voß (Hg.) (2005), Entgrenzung von Arbeit und Leben, München.

Hellmann, Kai-Uwe (2003), Soziologie der Marke, Frankfurt/M.

Hippel, Eric von (1988), The Source of Innovation, New York/Oxford.

Huisinga, Richard (1996), Theorien und gesellschaftliche Praxis technischer Entwicklung. Soziale Verschränkungen in modernen Technisierungsprozessen, Amsterdam.

Joerges, Bernward (1996), Technik – Körper der Gesellschaft, Frankfurt/M.

Kaiser, Werner (2007), Fast Moving Consumer Goods: Zwischen Artefakt und Consumer Insight, in: Gabriele Naderer/Eva Balzer (Hg.), Qualitative Marktforschung in Theorie und Praxis, Wiesbaden, S. 583-593.

Kratzer, Nick (2003), Arbeitskraft in Entgrenzung, Berlin.

Kühn, Thomas (2004), Das vernachlässigte Potenzial qualitativer Marktforschung, in: Forum Qualitativer Sozialforschung, 5(2), Art. 33. Online verfügbar unter: http://www.qualitative-research.net/fqs-texte/2-04/2-04kuehn-d.htm (18.07.2007).

Kühn, Thomas (2005), Grundströmungen und Entwicklungslinien qualitativer Forschung, in: Planung & Analyse, 33 (4) (Sonderbeilage „p&a Wissen").

Kühn, Thomas/Kay-Volker Koschel (2007), Soziologie. Forschen im gesellschaftlichen Kontext, in: Gabriele Naderer/Eva Balzer (Hg.), Qualitative Marktforschung in Theorie und Praxis, Wiesbaden, S. 119-136.

Kühn, Thomas/Anna-Christina King/Kay-Volker Koschel (2007), Dem neuen Gesundheitsbewusstsein auf der Spur: Die Untersuchung von Online-Foren im Rahmen eines integrativen qualitativen Studiendesigns, in: Planung & Analyse, 35 (4).

Mathews, Petra/Edeltraut Kaltenbach (2007), Ethnographie: Auf den Spuren des täglichen Verhaltens, in: Gabriele Naderer/Eva Balzer (Hg.), Qualitative Marktforschung in Theorie und Praxis, Wiesbaden, S. 137-152.

Ogburn, William F. (1969), Kultur und sozialer Wandel. Ausgewählte Schriften, Neuwied.

Orland, Barbara (1991), Wäsche waschen. Technik- und Sozialgeschichte der häuslichen Wäschepflege, Reinbek.

Orland, Barbara (1999), Wie kann man den Alltagsbegriff für die Technikgeschichte nutzbar machen? In: Ferrum Nr. 71, S. 4-10.

Rammert, Werner (1997), Was ist Technikforschung? Entwicklung und Entfaltung eines sozialwissenschaftlichen Forschungsprogramms, in: Bettina Heintz/Bernhard Nievergelt (Hg.), Wissenschafts- und Technikforschung in der Schweiz, Zürich, S. 161-193.

Rammert, Werner (2000), Technik aus soziologischer Perspektive 2: Kultur – Innovation – Virtualität, Opladen.

Schaeper, Hildegard/Thomas Kühn/Andreas Witzel (2000), Diskontinuierliche Erwerbskarrieren in 1990ern: Strukturmuster und biografische Umgangsweisen betrieblich ausgebildeter Fachkräfte, in: Mitteilungen aus der Arbeitsmarkt- und Berufsforschung (MittAB), Jg. 33 H. 1, S. 80-100.

Schneider, Norbert F. (2001), Pluralisierung der Lebensformen – Fakt oder Fiktion? In: Zeitschrift für Familienforschung, Jg. 13 H. 2, S. 85-90.

Schweitzer, Anja/Michael Siewert (2007), Die Pharmabranche: Forschen in Extremen, in: Gabriele Naderer/Eva Balzer (Hg.), Qualitative Marktforschung in Theorie und Praxis, Wiesbaden, S. 623-632.

Spiegel, Uta/Hanna Chytka (2007), Die Automobilbranche: Produktinnovationen am Kunden orientiert entwickeln, in: Gabriele Naderer/Eva Balzer (Hg.), Qualitative Marktforschung in Theorie und Praxis, Wiesbaden, S. 569-581.

Weingart, Peter (Hg.) (1989), Technik als sozialer Prozeß, Frankfurt/M.

Winter, Rainer/Elisabeth Niederer (2007), Cultural Studies, in: Renate Buber/Hartmut H. Holzmüller (Hg.), Qualitative Marktforschung. Konzepte – Methoden – Analysen, Wiesbaden, S. 401-412.

Der „soziale Raum" der Lebensstile und Prominenten

Andreas Mühlichen und Jörg Blasius

1 Einleitung

Mit Hilfe von Medien-Nutzer-Typologien werden auf der Basis von sozio-demographischen Merkmalen und/oder Lebensstilen Publikumssegmente unterschieden. Bislang wurde in diesem Zusammenhang relativ oft der Sinus-Lebensweltenansatz verwendet (Becker/Nowack 1982), relativ selten der Ansatz von Pierre Bourdieu. Letzterer basiert darauf, daß mit Hilfe der Korrespondenzanalyse auf der Basis einer Vielzahl von Merkmalen des Lebensstils ein „sozialer Raum" aufgespannt wird, dessen Dimensionen als „ökonomisches Kapital" und „kulturelles Kapital" bzw. als „Kapitalvolumen" und „Zusammensetzung von ökonomischem und kulturellem Kapital" interpretiert werden können. Im Rahmen dieser Arbeit werden zusätzlich zu den Lebensstilmerkmalen präferierte Prominente zur Konstruktion des „sozialen Raumes" einbezogen. Der so konstruierte „soziale Raum" wird um Elemente der Fernsehpräferenzen erweitert, so daß die Lebensstile als Publikumssegmente interpretiert werden können und eine sehr detaillierte Mediennutzer-Typologie entsteht. In diesem „sozialen Raum" können auch Produktpräferenzen lokalisiert werden, was hier am Beispiel gängiger Erfrischungsgetränke gezeigt wird.

Mit der hier vorzustellenden Methodologie ist eine Verbindung von Lebensstilen und sozio-demographischen Merkmalen, Prominenten und Fernsehpräferenzen, sowie mit (konkurrierenden) Konsumgütern möglich. Damit können wesentlich detailliertere Angaben zu den Konsumenten einzelner Produkte gemacht werden, als es bisher möglich war. So können die Konsumenten von Erfrischungsgetränken wie Pepsi Cola, Coca Cola und Schweppes anhand ihrer Lebensstilmerkmale, ihrer Präferenzen für Prominente und Fernsehsendungen voneinander unterschieden werden. Die Ergebnisse dieser Studie können sowohl verwendet werden, um durch eine verbesserte Auswahl von geeigneten TV-Sendungen die Reichweiten der Werbung zu erhöhen, als auch um die Konsumenten durch die Wahl optimaler Werbeträger noch besser anzusprechen.

Für die Untersuchung von Medienpräferenzen verschiedener Gruppen gibt es bereits eine Reihe von Ansätzen, beispielsweise die Mediennutzer-Typologie des Forschungsdienstes von ARD und ZDF (Hartmann/Neuwöhner 1999; Buß/ Neuwöhner 1999), seit kurzem auch die Onlinenutzer-Typologie (Oehmichen/

Schröter 2004), die Verknüpfung von Mediennutzung mit den Sinus Milieus (Engel/Windgasse 2005) oder die Studie „Fernsehen und Lebensstile" von Gorgs und Meyer (1999). In der Regel werden dabei einzelne Publikumssegmente mit Hilfe von Lebensstilen unterschieden, die mit Präferenzen für unterschiedliche Medien in Verbindung gebracht werden – entweder direkt bei der Konstruktion der Gruppen oder durch nachträgliche Zuordnung beispielsweise von Fernsehpräferenzen zu den ermittelten Lebensstilen (vgl. Georgs/ Meyer 1999). Als multivariates Auswertungsverfahren wird im deutschsprachigen Raum entweder die Clusteranalyse (vgl. Lüdtke 1989; Vester et al. 2001; Krause et al. 2004; Emmer et al. 2006) – in der Markt- und Konsumforschung sehr oft in Anlehnung an die Sinus-Lebenswelten (vgl. Becker/Nowak 1982; Perry/Appel 2004) – oder die Korrespondenzanalyse verwendet (vgl. Blasius/Winkler 1989; Schulze 1992; Gorgs/ Meyer 1999).

Dabei werden mit Hilfe der Clusteranalyse distinkte Gruppen unterschieden, wobei jede Person exakt einem Cluster zugeordnet wird, in der Systematik von Sinus z.B. den Hedonisten, den Konservativen oder den Postmateriellen (vgl. Vester et al. 2001; Perry/Appel 2004). Diesen Gruppen können, z.B. durch Kreuztabellierung, Präferenzen zugeordnet werden, beispielsweise welche TV-Sendungen bevorzugt gesehen werden oder welches Auto überdurchschnittlich oft und welches relativ selten gekauft wird (vgl. Becker/Nowak 1982). Mittels der Clusteranalyse wird jede Person dem Cluster zugeordnet, welches ihrem eigenen Profil am ähnlichsten ist; d.h. es kann innerhalb der einzelnen Gruppen relativ viel Variation geben. Des Weiteren gibt es sehr viele Möglichkeiten, „Ähnlichkeit" zu definieren und die Anzahl der Cluster festzulegen, was dem Verfahren eine gewisse „Willkürlichkeit" verleiht (zu den Verfahren der Clusteranalyse vgl. Bacher 1994). Auch wenn die Ergebnisse der entsprechenden Studien oft sehr überzeugend sind, können die zugrunde liegenden Berechnungen aus den genannten Gründen nur selten nachvollzogen werden.

Während mit der Clusteranalyse distinkte Gruppen gesucht werden, wird mit der Korrespondenzanalyse ein (meistens zweidimensionaler) latenter Raum aufgespannt, dessen Dimensionen beispielsweise als „kulturelles Kapital" oder „ökonomisches Kapital" interpretiert werden können. In der Tradition von Pierre Bourdieu wird dieser Raum als „sozialer Raum" bezeichnet (vgl. Rouanet et al. 2000). In diesem Raum können sowohl einzelne Individuen, wie z.B. Hochschullehrer (Bourdieu 1988) oder die Teilnehmer an einer Umfrage (vgl. Blasius/ Friedrichs 2001; Blasius/Mühlichen 2007), als auch verschiedene Bevölkerungsgruppen, z.B. die Angehörigen von bestimmten Berufsgruppen (vgl. Bourdieu 1982; Blasius/Winkler 1989), beschrieben und unterschieden werden. Merkmale (wie die Ausprägungen eines Lebensstils), die einander ähnlich sind, liegen im Projektionsraum in räumlicher Nähe, Merkmale, die einander unähnlich sind, liegen weit voneinander entfernt. Ebenso wie die Ausprägungen der Variablen im „sozialen Raum" dargestellt werden können, können die Individuen bzw. Gruppen von Individuen im „sozialen Raum" abgebildet werden, auch deren räumliche Nähe ist eine Funktion ihrer Ähnlichkeit. Anders als bei der Clusteranalyse ist der Algorithmus der Korrespondenzanalyse nicht flexibel, bei den Ähnlichkeiten handelt es sich um (gewichtete) euklidische Distanzen (vgl. Blasius 2001; Blasius/Greenacre 2006; Greenacre 2007).

Unabhängig davon, ob zur Auswertung der Daten die Cluster- oder die Korrespondenzanalyse verwendet wird, werden zur Beschreibung von Lebensstilen in der Regel sehr viele verschiedene Präferenzen einbezogen, z.B. Stile der Wohnungseinrichtung bzw. Arten von Speisen beim Bewirten von Gästen (vgl. Bourdieu 1982; Blasius/Winkler 1989; Blasius/Friedrichs 2001). Präferenzen für Stars und Prominente[1] wurden bis dato nur selten und dann auch eher sekundär berücksichtigt, obwohl diese sich durchaus zur Unterscheidung von Bevölkerungsgruppen eignen (vgl. Bourdieu 1982; Blasius/Winkler 1989). Da den Stars das Potential zugeschrieben wird, einen starken Einfluß auf andere Personen zu haben (vgl. Faulstich et al. 1997; Dyer 1998), sollte es nicht nur in den Sozial- und Medienwissenschaften, sondern auch in der Marktforschung von hohem Interesse sein, zu wissen, welche Prominente zu welchen Lebensstilen passen und welches Publikum sie ansprechen. Werden zusätzlich Präferenzen für verschiedene Produkte in die Analyse einbezogen, kann der gesamte Nexus von Lebensstilen, Medienpräferenzen, sozio-demographischen Merkmalen und Konsumgütern in einem „sozialen Raum", also mit Hilfe einer einzigen grafischen Darstellung erfaßt werden.

In den bis dato vorliegenden Arbeiten zu Mediennutzer-Typologien wird versucht, das Publikum auf der Basis von Informationen zum Lebensstil und/ oder sozio-demographischen Merkmalen zu segmentieren. Im Rahmen dieser Arbeit sollen die bisherigen Ansätze um drei Punkte erweitert werden: Zum einen sollen die von den Befragten präferierten Prominenten direkt in die Analysen einbezogen werden, um damit die Interpretationsbasis der Lebensstile zu erweitern und um gleichzeitig einen direkten Bezug zu den Medien zu erhalten. Zum zweiten sollen nicht nur relativ heterogene Genres wie ‚Action-Filme', ‚Krimi-Serien' oder ‚Tierdokumentationen' betrachtet werden, sondern bestimmte Sendeformate (für diese Studie wurden als Beispiel Fernsehserien aus dem Abendprogramm gewählt). Damit wird die interne Heterogenität innerhalb eines Genres berücksichtigt, die z.B. zwischen verschiedenen Krimi-Serien wie der sehr actionreichen ‚Alarm für Cobra 11' und der nahezu gewaltfreien ‚Colombo' erwartet werden kann. Drittens werden Konsumgüter, hier am Beispiel von Erfrischungsgetränken, in den Raum projiziert, um Affinitäten zu unter-

---

[1] Für die vorliegende Arbeit ist es nicht erforderlich, zwischen Stars und Prominenten zu unterscheiden, beide Begriffe werden synonym verwendet.

schiedlichen Marken wie Coca Cola und Pepsi aufzuzeigen. Um die vorhandene Vielzahl der Informationen aus Lebensstilen, Präferenzen für Prominente, soziodemographischen Merkmalen und bevorzugte Sendungen aus dem Abendprogramm sowie Erfrischungsgetränken in einer multivariaten Analyse zu verarbeiten, ohne gleichzeitig methodische Voraussetzungen der eingesetzten Technik zu verletzen, verwenden wir die multiple Korrespondenzanalyse. In dem mit dieser Technik zu konstruierenden „sozialen Raum" werden die (bivariaten) Zusammenhänge zwischen allen Merkmalen grafisch abgebildet.

Im Rahmen der vorliegenden Studie soll zunächst, an den Lebensstilansatz von Bourdieu (1982) anknüpfend, gezeigt werden, daß sich die von den Befragten präferierten Prominenten als Distinktionsmerkmale eignen. Auf der Basis von Lebensstilmerkmalen und Prominenten wird dafür im ersten Schritt ein „sozialer Raum" konstruiert, in dem räumliche Nähe von Merkmalen als Ähnlichkeiten interpretiert werden können (vgl. Bourdieu 1982; Rouanet et al. 2000). Im zweiten Schritt werden sozio-demographische Merkmale in diesen „sozialen Raum" projiziert, deren Distanzen sowohl zu den Merkmalen der Lebensstile als auch zu denen der Prominenten ebenfalls als Ähnlichkeiten interpretiert werden können. Im dritten Schritt werden, als ein Beispiel für die Verbindung von Lebensstilmerkmalen und TV-Präferenzen, Serien aus dem Abendprogramm der großen TV-Sender in diesen Raum projiziert, wobei wir jene auswählten, die zum Untersuchungszeitpunkt die meisten Zuschauer hatten. Schließlich werden als Beispiel für Konsumgüter Erfrischungsgetränke in den „sozialen Raum" aufgenommen, um eine Zuordnung von Marken zu Lebensstilen und Prominenten, sowie zu Publikumssegmenten zu ermöglichen. Das Ergebnis wird eine wesentlich detaillierte Mediennutzer-Typologie sein, als sie u.W. bislang durchgeführt wurde, welche gleichzeitig einen direkten Bezug zu Konsumgütern zuläßt.

2 Der Ansatz von Pierre Bourdieu

Grundlegend für Bourdieus Lebensstilansatz ist der Kapitalbegriff, welcher auf der Trias von „ökonomischem", „sozialem" und „kulturellem" Kapital basiert. Dabei bezeichnet das „ökonomische Kapital" den materiellen Besitz, das Einkommen und die Sicherheit des Einkommens (vgl. Bourdieu 1983: 185). Unter „sozialem Kapital" werden die Ressourcen verstanden, die sich aus sozialen Netzwerken ergeben, aus Beziehungen, die eine Person aufgebaut hat und auf die sie im Bedarfsfall zurückgreifen kann (Bourdieu 1983: 185, 190 f.). Das „kulturelle Kapital" liegt in drei Formen vor: (a) Als objektiviertes kulturelles Kapital, das sind wertvolle Kunstgüter wie Gemälde und Skulpturen, (b) als inkorporiertes kulturelles Kapital, dieses umfaßt die kulturellen Fähigkeiten einer Person, die über Sozialisation vor allem innerhalb der Familie vermittelt wurden (z.b. ästhetische Präferenzen, Tischmanieren etc.), und (c) als institutionalisiertes kulturelles Kapital, wozu Bildungstitel und andere Zertifikate zählen, die das Vorhandensein eines bestimmten Wissens oder einer Qualifikation bescheinigen. Des Weiteren führt Bourdieu (1982) das „Kapitalvolumen" als gewichtete Summe der drei genannten Kapitalsorten ein. In seinen empirischen Analysen betrachtet Bourdieu in der Regel nur das ökonomische und das kulturelle Kapital. Dabei spannt er mit Hilfe von Lebensstilmerkmalen einen „sozialen Raum" auf, dessen Hauptachsen er meistens als „Kapitalvolumen" und „Zusammensetzung von ökonomischem und kulturellem Kapital" bezeichnet. Wie u.a. von Blasius und Friedrichs (2001) gezeigt, kann diese Darstellung durch Rotation um 45 Grad in eine andere überführt werden, deren Achsen als „ökonomisches Kapital" und als „kulturelles Kapital" interpretiert werden können (vgl. Abschnitt 6.1).

Die Lebensstile operationalisiert Bourdieu (1982: 800 ff.) mit Hilfe von Multi-Response-Fragen zu verschiedenen Eigenschaften und Präferenzen; dies sind u.a. die ‚bevorzugte Wohnungseinrichtung', ‚Arten von Speisen, mit denen Gäste bewirtet werden', der ‚bevorzugte Ort des Möbelkaufs' und die ‚beliebtesten Sänger'. Die spätere Zuordnung von Personengruppen bzw. von einzelnen Individuen zu einem Lebensstil erfolgt über die Wahl der aus der vorgegebenen Merkmalsliste ausgesuchten Begriffe und nicht über das tatsächliche Verhalten. Für die Messung des Lebensstils ist dementsprechend „die subjektive Zuordnung zu den aufgeführten Begriffen" entscheidend, d.h., „welche Labels sich die Befragten" (Blasius 2000: 68) zuschreiben. Bezogen auf die präferierte Wohnungseinrichtung bedeutet beispielsweise die Wahl der Ausprägung ‚sauber und ordentlich' lediglich, daß der Befragte dieses Label als Bezeichnung für seine Wohnung als wichtig empfindet, unabhängig davon, ob die Wohnung tatsächlich sauber und ordentlich ist oder nicht – und wenn dieses Label nicht gewählt wurde, besagt dies keinesfalls, daß die Wohnung nicht sauber und ordentlich ist. Obwohl das Lebensstilkonzept von Bourdieu auf einer ebenso theoretisch wie empirisch elaborierten Basis steht und obwohl er selbst Prominente, u.a. Chanson-Sänger (Bourdieu 1982), als Lebensstilmerkmale einbezogen hat, wurde u.W. dieser Ansatz erstmals von Blasius und Mühlichen (2007) zur Unterscheidung von Publikumssegmenten eingesetzt.

3 Prominente und Publikumssegmente

In der Literatur gibt es bis dato nur wenige empirische Untersuchungen zu den Themen „Prominenz" und „Publikum" und deren Relation zueinander. In der Regel wird lediglich unterstellt, daß Prominente und Publikum bzw. Publikumssegmente miteinander verbunden sind und daß aus dieser Beziehung verschiedene Formen gegenseitiger Beeinflussung abgeleitet werden können. Welcher Prominente aber für welchen Teil des Publikums von Interesse ist, ist in der Regel nur für Einzelbeispiele bekannt; es gibt u.w. bis dato keine empirische Methode, um verschiedene Prominente ihrem Publikum zuzuordnen.

Für das Verhältnis zwischen Publikum und Prominenten bzw. Stars ist charakteristisch, daß das Publikum diese meistens nur aus den Massenmedien kennt (vgl. Peters 1996: 27 ff.) und damit nicht die „realen" Personen, sondern nur deren medial vermittelte Images bzw. deren Rollenprofil (vgl. Dyer 1989: 176). Da diese Images sehr unterschiedlich sein können, sollten sie von unterschiedlichen Mediennutzergruppen präferiert werden. Anders ausgedrückt: Die Präferenz von bestimmten Prominenten kann als Bestandteil des Lebensstils verstanden werden, sie scheinen damit geeignete Merkmale für die Segmentierung des Publikums zu sein. Für die vorliegende Untersuchung wurden Prominente verwendet, die aus der Unterhaltungs- und Nachrichtensparte bekannt sind.

Im Rahmen der Theorie von Bourdieu (1982) wurden für die hier vorliegende Machbarkeitsstudie folgende Annahmen gemacht: Erstens, daß Prominente als Lebensstilindikatoren in einem „sozialen Raum" in Bezug auf „ökonomisches" und „kulturelles Kapital" bzw. in Bezug auf „Kapitalvolumen" und „Zusammensetzung von ökonomischem und kulturellem Kapital" differenzieren. Zweitens, daß in diesem „sozialen Raum" identifizierbare Lebensstilmuster auch als Publikumssegmente interpretiert werden können und daß damit die Theorie von Bourdieu auch zur Publikumssegmentierung geeignet ist. Vor dem Hintergrund dieser Annahmen können schließlich Konsumgüter in die Typologie eingefügt werden, um sie einerseits verschiedenen Kapitalzusammensetzungen zuordnen zu können, andererseits um die Passung eines bestimmten Produktes zu einem Publikumssegment und zu Prominenten vornehmen zu können, beispielsweise um letztere als Testimonials in der Werbung einsetzen zu können.

Zur Untersuchung der Prominenten im Raum der Lebensstile wird in Anlehnung an Bourdieu (1982) mit Hilfe der multiplen Korrespondenzanalyse zunächst ein „sozialer Raum" mit Hilfe von Lebensstilmerkmalen und Prominenten konstruiert. Dieser sollte zwei Dimensionen haben, die als „kulturelles" und „ökonomisches Kapital" bzw. als „Kapitalvolumen" und „Zusammensetzung von kulturellem und ökonomischem Kapital" interpretiert werden können. Wenn in diesem „sozialen Raum" die Prominenten zur Differenzierung der Befragten verwendet werden können, dann müssen sie über den gesamten „sozialen Raum" verteilt sein und dürfen keine homogene Gruppe bilden (die dann aus methodischen Gründen im Zentrum der Abbildung verankert wäre). Des Weiteren werden sowohl sozio-demographische Merkmale der Befragten als auch Präferenzen für ausgesuchte Serien aus dem Abendprogramm in den „sozialen Raum" projiziert. Während die sozio-demographischen Merkmale hauptsächlich zur Verifizierung der Interpretation der Achsen benötigt werden, sollen mit Hilfe der Serien aus dem Abendprogramm Publikumssegmente beschrieben werden. Mit den unterschiedlichen Erfrischungsgetränken werden Konsumgüter berücksichtigt.

4 Daten

Der Datensatz, auf dem der empirische Teil dieser Arbeit basiert, wurde 2003 von Studierenden der Universität Bonn im Rahmen einer Lehrforschung im Köln-Bonner Raum erhoben. Dabei handelte es sich um eine face-to-face-Befragung (*N*=872) mit einem standardisierten Fragebogen, als Auswahlverfahren wurde die Quotenstichprobe gewählt. Bezogen auf die Repräsentativität der Daten ist das Geschlecht mit ca. 49% männlichen und 51% weiblichen Befragten sehr gut verteilt, während Höhergebildete, Besserverdienende und Jüngere etwas überrepräsentiert sind (vgl. Tabelle 1). Von den Befragten haben gut 27% die Angabe des Einkommens verweigert; aus den vorhandenen Angaben wurde das Äquivalenzeinkommen[2] berechnet.

Tabelle 1: Sozio-demographische Merkmale der Befragten, Angaben in Prozent.

Alter (n=860)		Schulabschluß (n=860)		Äquivalenzeinkommen (n=633)	
bis 24 J.	21.7	noch Schüler	.9	unter € 500	14.8
25 bis 29 J.	15.9	kein Abschluß	.3	€ 500 bis unter € 1000	27.8
30 bis 34 J.	13.5	Volksschule	12.9	€ 1000 bis unter € 1500	28.3
35 bis 44 J.	13.6	Mittlere Reife	24.8	€ 1500 bis unter € 2000	17.7
45 bis 54 J.	16.7	Fachabitur	6.6	€ 2000 und mehr	11.4
55 bis 64 J.	13.4	Abitur	29.9		
65 J. u. älter	5.1	Fachhochschule	5.5		
		Universität	19.1		

---

[2] Bei der Berechnung des Äquivalenzeinkommens wird dem unterschiedlichen Bedarf verschiedener Personen in einem Haushalt durch entsprechende Gewichtung Rechnung getragen. Die Äquivalenzgewichtung wurde in Anlehnung an die BSHG-Skala gebildet (vgl. Strengmann-Kuhn 1999: 383). Die hier verwendeten Gewichte sind wie folgt: Haushaltsvorstand (1,0), Personen über 18 (0,8), zwischen 15 und 18 (0,9), zwischen 8 bis 14 (0,65), bis 7 Jahre (0,5 bzw. 0,55, wenn es sich um einen Alleinerziehenden-Haushalt handelt).

Tabelle 2: Ausprägungen der Lebensstilmerkmale, Angaben in Prozent

Orte des Möbelkaufs	insg. (n=872)
Kaufhaus	16.2
Antiquitätenhändler	14.0
Fachgeschäft	33.3
selbst gebaut	16.2
Handwerker	5.3
Flohmarkt	11.1
Versteigerung	1.3
Möbelhaus	76.8
Designer/Studio	7.3
geerbt	21.0
Sperrmüll	8.1
Versandhaus	7.2

Eigenschaften der Einrichtung	insg. (n=872)
sauber, ordentlich	32.0
komfortabel	17.2
stilvoll	19.7
nüchtern, diskret	3.6
warm	26.4
pflegeleicht	19.4
modern	12.7
rustikal	4.4
harmonisch	21.8
gepflegt	10.2
phantasievoll	11.2
praktisch, funktional	28.4
gemütlich	53.2
hell	24.2

Speisen bei Bewirtung	insg. (n=872)
einfach, aber hübsch	38.8
fein und erlesen	13.9
reichhaltig und gut	37.6
improvisiert	29.6
nahrhaft u. ergiebig	14.3
originell	26.5
exotisch	12.2
gute deutsche Küche	16.4
gesund	25.9
lade niemanden ein	4.1
lade ins Restaurant	2.8

Arten der Kleidung	insg. (n=872)
klassisch	19.8
qualitätsbewußt	41.4
modisch	33.5
unauffällig, korrekt	13.4
gewagt	4.6
bequem	55.4
schick und elegant	21.4
sportlich	31.1
preiswert	36.0
markenbewußt	8.8
selbst geschneidert	2.4

Der von Bourdieu beschriebene und auf Frankreich bezogene Lebensstilansatz wurde auf deutsche Verhältnisse übertragen, wobei wenige Variablenausprägungen leicht modifiziert wurden (vgl. Blasius/Winkler 1989; Blasius/Friedrichs 2001). So wurde bei der Frage nach der ‚Art von Speisen, die man Gästen serviert' (vgl. Bourdieu 1982: 803), die ‚französische Küche' gegen ihr funktionales Äquivalent ‚deutsche Küche' ersetzt. Für die hier vorliegende Studie wurden vier Multi-Response-Fragen verwendet, in denen jeweils maximal drei Antworten ausgewählt werden sollten. Die Lebensstilfragen beziehen sich auf die

‚Quellen des Möbelerwerbs' (mit 12 Ausprägungen), ‚Eigenschaften der Wohnungseinrichtung' (14 Ausprägungen), ‚Art von Speisen, die man Gästen serviert' (11 Ausprägungen) und ‚Kriterien beim Kauf der Kleidung' (11 Ausprägungen). Ein großer Teil der Ausprägungen hängt von der Interpretation ab, was versteht der Befragte z.b. unter ‚deutsche Küche' oder ‚saubere Wohnungseinrichtung'? Die Beantwortung derartiger Fragen ist für unsere Studie jedoch irrelevant, wichtig sind die Label, welche die Befragten sich zuordnen: Die Angabe, daß die Wohnung ‚sauber' ist, muß nicht heißen, daß die Wohnung wirklich sauber ist, ebenso wenig wie die Nichtnennung dieses Labels darauf schließen läßt, daß die Wohnung dreckig ist. Des Weiteren wurden zwei Listen mit deutschsprachigen Prominenten vorgegeben (deutschsprachige männliche und weibliche Prominente: jeweils 13 Ausprägungen), bei denen die Befragten jene auswählen sollten (auch hier maximal drei), die ihnen am sympathischsten sind. Die auf den Listen zur Auswahl stehenden Prominenten sollten dabei erstens einen möglichst großen Bekanntheitsgrad haben und sich zweitens möglichst stark voneinander unterscheiden (z.b. Charakterdarsteller vs. Actionheld), damit die unterschiedlichen „Geschmäcker" der Befragten weitestgehend abgebildet werden können. Auch hier gilt: Wichtig ist die Auswahl der Befragten, nicht deren Gründe dafür.

Tabelle 3: Ausprägungen der deutschen Prominenten, Angaben in Prozent

Deutschsprachige Prominente, m.	insg. (n=872)	Deutschsprachige Prominente, w.	insg. (n=872)
Boris Becker	11.5	Inge Meysel	11.4
Mario Adorf	33.9	Franka Potente	31.9
Til Schweiger	22.4	Uschi Glas	13.8
Herbert Grönemeyer	35.8	Iris Berben	30.3
Heino	1.9	Heidi Klum	17.7
Günther Jauch	51.1	Sabine Christiansen	23.1
Karl Moik	2.4	Lilo Wanders	5.3
Stefan Raab	13.1	Steffi Graf	17.4
Harald Schmidt	40.0	Anke Engelke	38.5
Helge Schneider	9.4	Verona Feldbusch	12.7
Marcel Reich-Ranicki	8.8	Katja Riemann	22.0
Ulrich Wickert	23.2	Hella von Sinnen	9.6
Dieter Bohlen	6.2	Alice Schwarzer	9.2

Wie aus den Tabellen 2 und 3 ersichtlich wird, wurden die vorgegebenen Antwortkategorien von den Befragten sehr unterschiedlich genutzt. Bei den Prominenten gibt es Publikumslieblinge wie Günther Jauch und Anke Engelke, die von über 51% bzw. 38,5% der Befragten genannt wurden, während Lilo Wanders und Heino mit gut 5% respektive knapp 2% Nennungen nur wenig Zustimmung fanden. Werden die Befragten nach Geschlecht unterschieden, so kommen Helge Schneider, Harald Schmidt und Marcel Reich-Ranicki beim männlichen Publikum besser an als beim weiblichen: Helge Schneider wird von 12,9% der Männer, aber nur von 5,3% der Frauen gewählt, bei Harald Schmidt sind es 44,9% Männer und 35,1% Frauen und bei Marcel Reich-Ranicki 11,5% Männer und 6,4% Frauen; bei anderen Prominenten ist die geschlechtsspezifische Präferenzstruktur umgekehrt (ausführlich Mühlichen 2007).

Auch bei den Lebensstilvariablen gibt es Variationen im Antwortverhalten, die zum Teil mit dem Geschlecht der Befragten zusammenhängen. Beispielsweise werden bei den ‚Arten der Kleidung' die Stile ‚modisch', ‚schick und elegant' sowie die Antwort ‚selbst geschneidert' signifikant häufiger von Frauen angegeben als von Männern, die sich lieber ‚unauffällig, korrekt', ‚markenbewußt', ‚bequem' oder ‚sportlich' kleiden. Des Weiteren gibt es signifikante Unterschiede bei Merkmalen des Lebensstiles und der präferierten Prominente bezüglich des Alters, des Bildungsabschlusses und des Einkommens (ausführlich Mühlichen 2007).

5 Methode

Bei der multiplen Korrespondenzanalyse (MCA) handelt es sich um eine explorative, multivariate Analysetechnik, welche insbesondere zur Beschreibung kategorialer Daten geeignet ist (vgl. Blasius 2001; Le Roux/Rouanet 2004; Blasius/Greenacre 2006; Greenacre 2007). Während bei der Hauptkomponenten- und bei der Faktorenanalyse die Zusammenhänge zwischen metrisch skalierten Variablen betrachtet werden, sind es bei der MCA die Zusammenhänge zwischen kategorial skalierten Variablen; aufgrund der Ähnlichkeiten beider Verfahren kann die MCA auch als Hauptkomponentenanalyse mit kategorialen Daten aufgefaßt werden. Während bei der Hauptkomponentenanalyse die grafische Darstellung nur relativ selten verwendet wird, ist sie bei der MCA der zentrale Bestandteil für die Interpretation. Anders als bei den meisten anderen multivariaten Verfahren gibt es bei der MCA keine Voraussetzungen an die Verteilung und das Skalierungsniveau der Daten; die Struktur der Zusammenhänge wird so abgebildet, wie sie vorhanden ist. Dies entspricht der Philosophie des Erfinders der Korrespondenzanalyse, Jean-Paul Benzécri: „The model should follow the data, not the inverse" (zitiert nach Blasius/Greenacre 2006: 6).

Um die Interaktionen zwischen allen einzelnen Ausprägungen der Merkmale berücksichtigen zu können, wurden die Kategorien der sechs Fragen zu den Lebensstilen und zu den Prominenten in Dummy-Variablen umkodiert, die re-

Der „soziale Raum" der Lebensstile und Prominenten

sultierenden 74 Variablen haben alle die Ausprägungen ‚genannt' und ‚nicht genannt' (insgesamt 48 Lebensstilausprägungen und 26 Prominente). Von diesen 74 Variablen werden sechs ausgeschlossen, da sie von weniger als 4% der Befragten genannt wurden; d.h., sie hatten weniger als 35 Nennungen und sind daher inhaltlich nicht bedeutsam.[3] Mit den verbleibenden 68 Variablen wird der „soziale Raum" aufgespannt (diese Merkmale sind „aktiv" gesetzt; d.h. durch sie erfolgt die geometrische Ausrichtung der Achsen im m-dimensionalen Raum; in dem gegebenen Beispiel mit $m=68$), dessen Achsen als Dimensionen zu interpretieren sind, z.B. als „ökonomisches Kapital" und „kulturelles Kapital".

In diesem „sozialen Raum" liegen einander ähnliche Eigenschaften, also Lebensstilmerkmale, die relativ oft gemeinsam von den Befragten angeben wurden, relativ nah beieinander, während einander unähnliche Merkmale, also Merkmale, die von unterschiedlichen Personen genannt wurden, relativ weit voneinander entfernt sind. Des Weiteren gilt, daß je näher ein Merkmal am Achsenkreuz liegt – jenes symbolisiert den Durchschnittswert aller Merkmale –, desto weniger trägt es zur Differenzierung der Lebensstile bei. Die Merkmale, die in der Nähe des Achsenkreuzes liegen, haben die Eigenschaft, bei den Befragten gleich beliebt bzw. gleich unbeliebt zu sein, es sind damit keine Distinktionsmerkmale, mit denen die Befragten unterschieden werden können.

In den „sozialen Raum" können mit Hilfe von „passiven" (Bourdieu spricht in seinen Publikationen von „illustrierenden") Variablen(ausprägungen) zusätzliche Informationen in den bestehenden Raum projiziert werden, ohne daß die geometrische Ausrichtung der Achsen oder die Positionen der „aktiven" Merkmale beeinflußt werden. „Passive" Variablen(ausprägungen) beeinflussen nicht die Struktur des „sozialen Raums", sie können aber gemeinsam mit den „aktiven" Variablen(ausprägungen) interpretiert werden. In Analogie zu Bourdieu (1982) setzen auch wir die sozio-demographischen Merkmale der Befragten „passiv", u.a. ‚Alter', ‚Bildung' und ‚Einkommen' (jeweils in Gruppen zusammengefaßt), um mit ihrer Hilfe die zuvor gegebene Interpretation der Achsen auf der Basis der Lebensstilmerkmale zu verifizieren. Würden insbesondere ‚Bildung' und ‚Einkommen' als „aktive" Merkmale zur Determination des „sozialen Raums" verwendet, so wäre die Interpretation der Achsen als „ökonomisches" und „kulturelles Kapital" ggf. auch auf diese Merkmale zurückzuführen. Des weiteren werden die Serien des Abendprogramms „passiv" gesetzt, da sie nicht als Lebensstilmerkmale zur Konstruktion des „sozialen Raums" verwendet werden sollen, sondern zur Segmentierung des Fernsehpublikums im „sozialen Raum" – ebenso wird mit den Erfrischungsgetränken verfahren.

---

[3] Dies sind: Ort des Möbelkaufs ‚Versteigerung', Eigenschaft der Wohnungseinrichtung ‚nüchtern/diskret', Art der Speisen ‚Lade ins Restaurant ein', Eigenschaft der Kleidung ‚selbst geschneidert', männliche deutschsprachige Prominente ‚Heino' und ‚Karl Moik'.

6 Konstruktion und Interpretation des „sozialen Raums"

Im ersten Schritt der Analyse wird ausschließlich die Verteilung der 68 „aktiven" Variablen im „sozialen Raum" betrachtet (Abb. 1). Dabei werden für die grafische Darstellung nur die Angaben für ‚genannt' verwendet, da die korrespondierenden Angaben für ‚nicht genannt' perfekt mit diesen korrelieren; die entsprechenden dichotomen Merkmale liegen auf einer Achse, die von ‚genannt' durch das Achsenkreuz zu ‚nicht genannt' verläuft (vgl. Blasius 2001).

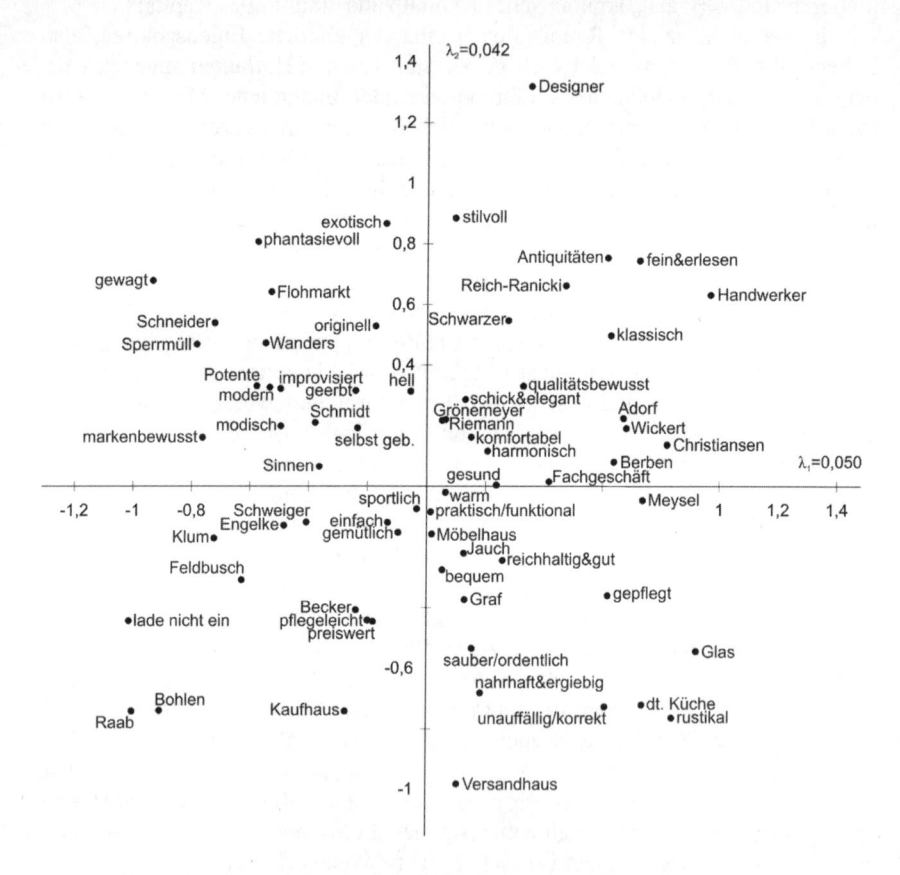

Abb. 1: Der „soziale Raum" der Lebensstile und Prominenten

Die erste Dimension[4] – die horizontale Achse – wird auf der Ebene der vier Lebensstilvariablen im positiven Bereich vor allem durch die Merkmale Möbelkauf beim ‚Handwerker', eine ‚rustikale' bzw. ‚gepflegte' Einrichtung, ‚klassische' Kleidung und ‚feine und erlesene' und ‚gute deutsche' Speisen determiniert. Dies wird ersichtlich, wenn die entsprechenden Merkmale orthogonal auf die Achse projiziert werden; die genannten Merkmale liegen am Weitesten entfernt vom Schwerpunkt der Darstellung (symbolisiert durch das Achsenkreuz).[5] Im oberen, ersten Quadranten liegen dabei die Merkmale ‚fein und erlesen', ‚Handwerker' und ‚klassisch' nahe beieinander (vgl. deren Distanzen zueinander), sie wurden überdurchschnittlich oft von den Befragten gemeinsam angegeben und gehören deshalb zum gleichen Lebensstil; z.B. servieren Personen, die ihre Möbel relativ oft beim Handwerker kaufen ihren Gästen überdurchschnittlich oft ‚feine und erlesene' Speisen. Im unteren, zweiten Quadranten wurden die ‚gute deutsche Küche', ‚rustikale' Wohnungseinrichtung und ‚unauffällige und korrekte' Kleidung gemeinsam genannt – hier zeichnet sich ein anderer Lebensstil ab. Auf der Ebene der Prominenten wird der positive Abschnitt der ersten Dimension vor allem durch Uschi Glas, Sabine Christiansen, Inge Meysel, Ulrich Wickert, Mario Adorf und Iris Berben determiniert.

Auf der anderen Seite dieser Dimension – im negativen Bereich der horizontalen Achse – liegen u.a. die Lebensstilmerkmale ‚lade niemanden zum Essen ein' (in der Abbildung, ‚lade nicht ein'), ‚gewagte' und ‚markenbewußte' Kleidung sowie Möbel vom ‚Sperrmüll' und eine ‚moderne' Wohnungseinrichtung. Da diese Lebensstilmerkmale relativ weit von den zuvor genannten entfernt liegen, werden nur relativ wenige Befragte, die die deutsche Küche bevorzugen, sich ‚gewagt' kleiden bzw. sich ihre Möbel beim Sperrmüll besorgen. Bei den Prominenten bestehen hier die stärksten Präferenzen für Stefan Raab, Dieter Bohlen, Heidi Klum, Helge Schneider, Verona Feldbusch (bzw. heute Verona Pooth) und Franka Potente.

Auf der Basis der Zuordnungen von Lebensstilausprägungen zu den beiden Achsenabschnitten kann die erste Dimension als „ökonomisches Kapital" interpretiert werden. Einen ‚Handwerker' zu beauftragen bzw. seinen Gästen ‚feine und erlesene' Speisen zu servieren setzt ein relativ hohes ökonomisches Kapital voraus – und auch die ‚klassische' Kleidung kann da gut eingeordnet werden,

---

[4] Da die Berechnung der erklärten Varianz für die einzelnen Dimensionen auf unterschiedliche Weise erfolgen kann (vgl. Blasius 2001; Greenacre 2007), wurden lediglich die Eigenwerte in den grafischen Darstellungen angegeben. Auf die grafische Darstellung haben die unterschiedlichen Berechnungen keinen inhaltlich interpretierbaren Einfluß, es ändert sich lediglich die Skalierung der Achsen.
[5] Die Wichtigkeit der Merkmale für die geometrische Ausrichtung der Achsen kann aus der Physik abgeleitet werden: Das Trägheitsgewicht einer Merkmalsausprägung auf einer Achse ergibt sich aus dem Quadrat seiner Entfernung zum Schwerpunkt, multipliziert mit seiner Masse (diese ist gleich seinem prozentualen Anteil an allen Merkmalen, vgl. Blasius 2001; Le Roux/Rouanet 2004; Greenacre 2007).

ebenso wie eine ‚rustikale' Wohnungseinrichtung schon alleine durch den Verbau von Massivholz entsprechende finanzielle Voraussetzungen hat. Dem gegenüber kann die Aussage ‚ich lade niemanden zum Essen ein' auch als ein Mangel an ökonomischen Ressourcen angesehen werden, ähnliches gilt für das Tragen von ‚gewagter' Kleidung (was immer auch im Einzelnen als gewagte Kleidung angesehen wurde) und der Erwerb von Möbeln auf dem ‚Sperrmüll'. ‚Moderne' und ‚markenbewußte' Kleidung mag an dieser Stelle verwirren, aber es sind sehr häufig Jugendliche (mit einem ansonsten geringen ökonomischen Kapital; sie kaufen vermutlich keine Möbel beim Handwerker oder Antiquitätenhändler und servieren ihren Gästen auch nur sehr selten ‚feine und erlesene' Speisen), die sehr viel Wert auf die ‚richtige Kleidung' (z.B. Schuhe von Nike) legen, die diese ‚Label' überdurchschnittlich oft wählten.

Werden die Prominenten zur Interpretation herangezogen, so stehen die ‚Seriösen' und größtenteils älteren (u.a. Ulrich Wickert, Sabine Christiansen und Mario Adorf) auf der Seite des hohen ökonomischen Kapitals, die eher aus dem Unterhaltungsbereich bekannten und eher jüngeren Prominenten (u.a. Stefan Raab, Verona Feldbusch, Franka Potente) auf der Seite des geringen ökonomischen Kapitals. Werden die 872 Befragten in diesem Raum berücksichtigt (ihre Lokalisationen sind nicht in den Abbildungen wiedergegeben), so gilt, daß je weiter links eine Person lokalisiert ist, desto geringer ist ihr ökonomisches Kapital.

Die zweite Dimension – die vertikale Achse – ist im negativen Bereich insbesondere durch den Kauf der Möbel im ‚Versandhaus' und ‚Kaufhaus', der Bevorzugung einer ‚sauberen und ordentlichen' bzw. ‚pflegeleichten' Wohnungseinrichtung, dem Servieren von ‚nahrhaften und ergiebigen' Speisen sowie durch ‚unauffällige und korrekte' und ‚preiswerte' Kleidung gekennzeichnet; dies sind alles Charakteristika eines relativ niedrigen kulturellen Kapitals. Von den Prominenten wurden, mit diesen Lebensstilmerkmalen korrespondierend, Uschi Glas, Stefan Raab, Dieter Bohlen, Steffi Graf und Boris Becker favorisiert. Mit Stefan Raab und Dieter Bohlen sind die Bereiche Comedy und Unterhaltung vertreten, mit Boris Becker und Steffi Graf der Sport; Uschi Glas kann durch ihre Filme weitestgehend der leichten Unterhaltung zugeordnet werden.

Dem gegenüber, im positiven Bereich der zweiten Achse, liegen mit ‚Designer' als Quelle des Möbelerwerbs, ‚exotischen', ‚feinen und erlesenen' und ‚originellen' Speisen, einer ‚stilvollen' und ‚phantasievollen' Wohnungseinrichtung, Möbeln vom ‚Antiquitätenhändler', ‚Flohmarkt' und ‚Handwerker' sowie ‚gewagter' Kleidung Merkmale eines relativ hohen kulturellen Kapitals. Es sei an dieser Stelle nochmals angemerkt, daß es sich bei dieser Zuordnung von Lebensstilmerkmalen um eine Selbstetikettierung handelt; die Befragten sind vermutlich eher stolz darauf, daß sie ihre Wohnungseinrichtungsgegenstände auf dem Flohmarkt oder auf dem Sperrmüll gefunden haben als daß es ihnen peinlich wäre (im letzteren Fall hätten sie das entsprechende „Label" wahrscheinlich nicht gewählt). Auf der Ebene der Prominenten korrespondieren die Angaben sehr plausibel mit den Präferenzen für Marcel Reich-Ranicki, Alice Schwarzer, Helge Schneider, Lilo Wanders und Franka Potente: Helge Schneider kann dem Bereich der anspruchsvollen Satire zugeordnet werden, Franka Potente ist in erster Linie Charakterdarstellerin, Alice Schwarzer vertritt als Frauenrechtlerin und Intellektuelle seit vielen Jahren in öffentlichen Diskussionen die Anliegen der Frauen und Marcel Reich-Ranicki ist ein angesehener Literaturkritiker. Aufgrund dieser Zuordnungen kann diese Achse als „kulturelles Kapital" bezeichnet werden. Analog zur ersten Dimension gilt hier für die Befragten, daß je weiter unten eine Person lokalisiert ist, desto niedriger ist ihr kulturelles Kapital.

Wird die Verteilung der Prominenten im „sozialen Raum" betrachtet, so streuen diese genauso wie die anderen Lebensstilmerkmale, d.h. sie sind als Distinktionsmerkmale ähnlich gut geeignet. Die Prominenten und die Lebensstilmerkmale, die in der Nähe des Achsenkreuzes lokalisiert sind, repräsentieren Durchschnittswerte, sie können keiner der beiden Kapitalsorten zugeordnet werden. Dies trifft insbesondere für Günther Jauch, Herbert Grönemeyer und Katja Riemann zu. Von den Lebensstilmerkmalen sind in der Nähe des Achsenkreuzes u.a. ‚sportliche' und ‚bequeme' Kleidung, die ‚komfortable', ‚harmonische', ‚gemütliche', ‚warme' und ‚praktische und funktionale' Wohnungseinrichtung, Möbel vom ‚Möbelhaus' und ‚selbst gebaute' Möbel sowie ‚gesunde' und ‚einfache, aber hübsch angerichtete' Speisen (‚einfach') zu finden.

6.1 „Kapitalvolumen" und „Kapitalzusammensetzung"

Der Zusammenhang zwischen den von uns als „ökonomisches Kapital" und „kulturelles Kapital" bezeichneten Achsen mit den von Bourdieu (1982) meistens verwendeten Begriffen „Kapitalvolumen" und „Zusammensetzung von kulturellem und ökonomischem Kapital" wird deutlich, wenn zu den beiden Achsen Winkelhalbierende gelegt werden (Abb. 2).[6] Die (neue) Dimension „Kapitalvolumen" verläuft vom linken unteren Quadranten (niedriges Kapitalvolumen: geringes kulturelles und geringes ökonomisches Kapital) zum rechten oberen (hohes Kapitalvolumen: hohes kulturelles und hohes ökonomisches Kapital). Bezogen auf die „Kapitalzusammensetzung" ist der linke obere Quadrant durch ein relativ niedriges ökonomisches und ein relativ hohes kulturelles Kapital gekenn-

---

[6] Die in Abb. 1 in unmittelbarer Nähe des Achsenkreuzes lokalisierten Lebensstilmerkmale und Prominenten werden aus Gründen der besseren Lesbarkeit nicht in den Abb. 2, 3 und 4 wiedergegeben, sie bleiben aber weiterhin Bestandteil der Berechnungen.

zeichnet, beim rechten unteren Quadranten sind es ein hohes ökonomisches und ein niedriges kulturelles Kapital (Abb. 2).

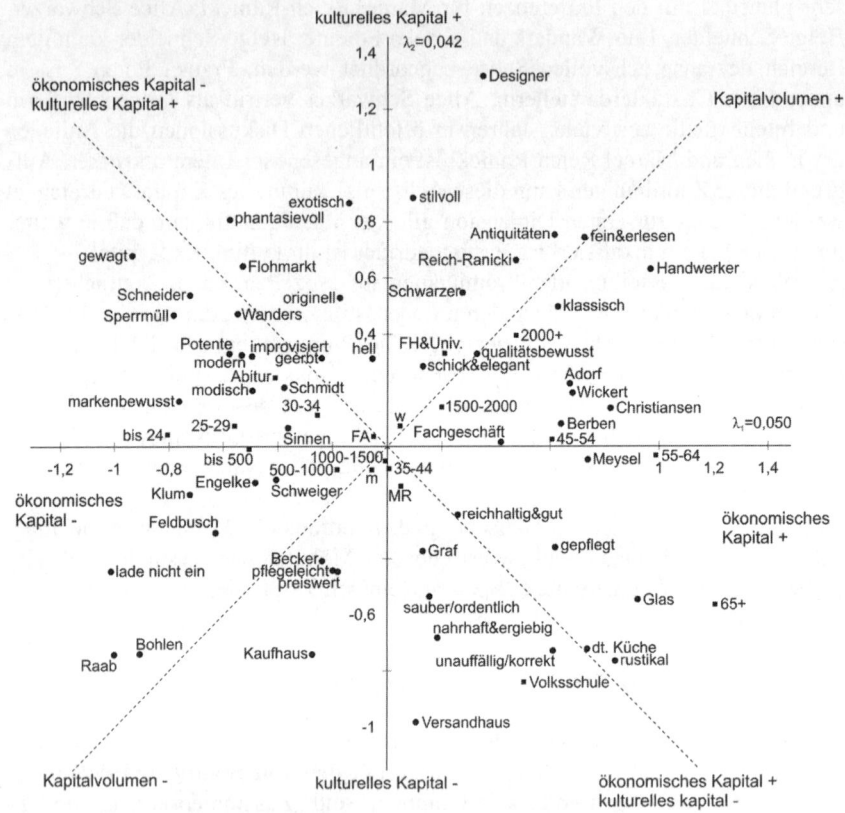

Abb. 2: Der „soziale Raum" der Lebensstile und Prominenten, mit höchstem Bildungsabschluß, Äquivalenzeinkommen, Alter und Geschlecht als passive Variablen

Der Möbelkauf beim ‚Designer', ‚Antiquitätenhändler' und ‚Handwerker', ‚feine und erlesene' Speisen, ‚klassische' Kleidung, eine ‚stilvolle' Wohnungseinrichtung sowie eine Präferenz für Marcel Reich-Ranicki, Mario Adorf, Ulrich Wickert, Sabine Christiansen und Alice Schwarzer sind Merkmale eines hohen Kapitalvolumens. Dem gegenüber sind ‚keine Einladung zum Essen', der Möbelkauf im ‚Kaufhaus' bzw. im ‚Versandhaus', eine ‚pflegeleichte' und ‚preiswerte' Wohnungseinrichtung ebenso wie die Präferenz für Dieter Bohlen und Stefan

Raab – und mit Abstrichen für Verona Feldbusch, Heidi Klum und Boris Becker – Charakteristika für ein geringes Kapitalvolumen. Merkmale eines relativ hohen ökonomischen aber relativ niedrigen kulturellen Kapitals sind eine ‚rustikale', ‚saubere und ordentliche' bzw. ‚gepflegte' Wohnungseinrichtung, ‚gute deutsche Küche' bzw. ‚nahrhafte und ergiebige' Speisen, ‚unauffällige und korrekte' Kleidung sowie Möbel vom ‚Versandhaus' – von den Prominenten kann diese Kapitalzusammensetzung besonders Uschi Glas zugeordnet werden. Indikatoren eines relativ hohen kulturellen und geringen ökonomischen Kapitals sind ‚gewagte' Kleidung, eine ‚phantasievolle' Wohnungseinrichtung, Möbel vom ‚Flohmarkt' bzw. vom ‚Sperrmüll' und ‚exotische' Speisen. Für diese Kapitalzusammensetzung stehen vor allem die Prominenten Helge Schneider, Lilo Wanders und Franka Potente.

6.2 Die Validierung der Interpretation der Achsen des „sozialen Raums"

Die gegebenen Interpretationen der Achsen können validiert werden, wenn zusätzlich soziodemographische Merkmale als „passive" Variablen in den gegebenen „sozialen Raum" (Abb. 2) projiziert werden. Kann die Reihenfolge der Ausprägungen des ‚Äquivalenzeinkommens' (in den Gruppen ‚unter € 500', ‚€ 500 bis unter € 1.000', ‚€ 1.000 bis unter € 1.500', ‚€ 1.500 bis unter € 2.000', ‚€ 2.000+') und ‚Bildung'[7] (‚Volksschule', ‚mittlere Reife', ‚Fachabitur', ‚Abitur', ‚Fachhochschule und Universität') auf den Achsen des ökonomischen bzw. des kulturellen Kapitals widergespiegelt werden (je höher die Bildung, desto höher das kulturelle Kapital und je höher das Äquivalenzeinkommen, desto höher das ökonomische Kapital), so ist dies eine Bestätigung der bisherigen Interpretation. Des Weiteren wurden die Ausprägungen von ‚Alter' und ‚Geschlecht' in den „sozialen Raum" projiziert, um zu beschreiben, wie diese Merkmale mit den Lebensstilen assoziiert sind.

Werden die Ausprägungen des ‚Äquivalenzeinkommens' orthogonal auf die erste Dimension (ökonomisches Kapital) projiziert, so bleibt die ordinale Ordnung der Kategorien erhalten; im negativen Bereich sind die niedrigen Äquivalenzeinkommen lokalisiert, im positiven Bereich die hohen. Werden die fünf Ausprägungen von ‚Bildung' auf die vertikale Achse (kulturelles Kapital) projiziert, dann laden auf dem positiven Achsenabschnitt mit ‚Fachhochschule und Universität' und ‚Abitur' erwartungsgemäß die hohen Abschlüsse, auf dem negativen Abschnitt die niedrigeren – die formale Bildung nimmt vom positiven zum negativen Achsenabschnitt sukzessiv ab. Daß die Ordinalität von ‚Äquiva-

---

[7] Die Kategorien ‚noch Schüler' und ‚ohne Abschluß' wurden aufgrund der geringen Fallzahl nicht berücksichtigt.

lenzeinkommen' und ‚Bildung' auf den jeweiligen Achsen erhalten bleibt, ist ein weiterer Indikator für die Richtigkeit der Interpretation der Dimensionen als „ökonomisches Kapital" und „kulturelles Kapital" – und damit auch der Dimensionen „Kapitalvolumen" und „Zusammensetzung von kulturellem und ökonomischem Kapital".

Werden die ebenfalls im „sozialen Raum" visualisierten Altersgruppen durch eine gedachte Linie verbunden, so verläuft die ordinale Ordnung der Kategorien entlang der Dimension „Zusammensetzung von kulturellem und ökonomischem Kapital". Dabei gilt: Je höher das Alter, desto höher ist das ökonomische und desto niedriger ist das kulturelle Kapital der Befragten. Männer und Frauen sind im „sozialen Raum" nicht zu unterscheiden; die beiden Ausprägungen liegen in unmittelbarer Nähe des Achsenkreuzes.

6.3 Lebensstilgruppen und Publikumssegmente im „sozialen Raum"

In den letzten beiden Abschnitten wurden die Ergebnisse der multiplen Korrespondenzanalyse genutzt, um die Struktur des „sozialen Raumes" und die Ähnlichkeit von Lebensstilmerkmalen und den präferierten Prominenten zu beschreiben. Des Weiteren wurden die Achsen als Dimensionen der Bourdieuschen Kapitalformen interpretiert und validiert. Dabei wurde bereits gezeigt, daß einzelne Lebensstile durch einander ähnliche, also räumlich nahe beieinander liegende Merkmale identifiziert und beschrieben werden können. Je näher die einzelnen Merkmale dabei in der Nähe des Achsenkreuzes liegen und damit Durchschnittswerte repräsentieren, desto weniger können sie für die Differenzierung von Bevölkerungsgruppen verwendet werden.

Zusätzlich zu den Lebensstilmerkmalen und den Prominenten wurden die Präferenzen (auch hier waren maximal drei Nennungen möglich) zu den 13 zum Erhebungszeitpunkt am häufigsten gesehenen Serien aus dem Abendprogramm als „passive" Merkmale in den „sozialen Raum" projiziert um zu beschreiben, inwiefern mit Hilfe des „sozialen Raumes" der Lebensstile und Prominenten die identifizierten Lebensstilgruppen gleichzeitig auch als Publikumssegmente aufgefaßt werden können (Abb. 3). Die Serien aus dem Abendprogramm sind: ‚Derrick' (von 18,6% der Befragten angegeben), ‚Mord ist ihr Hobby' (7,2%), ‚Kommissar Rex' (10,8%), ‚Columbo' (18,8%), ‚Der Bulle von Tölz' (14,9%), ‚Balko' (5,8%), ‚emergency room – Die Notaufnahme' (13,4%), ‚Star Trek – Raumschiff Voyager' (13,4%), ‚Buffy – Im Bann der Dämonen' (8,4%), ‚Akte X – Die unheimlichen Fälle des FBI' (18,9%), ‚Alarm für Cobra 11 – Die Autobahnpolizei' (6,7%), ‚Ally McBeal' (23,1%) und ‚Ein Herz und eine Seele' (18,1%).

Der „soziale Raum" der Lebensstile und Prominenten 131

Schließlich wurden, um einen Bezug zu Konsumgütern herzustellen, Erfrischungsgetränke in den Raum projiziert (Abb. 4); dies sind: ‚Coca-Cola' (von 40,3% der Befragten genannt), ‚Coca-Cola light' (16,2%), ‚Fanta' (14,1%), ‚Pepsi' (5,2%), ‚Pepsi light' (5,5%), ‚Schweppes' (22,0%), ‚Red Bull' (9,7%), ‚mezzo mix' (11,0%), ‚Sprite' (13,6%), ‚Bluna'(4,5%) und ‚isostar' (5,7%).[8]

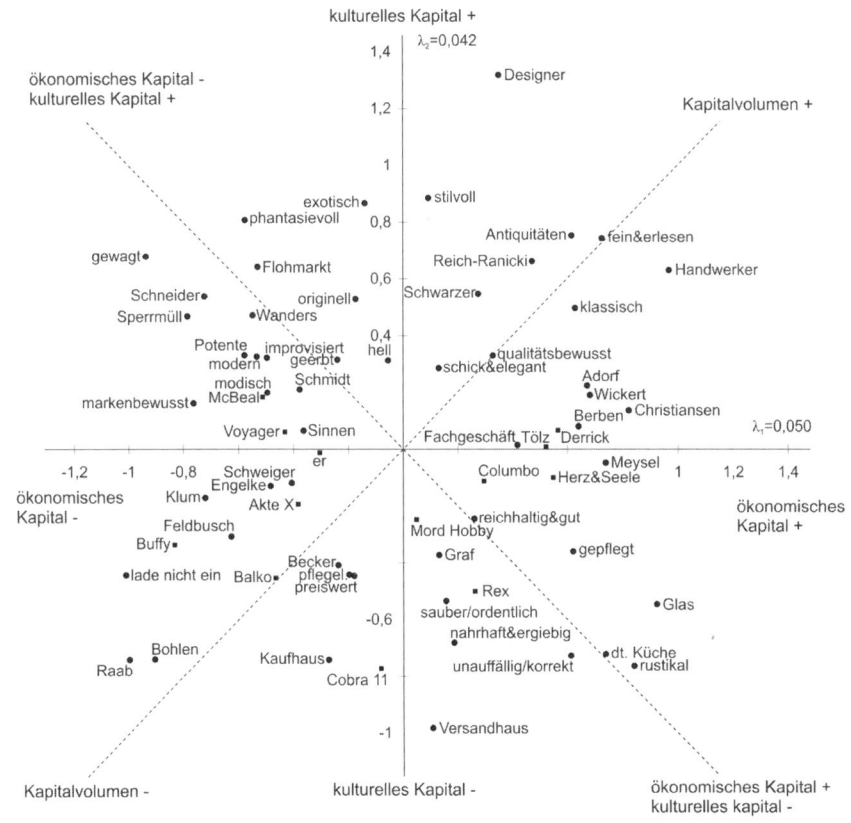

Abb. 3: Der „soziale Raum" mit Serien aus dem Abendprogramm als „passive" Variablen

---

[8] Die ebenfalls erhobenen Getränkemarken ‚Mirinda' und ‚Sinalco' wurden nur von 3,2% respektive 2,6% der Befragten genannt und deshalb in der Darstellung nicht berücksichtigt.

Abb. 4: Der „soziale Raum" mit Erfrischungsgetränken als „passive" Variablen

Der erste Lebensstil im unteren linken Quadranten formiert sich vor allem um die Präferenz zu den Prominenten Dieter Bohlen und Stefan Raab und um das Merkmal, daß überdurchschnittlich oft ‚keine Einladungen zum Essen' ausgesprochen werden. Des Weiteren können noch die Präferenzen für Verona Feldbusch und Heidi Klum zu diesem Segment zugeordnet werden, mit Abstrichen (da diese Merkmale mehr in der Nähe des Achsenkreuzes liegen und damit den „Durchschnittsbefragten" repräsentieren) gehören auch noch Anke Engelke und Til Schweiger dazu. In Bezug auf das Kapitalvolumen zeichnet sich dieser Bereich durch einen unterdurchschnittlichen aus, wobei insbesondere das ökonomische Kapital gering ist. Auf der Ebene der Serien kann hier zum einen ‚Balko', eine Krimiserie, die Action- und Komikelemente enthält, zugeordnet werden. Da diese Verbindung von Action und Komik zumindest tendenziell auch für Til Schweiger sowie für den Entertainer Stefan Raab gilt, kristallisiert sich diese Vorliebe als weiteres Kennzeichen für ein geringes Kapitalvolumen heraus. In räumlicher Nähe zu Verona Feldbusch und Heidi Klum läßt sich diesem Stilsegment außerdem die Serie ‚Buffy' zuordnen, deren Hauptdarstellerin mit Werbung für ein Kosmetiklabel in Verbindung gebracht werden kann, so daß hier anscheinend Jugend und physische Attraktivität als Merkmal zentral sind. Bei den Erfrischungsgetränken ist ‚Pepsi' am beliebtesten, aber auch ‚Red Bull' und ‚Fanta' werden überdurchschnittlich oft konsumiert (vgl. Abb. 4).

Vornehmlich mit Merkmalen im oberen linken Quadranten kann der zweite Lebensstil beschrieben werden. Typisch sind die Präferenzen für die Prominenten Helge Schneider, Lilo Wanders und Franka Potente sowie für die Lebensstilmerkmale Möbel vom ‚Flohmarkt' und vom ‚Sperrmüll', eine ‚phantasievolle' Wohnungseinrichtung, ‚gewagte', tendenziell auch ‚markenbewußte' Kleidung sowie ‚exotische', ‚improvisierte' und ‚originelle' Speisen. Die Befragten in diesem Quadranten sind relativ jung und haben relativ oft Abitur als höchsten Bildungsabschluß (vgl. Abb. 2), sie verfügen über ein relativ hohes kulturelles, aber nur über ein relativ geringes ökonomisches Kapital; bei verhältnismäßig vielen dürfte es sich um Studierende handeln. Dieser Lebensstil kann durch den Hang zu einer expressiven und zum Teil etwas extravaganten Selbstdarstellung beschrieben werden, worauf einerseits die Kombination der Lebensstilmerkmale hindeutet und was andererseits durch die Wahl der Prominenten widergespiegelt wird, die zu diesem gehören: Der Transvestit Lilo Wanders ebenso wie der fast immer eher in ‚Verkleidung' als in ‚Kleidung' auftretende Helge Schneider stützen hier die Interpretation. Ähnliches gilt auch für Franka Potente, die in dem Film ‚Lola rennt' in der Titelrolle einer Berliner Punkerin mit roten Haaren zu sehen ist.

Von den Abendserien läßt sich die Yuppie-Anwaltsserie ‚Ally McBeal' hier zuordnen. Die Ausstattungsmerkmale der Serie und insbesondere die Auftritte der Hauptdarstellerin korrespondieren mit der Nähe zu ‚gewagter' Kleidung und ‚originellen' und ‚improvisierten' Speisen. Von den Erfrischungsgetränken gehört ‚Bluna' zu diesem Lebensstil, deren zumindest zum Befragungszeitpunkt leicht entrückte Werbung durchaus expressive Elemente enthielt, die einem ‚gewagten', ‚phantasievollen' Lebensstil nahe kommen.

Im rechten oberen Quadranten können zwei Lebensstile identifiziert werden, die aufgrund gemeinsamer Komponenten nur relativ schwer voneinander zu unterscheiden sind. Beide zeichnen sich durch ein hohes Kapitalvolumen aus, einer formiert sich dabei eher um die Präferenz zu Marcel Reich-Ranicki und Alice Schwarzer sowie um den Möbelkauf beim ‚Designer' und ‚Antiquitätenhändler' sowie eine ‚stilvolle' Wohnungseinrichtung. ‚Feine und erlesene' Speisen, ‚qualitätsbewußte' und ‚schicke und elegante' Kleidung liegen auf der Grenze zwischen diesem Stil und dem zweiten in diesem Quadranten, dessen Angehörige die Prominenten Mario Adorf, Ulrich Wickert, Sabine Christiansen, Iris Berben und Inge Meysel präferieren und die ihre Möbel insbesondere beim ‚Handwerker' und im ‚Fachgeschäft' kaufen und die ‚klassische' Kleidung bevorzugen. Das erste der beiden Lebensstilsegmente zeichnet sich bei hohem Kapitalvolumen insbesondere durch ein hohes kulturelles Kapital aus. Dieser Stil kann als „Hochkultursegment" interpretiert werden, welcher zum einen durch eine überdurchschnittlich hohe Anzahl an Universitätsabschlüssen (vgl. Abb. 2) und zum anderen durch die Lebensstilmerkmale Möbelkauf beim ‚Designer' und ‚stilvolle' Wohnungseinrichtung charakterisiert ist. Alice Schwarzer als Verlegerin, Feministin und Journalistin wäre in diesem Kontext vor allem über das Image einer intellektuellen Elite zu verstehen, ebenso wie Marcel Reich-Ranicki über die Repräsentation von Literatur und Kultur interpretiert werden kann. Unter den angebotenen Serien gibt es keine, die für dieses Publikum typisch ist. Hier kann nur gesagt werden, was es am wenigsten sieht – Balko und Alarm für Cobra 11; diese Serien sind am weitesten von diesem Stil entfernt.

Der zweite Lebensstil in dem oberen rechten Quadranten zeichnet sich auch über ein hohes Kapitalvolumen aus, wobei hier das ökonomische Kapital das dominierende ist. Ähnlich wie bei dem vorangegangenen Lebensstil wird hier über die Merkmale Möbelkauf beim ‚Handwerker' bzw. ‚Fachgeschäft' und ‚klassische' Kleidung eine gewisse Vorliebe für die Hochkultur vor deutlich. Zu diesem Lebensstil gehören relativ viele ältere Befragte, vor allem 45- bis 64-jährige (vgl. Abb. 2). Die Präferenz zu den Prominenten dieses Lebensstils könnte zum einen mit deren Alter zusammenhängen: Bis auf Sabine Christiansen sind alle Prominenten in diesem Lebensstil über 50 Jahre alt. Zum anderen werden hier die beiden einzigen direkt mit dem Nachrichten- oder Informationssektor in Verbindung zu bringenden Prominenten bevorzugt, namentlich Sabine Christiansen und Ulrich Wickert. Fast alle actionarmen und sachlich konstruierten Krimiserien (‚Derrick', ‚Der Bulle von Tölz', ‚Columbo') liegen im oder in der Nähe dieses Stils, ebenso die Serie ‚Ein Herz und eine Seele'. Die Mitglieder beider Lebensstilsegmente im oberen rechten Quadranten haben ein gemeinsames Erfrischungsgetränk, das sie präferieren: ‚Schweppes'.

Der fünfte und letzte Lebensstil ist räumlich im unteren rechten Quadranten zu verorten; Uschi Glas ist die beliebteste Prominente, tendenziell gehört auch noch Steffi Graf zu diesem Segment. Des Weiteren gehören die Merkmale ‚rustikale', ‚saubere und ordentliche' und ‚gepflegte' Wohnungseinrichtung, ‚gute deutsche Küche' sowie ‚unauffällige und korrekte' Kleidung dazu. Mit diesem Lebensstil sind insbesondere die Angehörigen der Altersgruppe der ab 65-jährigen sowie die Befragten mit Volksschulabschluß assoziiert (vgl. Abb. 2). Die Kapitalzusammensetzung dieses Lebensstils ist gekennzeichnet durch ein relativ geringes kulturelles und ein relativ hohes ökonomisches Kapital. Die als konservativ geltende Uschi Glas harmoniert inhaltlich mit den ihr zugeordneten Lebensstilmerkmalen: Ihre private und auch in ihren Filmrollen immer wieder betonte Nähe zu Bayern wird insbesondere durch die ‚rustikale' Wohnungseinrichtung und die ‚gute deutsche Küche' widergespiegelt. Diese Präferenzen korrespondieren mit der Vorliebe für die Krimiserie ‚Kommissar Rex', bei der schon im Titel dem als ‚typisch deutsch' geltenden Schäferhund ‚Rex' die Hauptrolle zugeschrieben wird.[9] Von den erhobenen Erfrischungsgetränken wird hier keines bevorzugt – auch hier kann die Charakterisierung eher darüber vorgenommen werden, was am seltensten präferiert wird, nämlich ‚Bluna'.

7 Fazit und Ausblick

Im Rahmen der hier vorliegenden Arbeit wurde eine Mediennutzer-Typologie vorgestellt, in die wesentlich mehr Elemente eingebunden wurden als in vergleichbaren Studien. Zu erwähnen sind insbesondere der Einbezug von Prominenten als Lebensstilmerkmale und die Verwendung einzelner Sendungen zur Publikumssegmentierung anstelle relativ heterogener Genres.

Die Zuordnung der Serien aus dem Abendprogramm zu den Lebensstilen ergibt ein konsistentes Bild. Relativ klare Muster sind z.B. die Bevorzugung von Action im ersten und zweiten Publikumssegment, mit effektgewaltiger Action im ersten und „intelligenter" oder mit Komik kombinierter im zweiten. Für das dritte Segment sind Serien offenbar nicht wichtig, was angesichts des Hochkultur- und Anspruchscharakters dieses Lebensstils nicht sonderlich überrascht. Der vierte Lebensstil zeichnet sich klar durch die Präferenz zum sachlichen Krimi aus, während die Krimiserie mit dem Schäferhund ‚Rex' insbesondere im fünften beliebt ist.

Zusätzlich zu der Segmentierung des Publikums können die Ähnlichkeiten und die Gegensätze der Segmente beschrieben werden. So gibt es sehr starke Gegensätze zwischen den Anhängern des ‚deutschen Krimis' (Lebensstil 4) und eines ‚deutschen Lebensstils' (Lebensstil 5) und den Anhängern eines ‚phantasievoll', ‚gewagten' Lebensstils, deren Mitglieder eine Vorliebe für Ally McBeal haben (Lebensstil 2). Des Weiteren passen Stefan Raab und Dieter Bohlen keinesfalls mit einem Lebensstil zusammen, der durch ‚feine und erlesene' Speisen bzw. durch den Möbelkauf beim ‚Designer' gekennzeichnet ist.

---

[9] Auch wenn die Serie in Wien angesiedelt ist, so handelt es sich um eine deutsch-österreichische Koproduktion, die in einem deutschsprachigen Land spielt.

Wurde in der Literatur bislang lediglich unterstellt, daß Prominente und Publikum oder Prominente und Publikumssegmente miteinander verbunden sind, so konnten wir empirisch zeigen, daß diese Verbindung existiert und wie sie aussieht. Im Rahmen der Theorie von Bourdieu (1982) wurden in der hier vorliegenden Studie mehrere Annahmen gemacht: Erstens, daß Prominente als Lebensstilindikatoren in einem „sozialen Raum" in Bezug auf ökonomisches und kulturelles Kapital differenzieren. Zweitens, daß in diesem „sozialen Raum" identifizierbare Lebensstile auch als Publikumssegmente interpretiert werden können und daß damit die Theorie von Bourdieu auch zur Publikumssegmentierung geeignet ist. Drittens, daß die Relation zwischen Prominenten und Publikumssegmenten durch ähnliche Eigenschaften in Form von Übereinstimmungen zwischen den Lebensstilmerkmalen und dem jeweiligen Image der Prominenten gekennzeichnet ist. Viertens, daß den einzelnen Lebensstilen auch Produkte zugeordnet werden können.

Die erste Annahme konnte bestätigt werden. Die von den Befragten bevorzugten Prominenten differenzieren im „sozialen Raum" ebenso gut wie die schon von Bourdieu (1982) eingeführten Lebensstilvariablen ‚Quellen des Möbelerwerbs', ‚Eigenschaften der Wohnungseinrichtung', ‚Arten der Speisen bei der Bewirtung von Gästen' und ‚Art der Kleidung'. Obwohl die für diese Studie ausgewählten Prominenten primär dem Kultur- und Unterhaltungsbereich zuzuordnen sind und daher vermutet werden könnte, daß sie nahezu ausschließlich auf der Ebene des kulturellen Kapitals differenzieren, haben sie eine „ökonomische" Komponente; diese ist sogar ähnlich stark ausgeprägt wie die „kulturelle" (vgl. die Distanzen zwischen den Prominenten auf den beiden Achsen).

Auch die zweite Annahme konnte bestätigt werden. Auf der Basis unserer Daten wurden fünf Lebensstilsegmente im „sozialen Raum" identifiziert, die sich nicht nur in Bezug auf Lebensstilmerkmale und bevorzugte Prominente unterscheiden, sondern auch durch verschiedene Vorlieben zu Serien im Abendprogramm. Ebenfalls konnte die dritte Annahme zur Assoziation von Lebensstilmerkmalen und Prominentenprofilen bestätigt werden: In allen Lebensstilen werden jene Prominenten bevorzugt, die über die Eigenschaften ihres Images den damit korrespondierenden Lebensstilmerkmalen am ähnlichsten sind.

Bezogen auf die Produkte wurde gezeigt, daß insbesondere ‚Pepsi', ‚Red Bull' und ‚Fanta' mit einem niedrigen Kapitalvolumen verbunden werden können – geeignete Testimonials wären Stefan Raab und Dieter Bohlen, geeignete Sendeformate insbesondere Buffy und Alarm für Cobra 11. Des Weiteren sind die Konsumenten dieser drei Getränke relativ jung und haben überdurchschnittlich oft nur einen niedrigen Schulabschluß (Abb. 2); dem „Hochkultursegment" kann mit ‚Schweppes' ein für sie typisches Getränk zugeordnet werden.

Die hier vorgestellte Mediennutzer-Typologie sowie auch die weiteren Ergebnisse dieser Untersuchung können u.a. im Bereich der Werbung verwendet werden. Wird davon ausgegangen, daß als Werbeträger jene Personen gewählt werden sollen, welche mit den Lebensstilen der Befragten und mit dem jeweiligen Produkt hoch positiv assoziiert sind, dann könnten Stefan Raab oder Dieter Bohlen gut Werbung für Pepsi machen. Mario Adorf und Alice Schwarzer wären geeignete Testimonials für Schweppes, sie könnten aber auch eingesetzt werden, um distinguierte Luxusartikel bei Höhergebildeten zu verkaufen. Die Prominenten, die in der Nähe des Achsenkreuzes liegen, sprechen zwar kein bestimmtes Käufersegment an, da sie zum Teil aber sehr beliebt sind (z.B. Günther Jauch), könnten sie für Produkte Werbung machen, die keine bestimmte Käuferschicht haben, z.B. für die Telekom, für die großen Parteien oder für Spendenaufrufe. Auch bei den Erfrischungsgetränken gibt es Produkte, die anscheinend keine typischen Konsumenten haben bzw. die mit den hier verwendeten Lebensstilmerkmalen nicht differenziert werden können, dazu gehören Coca Cola, Coca Cola light und Isostar. Die hier vorgestellte Methodologie kann von der Marktforschung verwendet werden, um wesentlich gezielter als bisher ihre Konsumenten anzusprechen, die Reichweite von Werbung würde deutlich höher.

Des Weiteren ist die vorgestellte Methode geeignet, um bestimmte Bevölkerungsgruppen genauer zu untersuchen. Zu diesem Zweck könnte eine Teilstichprobe betrachtet werden, beispielsweise um gezielt die unterschiedlichen Lebensstile von jüngeren Befragten (oder auch den Mitarbeitern von wenigen Berufen aus dem Dienstleistungsbereich) zu untersuchen. Soll die Methode in der Programmplanung eingesetzt werden, so kann der Fragebogen um weitere Medienpräferenzen erweitert werden, um zusätzliche Sendungen oder auch die beliebtesten Fernsehsender in den „sozialen Raum" einzubinden. Soll das Image der Prominenten genauer in Betracht gezogen werden, so können zusätzliche Fragen zu ihnen gestellt werden, z.B. nach ihrer „Glaubwürdigkeit", „Schönheit" oder „Seriosität", und auch das Spektrum der Konsumgüter, die den verschiedenen Lebensstilen und Prominenten (und damit potentiellen Testimonials) zugeordnet werden können, läßt sich problemlos erweitern.

Literatur

Bacher, Johann (1994), Clusteranalyse, München, Oldenbourg.
Becker, Ulrich/ Horst Nowak (1982), Lebensweltanalyse als neue Perspektive der Meinungs- und Marketingforschung. Bericht über die Entwicklung eines anwendungsorientierten Forschungsprogramms, in: ESOMAR (Hg.), Fitting Research to Turbulent Times, Wien, S. 247-267.

Blasius, Jörg (2000), Die Analyse von Lebensstilen mit Hilfe der Korrespondenzanalyse, in: Österreichische Zeitschrift für Soziologie, Jg. 25, S. 63-92.

Blasius, Jörg (2001), Korrespondenzanalyse, München.

Blasius, Jörg/Jürgen Friedrichs (2001), „Der Geschmack der Notwendigkeit". Lebensstile von Menschen in benachteiligten Wohngebieten, in: Eva Barlösius/Wolfgang Ludwig-Mayerhofer (Hg.), Die Armut der Gesellschaft, Opladen, S. 337-361.

Blasius, Jörg/Michael Greenacre (2006), Correspondence Analysis and Related Methods in Practice, in: Michael Greenaccre/Jörg Blasius (Hg.), Multiple Correspondence Analysis and Related Methods, Boca Raton, Florida, S. 3-40.

Blasius, Jörg/Andreas Mühlichen (2007), Lebensstile, Publikumssegmente und Produktpräferenzen. Eine Typologie mit Hilfe der multiplen Korrespondenzanalyse, in: Planung & Analyse, 2/2007, S. 67-72.

Blasius, Jörg/Joachim Winkler (1989), Gibt es die „Feinen Unterschiede"? Eine empirische Überprüfung der Bourdieu'schen Theorie, in: Kölner Zeitschrift für Soziologie und Sozialpsychologie, Jg. 41, S. 72-94.

Bourdieu, Pierre (1982) [1979], Die feinen Unterschiede. Kritik der gesellschaftlichen Urteilskraft, Frankfurt/M.

Bourdieu, Pierre (1983), Ökonomisches Kapital, kulturelles Kapital, soziales Kapital, in: Reinhard Kreckel (Hg.), Soziale Ungleichheit, Göttingen, S. 183-198 (Soziale Welt, Sonderband 2).

Bourdieu, Pierre (1988), Homo academicus, Frankfurt/M.

Buß, Michael/Ulrich Neuwöhner (1999), Die MedienNutzerTypologie in der Fernsehprogrammplanung. Anwendungsmöglichkeiten der Publikumstypologie von ARD und ZDF, in: Media Perspektiven, 10/1999, S. 540-548.

Dyer, Richard (1989), Stars, in: Erik Barnouw (Hg.), International Encyclopedia of Communications, Band 4, Oxford, S. 176-180.

Dyer, Richard (1998), Stars, London.

Engel, Bernhard/Thomas Windgasse (2005), Mediennutzung und Lebenswelten 2005. Ergebnisse der 9. Welle der ARD/ZDF-Langzeitstudie „Massenkommunikation", in: Media Perspektiven, 09/2005, S. 449-464.

Emmer, Martin/Angelika Füting/Gerhard Vowe (2006), Wer kommuniziert wie über politische Themen? Eine empirisch basierte Typologie individueller politischer Kommunikation, in: Medien & Kommunikationswissenschaft, Jg. 54, S. 216-236.

Faulstich, Werner/Helmut Korte /Stephen Lowry/Ricarda Strobel (1997), „Kontinuität" – zur Imagefundierung des Film- und Fernsehstars, in: Werner Faulstich/Helmut Korte (Hg.), Der Star. Geschichte – Rezeption – Bedeutung, München, S. 11-28.

Gorgs, Claus/Peter Meyer (1999), Fernsehen und Lebensstile. Eine empirische Studie über den Medienkonsum am Beispiel des Großraums Augsburg, München.

Greenacre, Michael (2007), Correspondence Analysis in Practice, 2. Auflage, Boca Raton, Florida.

Hartmann, Peter/Ulrich Neuwöhner (1999), Lebensstilforschung und Publikumssegmentierung. Eine Darstellung der MedienNutzerTypologie (MNT), in: Media Perspektiven, 10/1999, S. 531-539.

Krause, Melanie/Christoph Klimmt/Beate Schneider (2004), Das Kommunikationswerkzeug als Lifestyle-Accessoire. Eine kultursoziologische Studie zur Alltagsästhetik

des Mobiltelefons bei Jugendlichen, in: Medien & Kommunikationswissenschaft, Jg. 52, S. 432-454.
Le Roux, Brigitte/Henry Rouanet (2004), Geometric Data Analysis, Amsterdam.
Lüdtke, Harmut (1989), Expressive Ungleichheit. Zur Soziologie der Lebensstile, Opladen.
Mühlichen, Andreas (2007), Prominente im Raum der Lebensstile, Saarbrücken (i.E.).
Oehmichen, Ekkehard/Christian Schröter (2006), Die Online-Nutzertypologie (ONT). ARD/ZDF Online-Studie 2004, in: Media Perspektiven 8/2004, S. 386-393.
Perry, Thomas/Cornelia Appel (2004), Trendmonitoring im Wohnungsmarkt, in: Vhw Forum Wohneigentum, Zeitschrift für Wohneigentum in der Stadtentwicklung und Immobilienwirtschaft, 1/2004, S. 3-10.
Peters, Birgit (1996), Prominenz. Eine soziologische Analyse ihrer Entstehung und Wirkung, Opladen.
Rouanet, Henry/Werner Ackermann/Brigitte Le Roux (2000), The Geometric Analysis of Questionnaires: The lesson of Bourdieu's La Distinction, in: Bulletin de Méthodologie Sociologique, Jg. 65, S. 5-18.
Schulze, Gerhard (1992), Die Erlebnisgesellschaft. Kultursoziologie der Gegenwart, Frankfurt/New York.
Strengmann-Kuhn, Wolfgang (1999), Armutsanalysen mit dem Mikrozensus?, in: Paul Lüttinger (Hg.), Sozialstrukturanalysen mit dem Mikrozensus, ZUMA-Nachrichten Spezial, Band 6, Mannheim, ZUMA, S. 376-402.
Vester, Michael/Peter von Oertzen/Heiko Geiling (2001), Soziale Milieus im gesellschaftlichen Strukturwandel. Zwischen Integration und Ausgrenzung, Frankfurt/M.

4 Die kommerzielle Konsumforschung und das Internet

Zweifellos ist die Marktforschung im Internet das Feld der kommerziellen Konsumforschung, das derzeit am stärksten in Bewegung ist. Die Beiträge dieses Kapitels sondieren die unüberschaubare Lage in diesem Bereich und eruieren Konsequenzen, die sich für die bis dato gängigen Praktiken der Konsumforschung daraus ergeben könnten.

Stefan Meißner untersucht die Herausforderungen, mit denen die kommerzielle Konsumforschung durch das Internet konfrontiert ist, in einer mediensoziologischen Perspektive. Im Zentrum seines Beitrags steht die Frage, inwieweit die kommunikationstheoretischen Modelle, an denen sich die Konsumforschung bislang orientierte, angesichts des Internet noch haltbar sind. Seine Prognose ist, daß gerade die unüberschaubare Masse von Daten, welche die Internetnutzung produziert und die einer Vielzahl von Interessierten – oftmals ohne den Beitrag professioneller Markforscher – zugänglich sind, die lange Zeit vorherrschende Vorstellung deplausibilisiere, daß Informationen über das Verbraucherverhalten ein knappes Gut seien. Dies stelle auch den oftmals an die Marktforschung herangetragenen Anspruch in Frage, daß das Verhältnis von Unternehmen und Konsumenten mit ihrer Hilfe steuerbar(er) werde.

Im Zentrum von *Andreas Schelskes* Beitrag stehen demgegenüber neuartige Kooperationsformen von Konsumenten und Anbietern von Gütern im Internet. Unternehmen, die sich solcher „interaktiven Wertschöpfungsprozesse" bedienen, rechnen mit der (unentgeltlichen) Mitarbeit ihrer Kunden, etwa bei der Individualisierung, aber auch bei der Herstellung und beim Test von Produkten. Schelske stellt die möglichen Konsequenzen heraus, die solche Entwicklungen für die Stellung der kommerziellen Konsumforschung zeitigen könnten: Zunehmend werden Konsumenten selbst als „Marktforscher" in die Produktionsabläufe und Werbemaßnahmen solcher Unternehmen eingebunden – klassische Verfahren und nicht zuletzt auch Dienstleistungen der kommerziellen Konsumforschung scheinen im Zusammenhang dieser Kooperationsformen obsolet zu werden

Personalisierter Massenkonsum und das Internet

Stefan Meißner

Obwohl knapp zwei Drittel aller Deutschen mittlerweile das Internet nutzen (vgl. SevenOne Media GmbH 2005: 14f.), und obwohl im letzten Jahr laut Nielsen Media Research (2007) knapp 700 Mio. Euro[1] in Online-Werbung investiert wurden, stellt sich der Online-Markt gegenwärtig immer noch als relativ offenes Feld dar. Denn: Noch gibt es keine etablierten Konventionen, wie (Methoden), wo (thematisches Umfeld) und für wen (Ziel- bzw. Nutzergruppen) zu werben und wie das am besten zu messen sei. Auch für die Einordnung in den Marketingmix[2] der Unternehmen gibt es noch keine Standardlösungen. Das Internet – als Werbemarkt – stellt somit sowohl Unternehmen und Werbe-Agenturen, als auch Marktforscher vor große Probleme. Denn die Formen klassischer Werbung scheinen die Möglichkeiten des Internet nicht adäquat zu nutzen. Zudem wird klar: Internet ist nicht gleich Internet.

Was ist etwa die Gemeinsamkeit von Bannerwerbung auf spiegel.de, Filmwerbung vor den Videos auf Revver.com, der Flashanimation auf billiger.de oder der Keyword-Werbung mittels Google Adwords? Gut, alles hat irgendwie mit dem Internet zu tun – jedoch unterscheiden sich sowohl Form als auch Inhalt, Zielgruppen wie auch Zahlungsmodalitäten voneinander. Trotz der Unsicherheit, wie mit dem Internet als Werbemarkt am besten umgegangen werden sollte, sehen viele gerade im Internet ungeheure Chancen, besseres Marketing zu betreiben, weil es mehr Möglichkeiten hinsichtlich der Formate gibt, weil die Werbung besser auf die jeweiligen Zielgruppen zugeschnitten werden kann und sie paßgenauer zu plazieren ist. „Besser" bezieht sich hier natürlich auf mehrwertschöpfend, sowohl ganz basal im Sinne von „return on investment" (ROI) als auch in Bezug auf das Image und die angestrebte Darstellung der eigenen Marke. Da der Online-Markt mit traditionellen Methoden des Marketings und der Mar-

---

[1] All diese Zahlen sind mit Vorsicht zu genießen. So hat z.B. der Online-Vermarkterkreis (OVK) von Werbeumsätzen im Jahr 2006 in Höhe von 785 Mio. Euro gesprochen, der Bundesverband Informationswirtschaft, Telekommunikation und neue Medien (Bitkom) spricht dagegen von lediglich 480 Mio. Euro. Dies liegt an den bisher nicht standardisierten Meßverfahren – einig sind sich jedoch beide: Es habe ein Wachstum von 45% gegeben, vgl. Internet World Business 2007: 12.

[2] Mit Marketing-Mix wird im Allgemeinen eine vom Unternehmen festgelegte Auswahl und Gewichtung der Marketingformen in Bezug auf die eigene Marken- und Kommunikationspolitik gemeint, vgl. Schweiger/Schrattenecker 2005: 74.

kenkommunikation nur schwer zu vereinbaren ist, werden neben diesen Chancen auch die Risiken gesehen – vor allem in der Wahrnehmung der Unternehmen. Ähnlich verhält sich die kommerzielle Konsumforschung gegenüber dem Internet – auch hier sind Chancen und Risiken zugleich präsent. Können auf der einen Seite mehr Daten als jemals zuvor gesammelt und analysiert werden, verschwindet auf der anderen Seite das Monopol der Datenproduktion, da jeder diese Daten quasi nebenbei bekommen kann. So müssen Plausibilitätsverluste bei den starren Zielgruppenanalysen und deren Prognosefähigkeit in Kauf genommen werden. Auch müssen die methodischen Ansätze, wie beispielsweise die Befragung mittels standardisiertem Interview, überdacht werden: Wie ist Repräsentativität der Stichprobe zu gewährleisten und wie sind Verzerrungen u.a. durch „Incentives" zu vermeiden? Zudem birgt die technische Infrastruktur des Internets ungemein viele Möglichkeiten, Daten quasi unsichtbar für den Nutzer zu erhalten, von den Suchanfragen bis hin zu den Mausbewegungen kann alles aufgezeichnet und ausgewertet werden.[3]

Für eine Soziologie der kommerziellen Konsumforschung in Deutschland bedeutet diese, bezogen auf das Internet und im Vergleich zu den etablierten Massenmedien, relativ unsichere Lage jedoch die Möglichkeit, die zumeist unsichtbaren Erwartungen der Marktteilnehmer – also in diesem Kontext der Unternehmen, der Konsumenten, der Marktforscher und der Marketingexperten – sichtbar machen zu können und so zu Einsichten über die gegenwärtige Infrastruktur des Konsums zu gelangen.

Im folgenden soll diese Infrastruktur explorativ aufgedeckt werden. Als Kontrastfolie dienen dabei die etablierten Massenmedien (TV, Radio, Print) und die damit eng verknüpfte Massenkommunikationsforschung und Massenkonsumforschung.[4] Denn erst mit einer gewissen Distanz zu den Konzepten, die die Massenmedien beschreiben, scheint das Spezifische des Internets beobachtbar. Nach dieser eher medientheoretischen Einführung, die die Unterschiede zwischen Massenmedien und den so genannten neuen Medien, in diesem Fall das Internet, herausstellen soll, liegt der Fokus auf dem Online-Markt und dessen Marktfaktoren: Wie unterscheiden sich Produkte, Anbieter und Konsumenten gegenüber dem Offline-Markt? Letztlich sollen diese Differenzen dahingehend befragt werden, welche Konsequenzen für die kommerzielle Marktforschung im „Zeitalter des Internets" daraus erwachsen. Vorwegnehmend sei angedeutet, daß

---

[3] Hier reicht die Bandbreite von kostenlosen Zählern bis hin zu den auf die jeweilige Website angepaßten Webanalysetools, von wenigen Besucherstatistiken bis zu Services wie m-pathy.com, einem Tool, das sämtliche Mausbewegungen aufzeichnet.

[4] Der Konnex zwischen Massenkonsum und Massenmedien ist schon rein wirtschaftlich zu sehen – ohne Werbung kann kein privater Fernsehsender, keine Tageszeitung oder Zeitschrift, kein privater Radiosender überleben.

Steuerungsphantasien, die sowohl hinter den gängigen Konzepten zur Massenkommunikation als auch zum Massenkonsum stehen, durch die Erfahrungen im Internet und durch die Erwartungen gegenüber dem Internet deplausibilisiert werden. Steuerung als Konzept, so die zu entfaltende These, wird nicht durch die Unmöglichkeit von Steuerung, sondern durch ein Zuviel an Steuerungsmöglichkeiten unplausibel.

Diesem Gedankengang entspricht auch die Gliederung. Nachdem eine Perspektive auf das Internet im Kontrast zur klassischen Massenmarktforschung gesucht wird (1), soll das Internet in Bezug auf die einzelnen Marktfaktoren beobachtet werden (2), um im letzten Teil eine Konsequenz für die kommerzielle Marktforschung zu ziehen (3).

1 Perspektiven auf das Internet

Die Massenkommunikationsforschung, aber auch die konventionelle Markt- und Meinungsforschung haben nach wie vor einen Hang zu dem relativ simplen Kommunikationsmodell von Lasswell (1948), der fragte: „Who says what in which channel, to whom, with what effect?" (vgl. Schweiger/Schrattenecker 2005: 6, 11f.). Der methodologische Vorteil dieses Modells besteht darin, daß man einzeln den Sender, den Kanal (Medien und Medienformate), die Empfänger (als *ein* disperses Publikum vorgestellt) und den Effekt, also die angenommene Medienwirkung beobachten kann.[5] Ziel ist es dann, aufgrund der Daten paßgenaue – und störungsfreie – Botschaften an bestimmte Zielgruppen mit möglichst geringen Streuweiten und verkaufsfördernder Wirkung zu senden.[6] Dies ist die Prämisse sowohl für die Werbewirkungs- als auch für die allgemeine Medienwirkungsforschung, ohne die von Wirkung schlechterdings nicht gesprochen werden könnte (vgl. Schenk 2002, Bonfadelli 2004, Jäckel 2005).

---

[5] Die Kritik an diesem Modell (vgl. systematisch: Renckstorf 1995) ist mindestens so alt wie das Modell selbst. Alle Modifizierungen (Rückkanäle, psychologische oder soziale Dispositionen etc.) ändern jedoch nichts an der Grundidee eines mehr oder weniger linear-kausalen Wirkungsmodells. Wird es in der wissenschaftlichen Forschung auch zunehmend in Frage gestellt, so scheint es doch in der kommerziellen Marktforschung nicht an Plausibilität zu verlieren (vgl. Schenk 1997), wenigstens in der Kommunikation gegenüber den Auftraggebern – denn: Die Ausgaben müssen schließlich einen (meßbaren) Effekt haben.

[6] So wird in einem Überblicksbuch zur Marktforschung beispielsweise in beachtenswerter Naivität folgendes Kommunikationstransportmodell beschrieben: „Betrachtet man zunächst den Sender, so werden hier die Bedeutungsinhalte der ausgehenden Nachrichten in Signale umgesetzt (verschlüsselt). Nach Ankunft beim Empfänger werden diese wieder in Nachrichten mit *gleichem* Bedeutungsinhalten transformiert (entschlüsselt). [...] Oft treten beim Kommunikationsprozeß Störungen auf, die den originären Informationsgehalt beeinträchtigen, wobei menschliches Verhalten einen bedeutenden potentiellen Störfaktor darstellt." (Berekoven et al. 2001: 19f.).

Hört man den Werbetreibenden zu, so erfährt man, daß das Internet im Vergleich zu den klassischen Massenmedien besonders gute Möglichkeiten besitze, den (Werbe-)Wirkungsgrad zu erhöhen: Erstens könnten bestimmte Zielgruppen – vor allem die mobilen, gebildeten und finanziell besser gestellten Personen (vgl. SevenOne Media GmbH 2005: 12) – mittlerweile besser über das Internet als über andere Medien erreicht werden. Diese könnten zweitens besser, d.h. zielgenauer angesprochen werden, und dies sei drittens auch noch viel billiger als im Offline-Bereich. Diese Argumentation beruht auf den oben angeführten Annahmen der Massenkommunikations- und Werbewirkungsforschung, daß eine Botschaft möglichst ohne Reibungsverluste an den Empfänger (bzw. den potentiellen Käufer) gelangen soll. Der Werbemarkt im Internet wird also mit der gleichen Perspektive, die vormals auf die Massenmedien angewandt wurde, in den Blick genommen[7] – im letzten Bericht der AGOF (2006a: 8) liest sich das folgendermaßen:

> „Das Internet bietet Werbetreibenden aller Branchen eine reichweitenstarke Plattform zur Ansprache der unterschiedlichsten Zielgruppen, wobei durch die Selektionsmöglichkeiten des Online-Mediums Streuverluste minimiert werden können. Online-Werbung kann sowohl zum schnellen Aufbau von Reichweite als auch zur Erzielung optimaler Kontaktfrequenzen eingesetzt werden."

Die Argumente laufen also wie ehedem auf eine Optimierung der Werbe*wirkung* hinaus. Insofern wird kein Unterschied zum klassischen Marketing gemacht: Wie in den klassischen Massenmedien gibt es Werbeplätze, die nach Tausender-Kontakt-Preisen (TKPs) sortiert werden, es gibt die üblichen sozio-demographischen Daten, Informationen zu den (Produkt-)Vorlieben und Einstellungen der Nutzer einer beliebigen Website. Das gesamte Arsenal wird auf den Online-Bereich übertragen. Werbung im Internet sei zudem einfacher, billiger, und letztlich sei es zudem leichter, die entsprechenden Daten zu produzieren.[8] Das Konzept

---

[7] Das Internet wird hier nicht als Massenmedium verstanden. Denn: während Massenmedien wie TV, Radio, Zeitung etc. über keinen (reziproken) Rückkanal verfügen, ist es im Internet zumindest technisch möglich, die Feedbackschleife mit einzubauen – sei es durch Suchanfragen, Nutzererkennung oder anderen interaktiven Möglichkeiten. Nicht jeder bekommt die gleiche Botschaft – ob er will oder nicht.

[8] Hier sei vor allem auf die am stärksten diskutierten Online-Panel-Befragungen verwiesen. Sie haben den Vorteil, daß man in seiner gewohnten Umgebung daran teilnehmen kann, und zugleich den Nachteil, daß die „soziale Kontrolle" geringer ist, die Ergebnisse deshalb nicht immer valide. Zudem spielen die Incentives (Belohnungen) eine wichtige und manchmal auch die Antworten verzerrende Rolle. Auch die Repräsentativität ist nicht immer gegeben, und trotzdem scheinen Online-Panel-Erhebungen eine Möglichkeit darzustellen, nicht mehr ausschließlich auf die mittlerweile sehr marktforschungsmüden Menschen auf Deutschlands Einkaufsstraßen angewiesen zu sein. Auch ist in diesem Zusammenhang auf die verschiedensten Trackingmethoden hinzuweisen, die verbunden mit

von Push-Marketing wird lediglich in den Online-Bereich hinein verlängert. Das Publikum soll bestimmten Botschaften (zumindest) Aufmerksamkeit schenken – neben Plakaten, Zeitungsanzeigen, Leuchtreklame und Fernsehspot tritt nun noch das Website-Banner; statt Briefwurfsendungen gibt es E-Mail-Newsletter; statt Paper-Pencil- nun Online-Befragungen. Weiterhin geht es um die Optimierung der Frage: „Who says what [...] to whom, with what effect?"

Doch vergibt man sich mit dieser einfachen Erweiterung nicht die Chance, die spezifischen Eigenschaften des Internets überhaupt in den Blick zu bekommen? Sollte nicht vor einer Übertragung bekannter Konzepte geprüft werden, ob diese dem Gegenstand überhaupt angemessen sind?

Dieser Versuch, zunächst erst einmal zu schauen, wie das Internet strukturiert ist, soll hier unternommen werden. Denn erst wenn möglichst distanziert und unvoreingenommen ein Phänomen betrachtet wird, gibt es überhaupt die Möglichkeit, dessen Eigenlogik zu entdecken. Erst wenn dies versucht wird, kann überlegt werden, ob nicht doch alles beim Alten bleibt und eine massenmediale Perspektive auf das Internet angemessen ist.

Doch was wäre eine adäquate Perspektive auf das Internet? Die euphorischen Beschreibungen Ende der 1990er Jahre, daß Grenzen, Barrieren und Hierarchien beseitigt, daß neue soziale Strukturen, oft gar in Opposition zu herrschenden, erzeugt werden könnten oder daß sie zumindest eine partizipative Demokratie erleichtern würden – all diese Beschreibungen waren übertrieben optimistisch und basierten zudem auf der gleichen Modellvorstellung, die Kommunikation als Transport auffaßt (vgl. Jones 2007: 144).

Im folgenden soll versucht werden, den Kurzschlüssen dieser Logik, daß Kommunikation einem Sender-Empfänger-Modell gleicht, bei dem eine (kodierte) Nachricht wie ein Paket den gleichen Inhalt vom Sender zum Empfänger transportiert, zu entkommen. Dadurch soll zudem eine Distanzierung von den omnipräsenten Steuerungsvorstellungen erreicht werden, die mit diesem Kommunikationsmodell verbunden sind. Denn die Beobachtung von Kommunikation als Transportmodell vergleicht den Output (was kommt bei dem anderen an?) mit dem Ziel (was hat der eine kommuniziert?). Je mehr Informationen über diesen Prozeß vorliegen, so die Vorstellung, desto besser könne der Kommunikationsprozeß gesteuert werden und zwar dergestalt, daß das Ziel – der Rezipient erhält die Information, die der Kommunikator geschickt hat – erreicht wird.

Das Problem an dieser Vorstellung besteht jedoch darin, daß davon ausgegangen werden muß, daß Rezipient (A) und Kommunikator (B) mit der Information gleich umgehen, also eine Information als ein Gut behandeln. Wenn jedoch Information als ein Unterschied, der einen Unterschied ausmacht, konzeptuali-

---

Systemen des Costumer-Relationship-Management (CRM) eine enorme Bandbreite an Daten über die jeweiligen Nutzer aufzeichnen und verarbeiten können.

siert wird, sprich: nicht als Gut, sondern als Überraschung betrachtet wird, dann kann nicht mehr angenommen werden, daß für A eine Information den gleichen Unterschied macht wie für B.

Damit wird theoretisch zunächst nicht mehr von der Wahrscheinlichkeit der Kommunikation ausgegangen, die jedoch noch optimiert werden kann, sondern von deren Unwahrscheinlichkeit. Geht man davon aus, so kann die zunächst unsichtbare Struktur der Erwartungen und Erwartungserwartungen sichtbar gemacht werden. Diese Umkehrung benutzend, beschäftigte sich Josef Wehner (1997) mit den sogenannten neuen Medien und erklärte, daß diese – entgegen der verbreiteten Annahme, sie seien im Vergleich zu den Massenmedien die „besseren" Medien – doch lediglich „nur" eine Ergänzung zu ihnen darstellten. Denn, so seine These, Individualisierung sei geradezu auf Massenkommunikation angewiesen und nicht als deren Gegenpart zu verstehen. Massenmedien erlauben nämlich erst durch den fehlenden Feedback-Kanal die unterschiedlichen und in diesem Sinne individuellen Bezugnahmen. Massenmedien haben dementsprechend eine Funktion, die nicht von den neuen Medien ersetzt werden kann. Trotzdem basieren die Beschreibungen des Internets zumeist darauf, daß diese gegenüber den etablierten Massenmedien interaktiver seien und den Einzelnen besser adressieren könnten. Dies soll auch nicht bestritten, jedoch als Unterschied zwischen Individualisierung und Personalisierung markiert werden. Während Massenmedien die gleiche Botschaft an alle senden und diese sich je individuell, aufgrund der fehlenden Feedback-Schleife, dazu verhalten können, bietet das Internet die Möglichkeit, nicht die gleiche Botschaft an alle senden zu müssen, sondern diese auf den Benutzer (und dessen Eingaben bzw. Suchanfragen) zuzuschneiden. Dabei wird aber nicht der individuelle Benutzer angesprochen, sondern vielmehr werden Algorithmen ausgeführt, die den Nutzer personalisieren. Dieser Unterschied soll im folgenden mit dem Fokus auf den Online-Markt genauer untersucht werden.

2   Das Internet und der (Massenkonsum-)Markt

Ein Markt besteht in dem Verhältnis von Angebot und Nachfrage oder – personalisiert beschrieben – Anbieter verkaufen Produkte an Konsumenten bzw. Konsumenten kaufen Produkte von Anbietern. Diese Trias Produkte-Anbieter-Konsumenten soll nun auf den Online-Markt übertragen werden, um der aufgeworfenen Frage näher zu kommen, wie das Internet die gegenwärtige Infrastruktur des Konsums verändert.

2.1 Produkte

Eine Besonderheit des Internets beschreibt das Konzept des so genannten „Long Tail"[9] von Chris Anderson (2006). Die Grundidee ist simpel: Während ein normales Geschäft allein aus Platzgründen nur eine bestimmte Anzahl von Produkten anbieten kann, ist ein Onlineshop darin überhaupt nicht beschränkt. Dadurch wird sich, so Andersons These, der Bestseller-Massenkonsum-Markt in einen millionenfachen Nischenmarkt verwandeln: „The era of one-size-fits-all is ending, and in its place is something new, a market of multitudes" (Anderson 2006: 5).

Denn neben der 80/20-Regel, der zufolge 20 Prozent der Produkte 80 Prozent des Umsatzes generieren, gebe es im Online-Business die 98 Prozent-Regel, d.h. 98 Prozent aller verfügbaren Produkte werden mindestens einmal im Jahr verkauft. Während sich normale Geschäfte vor allem auf die 20 Prozent Bestseller konzentrieren müssen, brauchen Online-Stores wie beispielsweise Amazon.com auf den „langen Schwanz" – nämlich all die anderen Produkte – nicht zu verzichten. Nimmt man dann diese ungeheure Vielfalt von Produkten, die sich nur selten verkaufen, zusammen, erkennt man den ganzen Markt neben den Bestsellerlisten – und bei Amazon.com mache dieser lange Schwanz etwa ein Viertel des Umsatzes aus. Kondensiert liest sich Andersons Theorie dann so:

> „Our culture and economy are increasingly shifting away from a focus on a relatively small number of hits (mainstream products and markets) at the head of the demand curve, and moving toward a huge number of niches in the tail. In an era without the constraints of physical shelf spaces and other bottlenecks of distribution, narrowly targeted goods and services can be as economically attractive as mainstream fare" (Anderson 2006: 52).

Aus diesem Grund würden Mainstream, Blockbuster und Bestsellerlisten an Bedeutung verlieren, die Orientierung laufe vielmehr entlang individueller Interessen, lokaler Besonderheiten oder spezifischer sozialer Netzwerke: *Das* Publikum zersplittere zunehmend und werde zu einer nicht zählbaren Menge von Publika – und sei es, daß es aus nur 100 Personen weltweit bestehe, die sich momentan für ein bestimmtes Thema oder Produkt interessieren.

Was damit zunehmend an Bedeutung verliert, ist die Synchronisierungsfunktion der klassischen Massenmedien – also eine bestimmte Erwartungssicherheit gegenüber den kommunizierbaren Themen. Sind es gegenwärtig nur noch bestimmte Großereignisse, wie beispielsweise die Fußball-WM 2006 oder der

---

[9] Der Name entstand aus einer visuellen Darstellung der Nachfragekurve, bei der auf der Y-Achse die Anzahl der verkauften Produkte und auf der X-Achse die verkauften Produkte selbst (geordnet nach der Menge) abgetragen werden.

11. September 2001, bei denen erwartbar ist, daß das Gegenüber etwas damit anzufangen weiß, so war es in der Blütezeit der Massenmedien erwartbar, daß man auch über die aktuelle Nummer Eins der Hitparade reden kann oder am Montag am Arbeitsplatz über die Wetten bei der beliebten Samstagabend-Show. Wichtig ist dabei nicht, daß man mit den Meinungen gegenüber dem Gehörten, Gesehenem oder Gelesenem übereinstimmt, sondern, daß erwartet werden kann, daß der andere über denselben Kenntnisstand verfügt und es so möglich wird, seine Kommunikation darauf einzustellen. Die These lautet an dieser Stelle, daß das Internet diese massenmediale Informations- oder Themensynchronisierung nicht mehr herzustellen vermag. Vielmehr wird der Blick immer wieder durch die Selektionsentscheidungen der Massenmedien oder auch des Massenkonsums hindurch auf die ungeheure Vielfalt gelenkt: Es entsteht der Eindruck einer unabschließbaren Vielfalt von Kommunikationen, Produkten, Unternehmen, die nicht mehr in ihrer Gänze überblickbar, geschweige denn beherrschbar sind. Josef Wehner beschrieb diese Veränderung schon vor zehn Jahren:

> „Während die Massenmedien zur Konstituierung eines Bezugsrahmens beitragen, auf den sich ein unbegrenztes Publikum beziehen kann, und damit für die Gesellschaft Inklusions- und Synchronizitätsfunktionen übernehmen, zeichnen sich elektronische Netzwerke durch die Kombination von Einschließungs- und Ausschließungsmechanismen aus, was sie zu einem Medium der Konstituierung und Unterstützung eines Kommunikationsraums mit hoher Binnendifferenzierung macht" (Wehner 1997: 205).

Während beispielsweise die Tagesschau täglich alle wichtigen Nachrichten der Welt auswählt und in 15 Minuten packt, gibt es eine solche Instanz im Internet nicht – jede Nachricht ist beliebig tief recherchierbar, aus anderen Perspektiven zu betrachten, ohne journalistische Filter-Instanz oder mit besonderem Filter. Oder die Nachricht wird gar nicht wahrgenommen oder erst später – jedenfalls nicht synchron zu anderen und nicht mit demselben Bezugsrahmen.[10]

So scheint es nicht zufällig, daß in dieser Situation social-networking-Plattformen, Online-Communities oder Online-Foren enormen Zuspruch erfahren. Vieles spricht dafür, daß sie eine kontextsensible Orientierungsfunktion bieten,

---

[10] Noch einmal anders mit Fokus auf die Erwartungserwartungen formuliert, schreibt Wehner: „Wer eine Fernsehsendung sieht, nimmt an, daß nicht nur er, sondern auch andere dieselbe Sendung sehen können. Er weiß deshalb, was andere wissen können, nachdem sie diese Sendung gesehen haben. Ferner weiß er, daß andere wissen können, was er wissen kann, nachdem sie die Sendung gesehen hat. Und er kann sogar wissen, daß andere wissen, daß er weiß, was sie wissen" (Wehner 2000: 101). Diese wechselseitigen Unterstellungen funktionieren in Bezug auf das Internet nicht mehr – die gegenseitigen Erwartungserwartungen werden destabilisiert, mit allen Gewinnen (mehr Themenvielfalt und -variationen) und Verlusten (weniger Themenüberschneidungen, mehr Bemühungen im Aufbau eines gemeinsamen Bezugsrahmens).

Personalisierter Massenkonsum und das Internet 151

da sie sich zunehmend zwischen die üblichen sozialen Kreise, an denen man qua face-to-face-Kommunikation partizipiert, und der massenmedialen Öffentlichkeit schieben. Das Spektrum reicht dabei von der einfachen Reproduktion schon existierender sozialer Kreise über flüchtige Kommentare zu bestimmten Themen bis hin zu stark auf sich selbst bezogenen Kommunikationsformen – meist entsprechen sie jedoch dem Typus einer sozial relativ folgenlosen Kommunikation. Nichtsdestotrotz bieten sie eine Reihe von Orientierungen,[11] sei es der Erfahrungsbericht über ein Hotel in Frankreich, welches man eher nicht buchen sollte, oder seien es Problemlösungen, wie man den Computer dazu bewegt, eine bestimmte Grafikkarte zu akzeptieren. Empfehlungen für die Abendgestaltung können genauso gefunden werden wie neueste Trends bei der Bilderrahmenherstellung oder Hinweise darauf, wo es das jeweils billigste Produkt gibt. All dies bietet die Möglichkeit der sozialen Orientierung und damit der Positionierung im sozialen Raum, ohne direkt vom individuell zur Verfügung stehenden Kapital, Bildung, Geschmack, Vorlieben etc. beschränkt zu werden.

2.2 Anbieter

Konnte das Long Tail-Konzept vor allem die Produktvielfalt und konnten die sozialen Netzwerke die Möglichkeit sozialer Orientierung trotz fehlender Themensynchronisierung im Internet erklären, so soll nun die Anbietervielfalt in den Blick genommen werden, über die zum Teil das Google-Adwords-System aufklären kann. Adwords ist ein Werbesystem[12], welches kontextspezifische Werbung anbietet, die jedoch nicht nach TKP, sondern nach Klickpreis abgerechnet wird. Doch wie funktioniert das System genau?

Es können nur Keywords, sprich Suchanfragen, beworben werden. Das heißt: Jeder Werbetext, der dem Nutzer zusammen mit den Suchergebnissen angezeigt wird, wird anhand der eingegebenen Suchworte ausgewählt. Der Werbetext ist mit einer bestimmten Anzahl von Keywords verknüpft, die der Werbetreibende zusammen mit dem Betrag nennen kann, den er für einen Klick maximal zu zahlen bereit ist (max. CPC). Das Ranking der verschiedenen Anzeigen,

---

[11] Im Gegensatz zu den Massenmedien lösen die interaktiven Medien die Fiktion der objektiven Referenzwirklichkeit auf. Zudem liegt der Beitrag der interaktiven Medien in der Kontingenzsteigerung der Kommunikation, da neben der Unterbrechung des Kontakts zwischen Sender und Empfänger nun auch noch der Kontakt zwischen den Empfängern (weil diese raum-zeitlich ungebunden agieren) unterbrochen wird. Online-Communities hätten in dieser Perspektive die Funktion der Abfederung der Kontingenzsteigerung – und nicht die Herstellung einer demokratischeren, offeneren, herrschaftsfreieren Öffentlichkeit (vgl. besonders Wehner 1997: Kap. 5).
[12] Es sei angemerkt, daß auch andere Suchmaschinen und Online-Werbe-Vermarkter ähnliche Systeme anbieten – Adwords ist nur das bekannteste.

die mit dem gleichen Keyword verknüpft sind, wird mittels einer Echtzeit-Auktion ermittelt, indem die maximale CPC mit der Klickwahrscheinlichkeit (CTR) multipliziert wird. Damit fließt neben dem gebotenen Höchstbetrag auch der bisherige Erfolg der jeweiligen Werbeanzeige in die Bewertung mit ein. Adwords belohnt damit diejenigen Bieter, die die attraktivste Anzeige haben[13] und die mit ihren Keywords das Angebot ihrer Website am besten beschreiben oder besser: die es schaffen, die Keywords zu finden, die Nachfrager und Anbieter zusammenbringen.

So kann Google kontextspezifische Werbung für jeden anbieten, auch wenn täglich nur 5 Euro investiert werden sollen – der Anbieter weiß, daß die eigene Werbung nur bei den entsprechenden Keywords zu sehen ist und er nur bezahlen muß, wenn der Nachfrager durch Klick auf die eigene Website kommt. Je häufiger die eigene Werbung pro Anzeige angeklickt wird, desto weniger wird er in Zukunft pro Klick zahlen müssen. Alle Teilnehmer sind also bestrebt, möglichst nur Werbung anzubieten, die auf Nachfrage (also durch Suchanfrage) angezeigt und dann angeklickt wird. Zudem werden im System (fast) automatisch die durch Werbung generierten Bestellungen gezählt, so daß ohne Umstände gesehen werden kann, ob die geschalteten Anzeigen Geld einbringen oder Geld kosten.[14]

Das System Adwords nutzt mehrere internetspezifische Qualitäten: Es bezieht die Vielzahl und Vielfalt der Nutzer ein und läßt diese die Anpassungsarbeit erledigen. Das System wird dadurch für die Nachfrager immer besser, weil zielgenauer; in der Konsequenz verschwimmen Werbung und Inhalt zunehmend. Ein weiterer Vorteil besteht darin, daß die Größe des zu bewerbenden Marktes frei gewählt werden kann: Eine erste Selektion ist die Sprache der zu bewerbenden Keywords; das Adwordssystem ermöglicht zudem sowohl eine lokale als auch eine zeitliche Eingrenzung.

Dies alles ist erstens mit klassischer massenmedialer Werbung so nicht möglich, und zweitens ermöglicht es potentiell allen Anbietern daran teilzunehmen, da die finanziellen Zugangsschranken denkbar gering sind. Push-Marketing verwandelt sich so zunehmend zu Pull-Marketing: Die Werbebotschaft wird nicht mehr an die Konsumenten gebracht, sondern der einzelne Konsument fragt die Werbeinformationen nach.

---

[13] Im Adwordssystem gibt es nur standardisierte, vierzeilige Textanzeigen – keine bunten Banner, blinkende Bilder oder farbige Flashanimationen etc. Nur im Adsense-Bereich, der die Möglichkeit bietet, Google-Werbung auf die eigene Website zu stellen und dadurch bei jedem Klick etwas mitzuverdienen, können Banner und Videos geschaltet werden.
[14] Gegenwärtig wird in einem Testlauf dieses Prinzip von Google noch weiter getrieben, indem nicht Klick-Preise, sondern Preise für Konsumentenhandlungen (Cost-per-action) verlangt werden. Nicht wichtig ist, daß der Nutzer auf die Anzeige klickt und damit auf die entsprechende Website kommt, sondern daß der Nutzer bestimmte, vorher festgelegte Handlungen vollführt: z.B. bestimmte Produkte kauft, den Newsletter bestellt etc.

Personalisierter Massenkonsum und das Internet 153

2.3 Konsumenten

Damit sollte die Vielzahl und Vielfalt sowohl der im Internet angebotenen Produkte als auch der im Internet vertretenen Anbieter verständlicher geworden sein. Im folgenden nun sollen noch die Nachfrager bzw. Nutzer in den Blick genommen werden. Warum und wie nutzen Konsumenten das Internet? An erster Stelle,[15] so die meisten Studien, um sich zu informieren:

> „Das Internet ist das Medium der gezielten Informationssuche, das einen klar definierten Informations- oder Transaktionsbedarf deckt, während Printmedien und Fernsehen Informationen oder auch Emotionen an den Nutzerkreis herantragen, unabhängig davon, ob bereits ein klar definierter und aktivierter Informationsbedarf besteht oder nicht" (Institut für Demoskopie 2003: 4f.).

Selbst wenn nicht online gekauft wird, wird das Internet zur wichtigsten Informationsquelle bei einer Produktentscheidung. Der Vorteil, so wird oft artikuliert, besteht erstens darin, daß mehr Anbieter präsent sind und so Preisvergleiche leichter möglich sind.[16] Zweitens wird gerade bei technischen Produkten der Vergleich der technischen Daten und der Ausstattung vereinfacht, und drittens wird in einem zunehmenden Maße den Produktkritiken anderer Nutzer vertraut. Beiträge über Produkte und Anbieter in Foren, Portalen, eigenen Websites oder gar als Blogeintrag oder Video werden als Orientierungshilfe immer wichtiger.[17] Damit spielt neben der Sachdimension die Sozialdimension eine immer stärker werdende Rolle: Je wichtiger die subjektiven Kundenbewertungen werden, desto personalisierter treten Menschen im Netz auf. Bestand vormals der Reiz des Internets gerade darin, anonym oder mit anderer Identität ausgestattet zu surfen, deuten viele Tendenzen darauf hin, daß sich Online- und Offline-Identitäten angleichen.

Es werden unter eigenem Namen Blogs geschrieben, ein myspace-Account eingerichtet, Videos gedreht, Einträge in Diskussionsforen gepostet, Kundenrezensionen geschrieben, über den lokalen Standort aufgeklärt, Freundesnetzwerke sichtbar und eigene Fotos verfügbar gemacht – all dies wird zunehmend nicht als Spiel mit der eigenen Identität, sondern vielmehr als möglichst „authen-

---

[15] wenn man die ubiquitäre Nutzung von E-Mail nicht hinzurechnet.
[16] Das mag der hauptsächliche Grund sein, warum Portale wie z.B. billiger.de oft zur ersten Anlaufstelle werden. Der Zugriff mittels Handy auf das Internetangebot ermöglicht dann auch den Preisvergleich im lokalen Geschäft und führt damit zu einer nie da gewesenen Markttransparenz.
[17] Dies trotz aller prinzipiellen Möglichkeiten des Eingriffs seitens des Herstellers oder der betreuenden PR-Agentur wie beispielsweise Blogeinträge oder Kommentare im Sinne des Unternehmens schreiben, Videos gestalten und verbreiten, die scheinbar von Konsumenten gemacht wurden, aber von den Agenturen stammen etc.

tischer" Ausdruck eigener Identität verstanden und konzipiert. Insofern rücken auch andere Motive der Online-Nutzung in das Blickfeld: Es wird von Partizipation und Offenheit gesprochen, Online-Communities entstehen und lassen erkennen, wer mit wem wie verbunden ist.

Wenn auch die öffentliche Diskussion darüber viel lauter zu sein scheint, als die Nutzungsstatistiken wirklich nahe legen,[18] so ist die Verbreitung dieser Online-Communities doch enorm: Mittlerweile soll jeder Fünfte Deutsche ein persönliches Profil auf Facebook.com, Xing etc. haben (Bitkom 2007); es gibt mehr als 100 Mio. Nutzerprofile bei Myspace.com und mehr als 71 Mio. gelistete Blogs auf Technorati.com – allein dies hat Effekte auf den Online-Markt, und das heißt auf das Verhältnis von Angebot und Nachfrage.

Wenn ein Blogartikel über den Klingeltonanbieter Jamba dazu führt, daß die Kundenkritik am Hersteller bei Google eine Zeit lang vor dem Hersteller selbst gelistet wird, oder wenn ein anderer Blogartikel, der über die einfache Möglichkeit des Aufbrechens eines als sicher geglaubten Fahrradschlosses berichtet, zu massenmedialen Berichten und letztlich zu Umsatzeinbußen in Millionenhöhe führt, dann verändert sich das Verhältnis von Anbietern und Nachfragern hinsichtlich der Kommunikationshoheit gewaltig. Das etablierte Machtgefälle zwischen professionellem Marketing und Unternehmenskommunikation auf der einen Seite und unzufriedenen Konsumenten auf der anderen kehrt sich damit zwar nicht automatisch um, wird jedoch zumindest etwas eingeebnet.

Als Reaktion darauf läßt sich der Trend zu personaler Unternehmenskommunikation interpretieren. Diese verfolgt die Ziele, Konsumenten langfristig an sich zu binden, Marketing in eigener Sache zu machen und schließlich von ihnen zu lernen. Am interessantesten erscheint in diesem Kontext das Stichwort „user-generated-content", das die Möglichkeit meint, daß die Nutzer einer Website auf dieser eigene Inhalte erstellen können. Das reicht von einem Kommentar zu einem Blogeintrag oder einer Idee in einem Forum bis hin zum T-Shirt-Motiv auf Spreadshirt.com, dem 3D-Modell auf Google Earth oder der eigenen Lego-Burg als Bausteinsatz.

Damit kommen zwei Funktionen in den Blick: Einerseits ist es nun viel einfacher, Kritik zu üben und dieser via Blogs, Videos, Podcast zu öffentlicher Wirkung zu verhelfen und somit sozialen Druck zu erzeugen. Andererseits ist dadurch immer häufiger der Rollenwechsel vom Konsumenten zum (Mit-)Produzenten zu verzeichnen. Unternehmen wie beispielsweise der Leipziger T-Shirt-Hersteller

---

[18] Ein paar Zahlen sollen meine Skepsis ein wenig untermauern: Von allen Personen, die online sind, nutzen nur 20 Prozent sogenannte Web 2.0-Anwendungen – die Hälfte dieser 20 Prozent jedoch täglich (vgl. result 2007). Nur wenige Personen wirken aktiv mit: youtube.com registriert zwar 100 Mio. downloads, jedoch „nur" 65.000 uploads täglich, und: 70 Prozent aller Wikipedia-Artikel wurden von 1,8 Prozent der Benutzer verfaßt (vgl. Wiest 2006).

Spreadshirt lassen ihre Kunden die ganze Innovationsarbeit und auch (fast) das gesamte Marketing leisten, indem die Kunden ihre eigenen Motive hochladen können, und an jedem verkauften T-Shirt, das über Spreadshirt.com verkauft wird, mitverdienen. Ähnlich läuft es auf der Videoplattform Revver.com – jedes eigene Video wird mit Werbung bestückt, je häufiger das eigene Video gesehen wird, desto mehr Geld kann verdient werden. Damit kommt es sukzessive zu einer Verschränkung von individuellen Erwartungshaltungen als Konsument und der Produzentenperspektive, die versucht, die kollektiven Erwartungshaltungen der Konsumenten zu erahnen – und nicht selten wird dabei die Erfahrung gemacht, daß eigene Erwartungshaltungen gerade nicht sozial anschlußfähig sind.

Personen können sich also verstärkt über Kommentare, Kritiken, Ideen, Konzepte oder gar durch Teilprodukte in die Produktgestaltung mit einbringen. Dies wird von den etablierten Unternehmen als Risiko, aber auch als Chance wahrgenommen. Risiko ist es, weil die Kommunikationshoheit zunehmend verloren geht – der Kunde übernimmt das Marketing. Das führt dann beispielsweise dazu, daß es u.a. bei Youtube.com Videos gibt, die qualitativ nicht von professionellen Werbespots zu unterscheiden sind, zugleich jedoch positive oder negative Werbung betreiben können.[19] Die Äußerungen von Kunden können nicht gelöscht werden, sie kursieren weiter im Netz. Gleichzeitig werden diese Tendenzen auch als Chance wahrgenommen. Läßt man die begeisterten Kunden Marketing betreiben, sinken die Ausgaben hierfür. Hält man die Kunden dazu an, bei der Produktentwicklung mitzuwirken, wird die Wahrscheinlichkeit von Flops bei der Markteinführung minimiert. Ist man offen für Kritik und entlockt den Kunden auf diese Weise ihre Erwartungen, so spart man sich groß angelegte Marktforschung.

Bei dieser Strategie handelt es sich also nicht um einen Sinneswandel der Unternehmen, die nunmehr „menschlicher" werden und ihre Kunden respektieren, sondern um einen Versuch, sich im schnellebigen Markt zu behaupten. Und wenn die Konkurrenz – wie es so schön heißt – nur einen Mausklick entfernt ist, dann müssen die Beziehungen zu den potentiellen Kunden besonders gepflegt werden.

Wenn man sich dem Internet nähert, ohne die Prämissen der Massenkommunikationsforschung vorschnell zu akzeptieren, und den Unterschied zu den klassischen Massenmedien und Massenmärkten stark macht, dann ist zu erkennen, daß durch das Internet eine stärkere Vielfalt und größere Anzahl sowohl von Anbietern und Produkten als auch von Konsumenten in Erscheinung tritt.

---

[19] Für den ipod von Apple gibt es sowohl Kunden-Videos, die einem offiziellen Werbespot gleichen, als auch Videos, die einer professionellen Reportage ähneln, in der die lautstarke Kritik geäußert wird, daß es von Apple keine Ersatzakkus gibt. Sowohl Kundenlob als auch Kundenkritik kann durch denselben Kanal verbreitet werden – das Unternehmen verliert die Definitionshoheit.

Diese Heterogenität führt zu vergleichsweise mehr personaler Kommunikation zwischen Anbietern und Nachfragern als auf den bisherigen Massenmärkten. Für die Existenz und Funktionsweise von Massenmedien und Massenkonsum ist das Fehlen von Feedbackschleifen – daß der Empfänger also nicht mit dem Sender in Kontakt treten kann –, notwendig. Dies wird auch durch die technischen Möglichkeiten des Internets nicht aufgelöst, jedoch tritt eine personalisierte Kommunikation zwischen Anbietern und Nachfragern hinzu. Personalisiert bedeutet an dieser Stelle nicht, daß Anbieter und Nachfrager persönlich miteinander kommunizieren, sondern vielmehr, daß zwischen beiden eine vermittelte Interaktion jenseits der massenmedialen Möglichkeiten stattfinden kann:

1. sei es als Experimentierfeld beispielsweise bei Lego, wo Nutzer ihre selbst gebauten Burgen online stellen und andere Nutzer den zugehörigen Bausteinsatz bestellen können, und Lego zudem die Möglichkeit hat, jene bei genügender Nachfrage zu einem Massenprodukt zu machen;
2. sei es als Kundenbindungsmöglichkeit, indem der Anbieter mit dem Wissen über den Kunden diesen persönlich anspricht und ihm die für ihn passenden Produkte präsentiert;[20]
3. sei es als Marketing- und Vertriebsmöglichkeit, indem der Kunde am Mehrwert des Anbieters beteiligt wird oder einfach nur soziales Prestige erhält, weil er mehr Informationen als andere hat.

Vor dem Hintergrund der hier diskutierten Phänomene sollen drei Thesen formuliert werden, die den zu Beginn angesprochenen Unterschied zwischen Massenmedien und Internet noch einmal kondensieren, vor allem in Hinblick darauf, welche Möglichkeiten das Internet bietet, Anbieter und Konsumenten zusammenzubringen.

These 1: Das Verschwinden der Grenze zwischen Werbung und Inhalt

Für die Massenmedien im Allgemeinen gilt die Trennung zwischen Werbung und redaktionellen Inhalten. Diese Grenze muß sichtbar bzw. hörbar gemacht werden. Spiele an und mit dieser Grenze gibt es zur Genüge – Schleichwerbung und Product Placement sind dabei nur die geläufigsten, wenn auch zumeist mit

---

[20] Hier ist natürlich auch die andere Perspektive (des Kunden) interessant. Dieser tauscht nämlich Informationen über sich selbst mit Bequemlichkeit. Und warum – um einen Ausspruch von Martin Röll zu kolportieren – sollte meine Suchmaschine nicht wissen wer ich bin, damit sie mir das für mich passende Hotel aussuchen kann, das heißt, sowohl hinsichtlich meines Budgets als auch meines Geschmacks, meiner Vorlieben etc.?

negativer Aufladung versehen, Stichwörter. Doch die Trennung wird aufrechterhalten. Dies gilt auch – formal gesehen – für das Internet. Jedoch ist es aus technischen Gründen viel schwieriger, zwischen genuiner Werbung und Content zu unterscheiden – vor allem deshalb, weil immer häufiger aufgrund technischer Möglichkeiten nicht *eine* Botschaft an eine bestimmte Anzahl von Empfängern gebracht wird (Push-Kommunikation), sondern weil vielmehr der individuelle Empfänger bestimmte Informationen anfordert (Pull-Kommunikation).

Ein Beispiel ist hierfür ist das Adwords-System, welches kontextspezifische Werbung bei jeder Anfrage einblendet. Die Anzeigen sind meist so paßgenau, daß eine Differenzierung zwischen Content und Advertisement für denjenigen, der eine Suchanfrage macht, zunehmend unplausibel wird.[21] Ein anderes Beispiel bezieht sich auf das, was gegenwärtig unter dem Label „virales Marketing" kursiert. Die Idee dahinter besteht darin, mit einem Format (Video, Slogan, Bild etc.) eine Epidemie auszulösen, so daß der Inhalt via Mund-zu-Mund-Propaganda weitergegeben wird.[22] Dabei wird eine Werbebotschaft so „verpackt", daß sie eine hohe Attraktivität für die Zielgruppe hat – sie regt zum Lachen an, spielt mit Überraschungen, Wortwitzen oder überzeugt durch eine besondere Ästhetik. Werbung wird zu einem attraktiven Inhalt (Unterhaltung), dem Aufmerksamkeit geschenkt und der gern konsumiert wird. Das Internet ist für diese Marketingform nur insofern wichtig, als es die rein technische Möglichkeit bietet, diese Formate einfach (und kostenlos) weiter zu verbreiten.

These 2: Nicht Zielgruppen werden konstruiert, sondern Nutzergruppen analysiert

Seit Anbeginn aller Marktforschungs- und Marketingaktivitäten besteht das Ziel darin, die potentiellen Käufer eines Produkts so zielgenau wie möglich anzusprechen. Dafür bedarf es Informationen über die potentiellen Kunden. Das beginnt ganz basal mit dem einfachen Gespräch an der Wursttheke oder im Buchladen und erstreckt sich (mehr oder weniger) mittels des methodischen Arsenals der großen Marktforschungsinstitute bis hin zu den aus Befragungen herausdestillierten so genannten Sinus-Milieus. Immer geht es darum herauszufinden, wer die aktuellen Kunden sind, was sie auszeichnet und welche Kunden noch dazu gewonnen werden könnten. Diese anzusprechende Gruppe von Menschen

---

[21] Diese Einsicht ist keineswegs revolutionär. Auch für die meisten Leser von Lifestyle-, Design- und Architekturzeitschriften ist der Unterschied zwischen Inhalt und Werbung nur noch ein gradueller – sowohl auf der Form- als auch auf der Inhaltsebene.
[22] Auch diese Form ist nicht ausschließlich an das Internet gebunden. Der Titel der Bild-Zeitung nach der Papstwahl – „Wir sind Papst" – ist sicher nur das geläufigste Beispiel. Auch er wurde und wird noch immer weiter erzählt: Virales Marketing ganz ohne Internet. Vergleiche mit vielen Beispielen versehen und nicht nur auf das Internet bezogen auch Gladwell (2002).

wird dann zur sogenannten Zielgruppe und damit zu einem statistischen Konstrukt, bestehend aus sozio-demographischen, Einstellungs-, Geschmacks- und Lebensstilvariablen.

Das Internet verändert diese Lage insofern, als es wiederum technisch ermöglicht, eine Vielzahl von Daten über die Kunden zu sammeln, zu aggregieren und zumindest teilweise in Echtzeit zu benutzen. Jeder Nutzer einer Website hinterläßt eine Vielzahl von Daten: die IP-Adresse und damit in etwa den geographischen Standort,[23] die Bandbreite der Internetverbindung, das benutzte Betriebssystem, den Browser, die Bildschirmauflösung und die Sprache. Zudem kann gemessen werden, wann und wie lange auf welchen Seiten der Website gesurft wurde, von welcher vorherigen Website der Nutzer kommt (Referrer). Kommen die Nutzer von Suchmaschinen, können zudem die Suchwörter herausgelesen werden. Auch können die Mausklicks – ob erfolgreich oder nicht –, und sämtliche Mausbewegungen aufgezeichnet werden. Bei der Benutzung von sogenannten Cookies kann dann auch das Besuchsintervall und damit jegliche Aktion auf einen „virtuellen" Nutzer (unique visitor) zugerechnet werden.[24] Verstärkt wird zudem eine Identifizierung des Nutzers angestrebt, indem sogenannte User-Logins angeboten, teilweise sogar verpflichtend gemacht werden. So kann beispielsweise Amazon.com all diese Daten automatisiert auf den eingeloggten Nutzer als Person zurechnen und auf diesen zugeschnittene Produkte anbieten, sobald dieser sich einmal ein Buch auf dieser Website angeschaut hat.[25] Die Akzeptanz dieser Verfahren nimmt weiter zu, weil sie den Nutzern als bequem erscheinen. Dadurch wird eine Unmenge an Daten produziert, aufgezeichnet[26] und letztlich ausgewertet. Der Unterschied besteht nun vor allem darin, daß hier Nutzergruppen im großen Maßstab live ausgewertet werden können. Während Zielgruppen (zumeist) durch kostenintensive Befragungen nach sozio-demographischen Angaben, Einstellungen, Markenpräferenzen etc. entstehen, werden die Daten der Internetnutzer quasi nebenbei produziert. Diese Daten können dann entweder zur Optimierung des eigenen Angebots oder zum Verkauf

---

[23] Dies bereitet in Deutschland noch gewisse Probleme, da die IP-Adressenvergabe nicht wie in den USA entlang des ZIP-Codes erfolgt und so ca. 80 % Treffergenauigkeit hat. So haben alle Mitarbeiter in einem Unternehmen des Öfteren nur eine IP-Adresse, oder die IP-Adresse wird dynamisch generiert (vgl. u.a. Welker et al. 2005: 155f.).
[24] Auch ein Cookie kann keine Personen identifizieren – wieviele Personen die gleichen Einstellungen im Computer nutzen oder wie viele Browser, Computer etc. ein und dieselbe Person nutzt, bleibt – und deswegen sind diese Techniken auch legal – unbekannt.
[25] ... und weder die Cookies gelöscht wurden, noch ein anderer Computer genutzt wird etc.
[26] Ricardo Rubio Gonzales von Yahoo erklärte auf der diesjährigen G.O.R., daß bei Yahoo täglich 16 Terrabytes an Daten über die Nutzer gespeichert werden – das entspricht einem 34 Meter hohen CD-ROM-Stapel. Bedenkt man Marktanteil und Produktportfolio, so bekommt man eine ungefähre Ahnung von dem, was Branchenriese Google täglich produziert.

Personalisierter Massenkonsum und das Internet

von Werbeplätzen genutzt werden.[27] Ein entscheidender Unterschied besteht zudem in der Skalierung: Während die etablierten Zielgruppenkonstrukte aus einer Menge an (Umfrage-)Daten herauskristalliesert werden und recht grob sind, da es immer um eine Interpretation der Daten geht, braucht man sich darüber in der Online-Welt nicht viel Gedanken zu machen, da es genügt, Kriterien festzulegen, wie mit den Daten umgegangen werden soll. Wird zum Beispiel festgestellt, daß eine bestimmte Nutzergruppe, die an bestimmten Tageszeiten von bestimmten Websites kommt und sich für bestimmte Produkte interessiert, mehr Umsatz tätigt als andere, dann ist es nicht unbedingt nötig, auf die Motivlagen dieser Nutzer zu schauen und diese zu interpretieren – oft reicht es, den Unterschied zu sehen und diesen den Weg bis hin zum gewünschten Ziel zu erleichtern (z.B. über Landingpages, bessere Nutzerführung). Man bleibt sozusagen auf der Oberfläche, weil eine genaue Interpretation der Daten zu zeitaufwendig wäre und es im nächsten Monat wieder ganz anders aussehen könnte.

These 3: Werbung, Marktforschung und Controlling für jeden und weltweit

Das Internet ist im Vergleich zu den Massenmedien und -märkten anders strukturiert, denn die Online-Welt ist nur über Keywords zu erschließen und potentiell global. Was Nutzer im Internet interagieren läßt und was Anbieter und Nachfrager zusammenbringt, sind Keywords. Nur über Suchanfragen ist das Internet überhaupt zu erfassen. Es gibt weder eine räumlich-physische Beschränkung, um zu einem Geschäft zu gelangen, noch gibt es zeitliche Beschränkungen (Öffnungszeiten) – alle Angebote stehen zunächst erst einmal ziemlich gleichberechtigt nebeneinander. Die ökonomischen Einstiegsbarrieren sind denkbar gering. Alles was benötigt wird, ist ein Computer, eine Domain und „Know-how" – der Rest kommt später.

Zum Beispiel: Jemand kommt auf die Idee, Origami-Kraniche aus Bonbon-Papier zu basteln und im Internet zu verkaufen. Dieser Anbieter macht eine Website und stellt Bilder, Texte etc. darauf und erklärt, daß man die Kraniche auch kaufen kann. Nun muß eigentlich nur gewartet werden, bis die Suchmaschinen-Bots[28] kommen und man in den verschiedenen Suchmaschinen eingetragen wird.[29] Jeder, der jetzt nach „Origami, Kranich und Bonbonpapier" sucht,

---

[27] Das entsprechende Schlagwort für diese eher auf Nutzergruppen als auf Zielgruppen zugeschnittenen Maßnahmen heißt dann „behavioural targetting" bzw. target marketing.
[28] Das sind Programme der gängigen Suchmaschinen, die die Inhalte der Website indizieren, um sie so wieder auffindbar zu machen.
[29] Daß es ganz so einfach natürlich nicht ist – vor allem auf der ersten (und damit relevanten) Seite der verschiedenen Suchmaschinen gelistet zu werden –, zeigt allein schon die Vielzahl von Anbietern für Suchmaschinenoptimierung (SEO) und -marketing (SEM).

wird diese Website finden.[30] Zudem kann jeder kostenlos ein Webanalysetool einbauen – von einem einfachen Zähler bis hin zu Google Analytics, und so die oben dargestellten Daten sammeln und auswerten.[31] Wenn das noch nicht reicht, ist Werbung im Netz ab fünf Cent pro Klick zu bekommen – beispielsweise mit dem Adwordssystem. Erstellt man nun von dieser Website noch eine englischsprachige Version, kann ein weltweiter Markt erschlossen[32] bzw. um die Keywords im globalen Maßstab gerungen werden.

Der Wettbewerb – wenn es nicht gerade um Origami-Kraniche aus Bonbonpapier geht – ist naturgemäß nicht gering, jedoch haben gerade Nischenprodukte oder Anbieter mit im Weltmaßstab geringeren Preisen eine reelle Chance, sich auch gegen „die Großen" durchzusetzen. Es ist eine alte Weisheit im E-Commerce, daß sich gerade Nischenprodukte sehr gut über das Internet verkaufen lassen. Wie allgemein bekannt, haben diese Nischenprodukte den Nachteil, nur für eine vergleichsweise kleine Käuferschicht von Interesse zu sein – Marketingmaßnahmen, die sich via Massenmedien an ein Massen-Publikum richten, sind hier viel zu ineffektiv. Zudem sind es diese Produkte, die am schnellsten aus dem angebotenen Sortiment fallen. Suchen Sie zum Beispiel einmal ovale Bilderrahmen in einem normalen Geschäft – das Angebot wird, wenn vorhanden, nur sehr beschränkt sein. Es gibt hierfür nur wenige Nachfrager. Im Netz können jedoch diese Wenigen durch die getätigten Suchanfragen sehr gut herausgefunden und auf das eigene Angebot aufmerksam gemacht werden – man konkurriert also gar nicht mit dem allgemeinen Geschmack des (Massen-) Publikums, sondern zielt auf die kleinere Teilmenge.

3 Konsequenzen für die kommerzielle Konsumforschung

Aus den vorhergehenden Beobachtungen scheint sich eine Konsequenz für die kommerzielle Konsumforschung herauszukristallisieren. Entgegen der Idee, daß durch mehr Informationen über den Markt – das heißt sowohl über die Anbieter, die Produkte als auch die Konsumenten – dieser auch besser manipuliert werden

---

[30] Daß die Kriterien für die meisten Suchmaschinen vor allem darin bestehen, wie viele andere Sites (die einen guten Rang haben) auf die Website verweisen, wie oft die Site aktualisiert wird und natürlich wie oft die entsprechenden Keywords auf der eigenen Site auftauchen, ist mittlerweile ein offenes Geheimnis.
[31] Man kann auch – will man seine Produkte über Ebay verkaufen – eine Ebay-Marktanalyse machen. Ab zwei Euro erhält man Zugriff auf die Daten der beendeten Angebote und kann damit wissen, welcher Verkaufspreis zu erwarten ist (http://pages.ebay.de/marketplace_research/).
[32] Eine wichtige Bedingung dieser weltweiten Markterschließung ist das immer effizienter werdende Transportwesen. Erst dadurch können Anbieter und Konsumenten zusammenkommen und Preisunterschiede zwischen nationalen Märkten ausgenutzt werden.

könne, daß also Informationszuwächse zu Steuerungsgewinnen führen, scheint das Internet genau zum Gegenteil zu führen – nämlich zu einer Deplausibilisierung von Steuerungsmodellen überhaupt. Dies soll zum Abschluß diskutiert werden – einmal in Bezug auf die Anbieter und zum anderen in Bezug auf die Konsumenten.

Durch das Internet hat potentiell jeder Zugang zu einem globalen Markt – sei es, daß er ein paar Dinge über Ebay kauft bzw. verkauft oder sich seinen special interests hingibt und beispielsweise nach Bastelanleitungen für Origami-Kraniche aus Bonbonpapier sucht. Der Markt als Verhältnis von Angebot und Nachfrage – ob nun von Informationen zu Produkten oder von Kommunikationen über Produkte oder aber von den Produkten selbst – wird so zum einen erweitert und zum anderen von potentiell jedem in seiner Marktförmigkeit erkannt.

Damit ist gemeint, daß der Markt als Verhältnis von Angebot und Nachfrage gesehen und zudem als nicht manipulierbar wahrgenommen wird – weder durch die Konsumenten noch durch die Produzenten. Der Markt ist zudem keine zu lösende Extremwertaufgabe, da sich mit jeder Transaktion zugleich die Ausgangsbedingungen verändern. Diese Einsicht in die Unmöglichkeit der manipulierenden Steuerung wird u.a. durch das Internet zu einer allgemein verbreiteten empirischen Erfahrung. Die Vorstellung, daß mit toller Werbung, einem großen Marketingbudget und breiter Marktforschung jedes Produkt quasi mit eingebauter Erfolgsgarantie auf dem Markt plaziert werden kann, wird obsolet. Denn Kunden sind nicht Marionetten an den Stricken der Großunternehmen. Weder werden die Kunden(-wünsche) von den Unternehmen diktiert, noch werden die Unternehmen allein von den Kundenwünschen bestimmt – das Verhältnis von Angebot und Nachfrage ist entscheidend. Das ist nicht neu, wird aber durch die Erfahrung im Internet erneut bekräftigt, da hier zumeist nicht Mainstream-Produkte für einen Massenmarkt im Blick sind, sondern eher Nischenprodukte für eine kleine Zielgruppe. Das Feld erscheint insgesamt heterogener und vielfältiger als beim Massenmarkt.[33]

Zudem hatten Konsumenten noch nie soviel Macht[34] wie heute – ob nun durch hörbare Kritik an Produkten oder der Unternehmensphilosophie – und werden selber zu Anbietern – sei es bei Ebay.com oder als Storebetreiber bei

---

[33] Bestes Beispiel ist die „Musikindustrie" – wie ehedem gibt es die Charts und auf den Massengeschmack zugeschnittene Produktionen, doch wird beispielsweise über myspace.com die Vielfalt von Menschen, die Musik machen, gegenüber der Endlosschleife im Radio wieder erfahrbar, und letztlich differenziert sich der Markt: Die Einnahmen der großen Plattenfirmen gehen seit fünf Jahren rapide zurück, und es ist nicht davon auszugehen, daß weniger Musik gehört wird.

[34] Ich sagte Macht – also, ganz im Sinne Max Webers (1976: 21), die Chance, in einer sozialen Beziehung den eigenen Willen auch gegen Widerstreben durchzusetzen, und nicht Herrschaft, womit die Chance gemeint ist, für einen Befehl bestimmten Inhalts bei angebbaren Personen Gehorsam zu finden.

Spreadshirt.com. Der Feedback-Kanal mutiert so von einer vernachlässigbaren Größe zu einem wichtigen Marketing- und zugleich Marktforschungskanal. Damit verschiebt sich zunehmend die Wahrnehmung von Steuerbarkeit. Das Konzept von Steuerung vergleicht Input und Output gemäß einem Ziel, fragt also beispielsweise: Wie viel Geld muß in Werbung investiert werden, um möglichst viele Produkte verkaufen zu können? Deswegen erscheint es vielen Unternehmen und Werbetreibenden sinnvoll, die Steuerung durch Informationsvermehrung zu optimieren. Wenn nun aber der Feedback-Kanal wichtig wird, versagt das Modell der Steuerung zugunsten eines Modells der Kontrolle. Kontrolle meint, daß Resultate nicht mehr an einem äußeren Ziel gemessen werden, sondern an den vorangegangenen ‚Operationen des Systems selbst'. Das bedeutet, daß die Umwelt nicht mehr als störend in Bezug auf die Zielerreichung erachtet, sondern vielmehr als Chance, als Potentialität begriffen wird, die ausgenutzt werden kann. Am Ende kann jedoch nicht mehr entschieden werden, wer wen kontrolliert (vgl. Esposito 2002: 332f.). Kontrollieren die Konsumenten die Produzenten oder ist es eher umgekehrt? Die Frage wird unbeantwortbar.[35]

Wird also auf der einen Seite der Markt in seiner Nicht-Steuerbarkeit erkannt, so verlieren andererseits auch Modelle der Steuerung von Individuen ihre Plausibilität – und dies um so mehr, je mehr persönliche Daten gesammelt und ausgewertet werden können. Denn Person ist nicht gleich Individuum.

Einige Tendenzen[36] deuten darauf hin, daß die potentiellen Kunden persönlich angesprochen werden möchten, daß sie auf sich als Person zugeschnittene Angebote erwarten und daß sie die permanente Option haben wollen, aus dem Geschäftsverhältnis wieder auszusteigen. Vieles deutet darauf hin, daß sich im Internet jeder wie als Stammkunde beim Bäcker oder Krämer um die Ecke fühlen will, er will gekannt werden, er findet die Bequemlichkeit attraktiv, auf ihn zugeschnittene Empfehlungen und Vorschläge zu bekommen und tritt dafür zunehmend gern aus der Anonymität heraus. Im Gegenzug – so scheint es – will er mit seinen Vorschlägen und Empfehlungen auch ernst genommen werden und „freut sich", wenn durch seine Mitwirkung der Shop, das Angebot oder der Service verbessert werden.

Wenn dies auch nur einigermaßen zutrifft, dann wäre das nicht weniger als eine Erweiterung des Massenkonsummarktes, der für den Einzelnen nicht nur die

---

[35] Die Probleme, die sich daraus ergeben, lassen sich an den beiden oben angesprochenen Perspektiven gegenüber dem so genannten Web 2.0 veranschaulichen. Wird es auf der einen Seite als Chance und Möglichkeit für Verkauf, Produktion, Marketing oder Marktforschung wahrgenommen, so sieht die andere Seite das alles als Gefahr, als eine irreparable Schädigung des Markenkerns und der Markenkommunikation (vgl. Wiest 2006).

[36] Damit meine ich die zunehmende Akzeptanz von User Logins und personalisierten Services, die abnehmende Anzahl der Personen, die ihre Cookies löschen und die geringer werdende Furcht, persönliche Daten (für geringen Preis- oder Bequemlichkeitsvorteil) preiszugeben.

Möglichkeit bietet, selbständig und freiwillig aus der Vielfalt der Produkte wählen zu können (vgl. Schrage 2006: 442), sondern der darüber hinaus ermöglicht, die eigenen Wünsche und Erwartungen an die produzierenden Unternehmen heranzutragen und so auf den Markt Einfluß zu nehmen.

Es scheint eine spezifische Attraktivität in dieser Personalisierung des Massenkonsums zu liegen. Ist dies außerhalb des Internets nur mit allen Konsequenzen sozialer Beziehungen zu haben – dem Small Talk und dem Lächeln –, so scheint es im Internet möglich, persönlich angesprochen zu werden und persönliche Empfehlungen zu bekommen, ohne als Individuum auftreten zu müssen, sondern lediglich in der Rolle als (möglicher) Konsument adressiert zu werden.[37] Der wahrzunehmende persönliche Vorteil wäre dann, daß die je spezifischen Konsumerwartungen mit den umgebenden Konsumangeboten stärker verknüpft werden als es im etablierten Massenkonsum (bisher) auch nur denkbar ist.[38] Insofern würde „die für das Konsumieren maßgebliche Haltung [...] sich immer wieder neue, das Bekannte übertreffende Güter und Bedeutungen nahe bringen zu lassen" (Schrage 2006: 440f.), durch personalisierte Empfehlungssysteme nicht zerstört, sondern eher im Gegenteil nochmals gesteigert und gefestigt.

Die hier skizzierte Tendenz eines personalisierten Massenkonsums ist technisch möglich und erscheint – nüchtern betrachtet – als plausible Fortsetzung des etablierten Massenkonsums. Seit der Etablierung dieses Prinzips wird Individualität durch Konsumentscheidungen nicht nur ausgedrückt, sondern zuerst einmal hergestellt. Werden nun diese Entscheidungen durch technische Verfahren vereinfacht, kann die Vielfalt trotz massenkonsumistischer Dimension nochmals erweitert werden. Personalisierungssysteme greifen in diesem Sinne nicht auf die Individualität durch, sondern strukturieren die Selektionsentscheidungen vor.[39]

Denn während im Zeitalter der Massenmedien und der Massenmärkte Information als ein Gut begriffen wurde, das Sicherheit, da Prognosefähigkeit und

---

[37] Dies alles ist nur möglich, wenn persönliche Daten preisgegeben werden. Es ist gegenwärtig nur sehr schwer einzuschätzen, welche Entwicklung der Umgang mit personenbezogenen Daten nehmen wird. Spricht einerseits die Angst vor Überwachung, Datendiebstahl oder -mißbrauch gegen dieses Entwicklungsszenario, zeichnen andererseits die Verbreitung von Payback-Karten, die zunehmende Akzeptanz von Cookie-unterstützten Login-Verfahren oder einfach nur die Preisgabe vieler personenbezogener Daten in Social-Networking-Systemen ein ganz anderes Bild.
[38] Damit wird nicht bestritten, daß die Möglichkeit der Einführung von persönlichen Empfehlungssystemen mittels Kundenkarten oder RFID-Technologie auch in Supermärkten besteht. Nach dem Motto: „Leute, die dieses Produkt kauften, kauften auch..." oder „Der Käse xy ist neu in unserem Sortiment – aufgrund ihres bisherigen Kaufverhaltens sollte er Ihnen zusagen. Deswegen kostet er für Sie nur x, statt y Euro."
[39] So auch Elena Esposito: „Am spannendsten scheinen mir immer noch die neuen Möglichkeiten der Interaktivität zu sein, so z.B. die Möglichkeit, eine Kommunikation zu haben, die zwar anonym im Sinne von Massenkommunikation, aber doch zugleich personalisiert ist" (siehe das Interview in Bardmann 1998: 146). Allgemeiner zu diesem Zusammenhang Esposito (1995).

Kontrollmöglichkeit schafft, destruiert im Zeitalter des Internet die Vielzahl an verfügbaren Daten und Informationen diese Sicherheit. Informationen bieten Sicherheit nur, wenn sie ein knappes Gut darstellen. Gegenwärtig erwächst jedoch aus der Informationsvermehrung eine wachsende Intransparenz. Je mehr Informationen zu bekommen sind, die potentiell einen Prozeß kontrollieren können, desto weniger fungieren diese Informationen als Einschränkungen von Handlungsmöglichkeiten, vielmehr führt dies zu zunehmender Desorientierung.

„Was zählt, ist demnach die Fähigkeit, Entscheidungen zu treffen. Im Vergleich zur Information, die selbst eine Einschränkung von Möglichkeiten darstellt, ist eine Entscheidung eine Selektion zweiter Ordnung – eine Selektion von Selektionen, die nicht darin besteht, eine Wahl treffen zu können, sondern darin, zu wissen, wann man eine Wahl treffen muß und wann man diese Entscheidung anderen (selbst dem Computer) überlassen sollte." (Esposito 2002: 344f.)

In diesem Sinne wurde der personalisierte Massenkonsum als eine Erweiterung der massenkonsumistischen Disposition begriffen, die maßgeblich durch die Infrastruktur des Internet ermöglicht und zugleich erzwungen wird. Denn durch das Übermaß an Informationen wird es notwendig, Verfahren zu entwickeln, die den Konsumenten in die Lage versetzen, Entscheidungen vorzunehmen. Personalisierte Empfehlungssysteme nehmen Konsumenten keine Entscheidungen ab, da sie sich auch gegen sie entscheiden können, sie werden aber immer wichtiger, um überhaupt (Konsum-)Entscheidungen treffen zu können. Steigende Markttransparenz ist nur durch eine Fülle von Informationen möglich, die durch ihre schiere Menge jedoch nicht mehr als Entscheidungsgrundlage dienen können, so daß Verfahren entwickelt werden müssen, die das „Sich-Entscheiden-Können" erleichtern.

Die kommerzielle Konsumforschung wird diese Verfahren und das benötigte Wissen bereitstellen (müssen). Dabei wird sie wohl weniger mit der Produktion von Daten zu kämpfen haben, als mit ihrer Interpretation und Selektion, und vielleicht wird sie dann erkennen, daß das Bewußtsein der Individuen unergründlich und damit auch nicht manipulierbar – im Sinne von zielgerichteter Steuerbarkeit – bleibt.

Literatur

AGOF (Hg.) (2006), Internet facts 2006-II Berichtsband – Teil 1, online abrufbar unter: http://www.agof.de/archiv_studien.364.html.
AGOF (Hg.) (2007), Internet facts 2006-III Berichtsband, online abrufbar unter: http://www.agof.de/studie.353.html.
Bardmann, Theodor M. (Hg.) (1998), Zirkuläre Positionen 2. Die Konstruktion der Medien, Opladen.
Berekoven, Ludwig/Werner Eckert/Peter Ellenrieder (2001), Marktforschung. Methodische Grundlagen und praktische Anwendung. 9. überarbeitete Auflage, Wiesbaden.
Bitkom (Hg.) (2007), Jeder Fünfte hat eine private Internet-Präsenz (13. August 2007), in: http://www.bitkom.org/47504_47500.aspx (letzter Aufruf: 21. August 2007).
Bolz, Norbert (1993), Am Ende der Gutenberg Galaxis. Die neuen Kommunikationsverhältnisse, München.
Bonfadelli, Heinz (2004), Medienwirkungsforschung. 2 Bände. (Bd. 1: Grundlagen und theoretische Perspektiven, 3. Auflage; Bd. 2: Anwendungen in Politik, Wirtschaft und Kultur, 2. Auflage), Konstanz.
Esposito, Elena (1995), Interaktion, Interaktivität und die Personalisierung der Massenmedien, in: Soziale Systeme, Jg. 1, H. 1, S. 225-260.
Esposito, Elena (2002), Soziales Vergessen. Formen und Medien des Gedächtnisses der Gesellschaft, Frankfurt/M.
Gladwell, Malcolm (2002), Der Tipping-Point. Wie kleine Dinge Großes bewirken können, München.
Institut für Demoskopie Allensbach (Hg.) (2003), ACTA 2003. Dynamische Entwicklung der Internetnutzung. Allensbach.
Internet World Business (2007), „Wer zählt richtig?", Internet World Business, H. 2/2007, S. 12.
Jäckel, Michael (2005), Medienwirkungen. Ein Studienbuch zur Einführung, 3. überarbeitete und erweiterte Auflage, Wiesbaden.
Jones, Steven (1997), Kommunikation, das Internet und Elektromagnetismus, in: Stefan Münker/Alexander Roesler (Hg.): Mythos Internet, Frankfurt/M., S. 131-146.
Lasswell, Harold D. (1948), The structure and function of commmunication in society, in: Lyman Bryson (Hg.), The communication of ideas, New York, S. 37-52.
Nielsen Media Research (Hg.) (2007), Nielsen Media Research veröffentlicht Bruttowerbeinvestitionen für Direct Mail, Online, Kino, Transport Media und At-Retail-Media, Pressemitteilung vom 17.1.2007.
Renckstorf, Karsten (1995), Kommunikationswissenschaft als sozialwissenschaftliche Disziplin. Theoretische Perspektiven, Forschungsfragen und Forschungsansätze, Nijmegen.
result GmbH (Hg.) (2007), Web 2.0. Grundlagenstudie des Markt- und Medienforschungsinstitutes result in Zusammenarbeit mit der Medienforschung des Südwestrundfunks, online abrufbar unter: http://www.result.de/fileadmin/result/content/download/Web-2.0-Studie_result_SWR_Februar_2007_-_Kurzfassung.pdf.

Schenk, Michael (1997), Massenkommunikation und ihre Wirkungen, in: Hermann Fünfgeld/Claudia Mast (Hg.), Massenkommunikation. Ergebnisse und Perspektiven, Opladen, S. 155-168.
Schenk, Michael (2002), Medienwirkungsforschung. 2. vollständig überarbeitete Auflage, Tübingen.
Schrage, Dominik (2006), Schlussüberlegungen zum Zusammenhang von Konsum und Massenkultur, in: Karl-Siegbert Rehberg (Hg.): Soziale Ungleichheit, Kulturelle Unterschiede. Verhandlungen des 32. Kongresses der Deutschen Gesellschaft für Soziologie in München 2004. Teil 1, Frankfurt/M., S. 437-449.
Schweiger, Günter/Gertraud Schrattenecker (2005), Werbung. Eine Einführung, Stuttgart.
SevenOne Media GmbH (Hg.) (2005), TimeBudget 12. 1999-2005. online abrufbar unter: http://appz.sevenonemedia.de/download/publikationen/TimeBudget12.pdf
Sony (2006): Sony Bravia releases explosive new ‚Paint' TV Advert, Press Release vom 17.10.2006. online abrufbar unter: http://www.sony-europe.com/res/attachment/file/68/1159199111568.pdf
Wehner, Josef (1997), Das Ende der Massenkultur? Visionen und Wirklichkeit der neuen Medien, Frankfurt/New York.
Wehner, Josef (2000), Wie die Gesellschaft sich als Gesellschaft sieht – elektronische Medien in systemtheoretischer Perspektive, in: Klaus Neumann-Braun/Stefan Müller-Dohm (Hg.), Medien- und Kommunikationssoziologie. Eine Einführung in zentrale Begriffe und Theorien, Weinheim/München, S. 93-124.
Welker, Martin/Andreas Werner/Joachim Scholz (2005), Online-Research. Markt- und Sozialforschung mit dem Internet, Heidelberg.
Wiest, Simon (2006), Kreatives Potenzial für Internationale E-Business-Lösungen. Web 2.0 – woher, wohin? Vortrag gehalten auf Innovationsforum 06, Folien online abrufbar unter: www.innovationsforum06.de.
Weber, Max (1976), Wirtschaft und Gesellschaft. Grundriß der verstehenden Soziologie, Tübingen.

Transparente Märkte in interaktiven Wertschöpfungsprozessen

Synchrone Konsumforschung mit vernetzten Konsumenten

Andreas Schelske

1 Ausgangsfrage

Open Innovation, Open Source, Interaktive Wertschöpfung, Social Software, Prosumenten, Location-Based-Services, Data-Mining, RFID, Long Tail, Crowdsourcing sowie Kundenkarten und 3D-Drucker gehören zu den Schlagworten, die eine Wandlung sowohl der Konsumgüterproduktion als auch die Markt- und Konsumforschung markieren. Obwohl jene Innovationen auf vielfältigen und ganz unterschiedlichen Informationstechniken beruhen, befördern sie zwei grundsätzliche Entwicklungen im Verhältnis von Produzenten und Konsumenten. Die erste Entwicklung gibt Konsumenten ausgebaute Möglichkeiten, sich an der Produktion zu beteiligen. Als so genannte Prosumenten produzieren Konsumenten ihre Konsumgüter selbst. Die Produktionsbereiche, in denen Konsumenten eigenständig produzieren können, werden vielfach mit den Begriffen „Open Source", „Open Innovation", Interaktive Wertschöpfung oder „Crowdsourcing" benannt. Die zweite Entwicklung geht mit dem Data-Mining und einer globalen Informationalisierung einher, die die Informationsflut innerhalb der gesamten Wertschöpfungskette vom Rohstoff bis hin zum Konsumenten durchschaubarer macht. Insbesondere Kundenkarten, Identifikationschips (RFID) und computerunterstützte Kundenkontakte vor Ort (Location-Based Services) ermöglichen Datenspuren, die die Konsumpräferenzen von Individuen für die Konsumforschung transparent werden lassen.

Die Beschreibung der beiden Entwicklungen deutet an, wie Informationen auf Konsumgütermärkten sowohl von Produzenten als auch von Konsumenten hergestellt, analysiert und umgesetzt werden, um Produkte zielgenauer auf Konsumentenbedürfnisse abzustimmen. Beispielsweise können Konsumenten bei dem Unternehmen lego.de eine kostenlose Software erhalten, mit der sie für Legosteine individuelle Modelle entwerfen. Die Modelle können sie bei LEGO produzieren lassen und über die Website von LEGO verkaufen. Das Unternehmen LEGO hat den Marktvorteil, daß es exakte Informationen darüber hat, wer die Kunden sind, was sie wünschen und welchen Preis sie zahlen mögen. Aufgrund dieser kooperativen Wertschöpfungsprozesse sind Konsumentenbedürfnisse für LEGO nicht nur transparent, sondern werden von Konsumenten direkt in die Produktionsabläufe des Spielzeugherstellers integriert bzw. als Marktinformation zur Verfügung gestellt. Vor dem Hintergrund, daß sich Konsumenten mit ihren Konsumwünschen in ein Unternehmen integrieren, stellt sich die Frage, welche Aufgaben die Markt- und Konsumforschung zukünftig übernimmt, wenn sie in ihren klassischen Bereichen der Konsumentenbefragung weniger relevant wird. Wird die Markt- und Konsumforschung einen Teil ihres exklusiven Wissens über den Markt verlieren, wenn Produzenten sich mittels direkter Datenverbindung durch Konsumenten über den Markt informieren lassen? Oder werden Konsumenten die Befriedigung ihrer Konsumbedürfnisse soweit wie möglich in den Strukturen der Konsumgüterproduktion organisieren? Die These dieses Beitrags ist, daß Konsumenten und Unternehmen zukünftig derart eng kooperieren, daß Marktinformationen hinsichtlich spezifischer Produkte für alle beteiligten Akteure in vernetzten interaktiven Medien leicht zu erhalten sind. Demzufolge verlieren Pretests für Produkte sowie Zielgruppenforschungen für Produktgruppen in der klassischen Marktforschung an Bedeutung, da hinsichtlich der Warenströme und optimalen Wertschöpfungsketten eine hohe Markttransparenz vorzufinden ist.

2 Informationelle Intransparenz auf Märkten

Auf globalen und fast allen anderen Märkten wissen Produzenten nicht exakt, was Konsumenten wünschen, und gleichfalls wissen Konsumenten nicht exakt, was Produzenten bieten. Von keinem Standpunkt aus lassen sich die komplexen Wechselwirkungen innerhalb der globalen Märkte überblicken. Die Transparenz der Märkte ist ein weitgehend theoretisches Ideal der Volkswirtschaftslehre. Auf Märkten herrscht Transparenz immer dann, wenn alle Marktteilnehmer über alle Marktbedingungen auf der Nachfrage- und der Angebotsseite vollständig informiert sind (vgl. Henrichsmeyer 1986: 52). Diese Annahme eines vollkommenen Marktes tritt in der Praxis der globalen Handelsstrukturen nicht sehr wahrscheinlich ein. Auf nationalen und globalen Märkten bieten Produzenten vielerlei Konsumprodukte an, ohne genaue Informationen über Angebot und Nachfrage zu haben. Die Intransparenz des Marktes zieht selbst einen Markt nach sich. Die Markt- und Konsumforschung verkauft sich als eine Forschungsrichtung, die Informationen über die Bedingungen der Konsumgütermärkte vorhält. So wird in Zeiten des komplexen Warenhandels die Markt- und Konsumforschung zunehmend nachgefragt, weil sie mittels Evaluation und Exploration von Marktdaten die jeweiligen Produktionsziele eines Unternehmens orientiert. Begonnen hat die

Marktforschung in den USA als eine Folge der spezifischen Ökonomie und des seinerzeit größten Binnenmarktes (vgl. Strasser 1989).

Markt- und Konsumforschung strebt informationelle Markttransparenz an. Wäre sie vollkommen, dann wäre sie permanent darüber informiert, warum Konsumenten etwas wünschen, kaufen und konsumieren. Dieses Ziel ist zwar unerreichbar, aber selbstverständlich strebt es die Markt- und Konsumforschung mit einer Datenbasis an, die sich so synchron wie möglich mit dem Markt und dem Konsumentenverhalten ändert. Beispielsweise bieten große Marktforschungsunternehmen ein Consumer Tracking an, das Verbraucherpanels in einem weltumspannenden Netzwerk von europäischen Ländern, Nordamerika sowie Ländern in Asien und Südamerika nutzt. Konkret wirbt das Marktforschungsunternehmen GfK unter dem Label „Consumer Scan" mit einem Haushalts- und Individualpanel und dem Versprechen: „Rund 108.000 Haushalte in ganz Europa berichten täglich über ihre Einkäufe von Verbrauchs- und Gebrauchsgütern. [...] ConsumerScan gibt Auskunft über Käufercharakteristika, -verhalten und -reichweiten, Bedarfsdeckung, Markentreue, Nebeneinanderverwendung und vieles mehr" (GFK 2005: 13). Consumer Tracking ist hier ein Beispiel für das marktforscherische Bestreben, sich dem Ideal einer prinzipiell unerreichbaren Markttransparenz auf globalen und lokalen Märkten der Konsumgesellschaft zumindest anzunähern.

3 Informationen steuern die Märkte

Die Informationen der Konsumforschung stellen selbst handelbare Produkte dar, weil Konsumenten oder Produzenten marktrelevante Informationen für ihre jeweiligen Entscheidungen benötigen. Insbesondere für Unternehmen ist der Verkaufserfolg auf Märkten eng daran gekoppelt, wie sie Unterscheidungen z.B. zwischen Produktqualitäten evaluieren und wie sie auf der Basis jener Unterscheidungen sich für eine spezifische Fertigung entscheiden. Solche Unterscheidungen können die Produktqualität, das Produktdesign, den Konsumkontext, die emotionalen Orientierungen der Verbraucher sowie soziokulturelle Trends etc. betreffen. Wenn beispielsweise blaue Autos bei westeuropäischen Frauen eine hohe Präferenz erfahren, dann ist es nicht nur entscheidungsrelevant zu wissen, welches Blau einen Unterschied macht, sondern auch, daß bei Ehepaaren die Frau ein gewichtigeres Wort als der Mann zur Farbauswahl geltend macht (vgl. Aral Autostudie 2005). Auch einen kleinen Unterschied, der einen Unterschied macht,[1] registriert die Markt- und Konsumforschung als eine Informationsein-

---

[1] Diese Formulierung hat ihren Ursprung in der Informationstheorie Batesons: „Der Unterschied, der einen Unterschied macht, ist eine Idee. Er ist ein ‚Bit', eine Informationseinheit" (Bateson 1985: 353).

heit, mit der sie die Entscheidungsfindungen der Konsumenten beschreibt. Im Kern arbeitet die Markt- und Konsumforschung daran, Unterschiede auf Märkten aufzufinden, daraus Informationseinheiten zu generieren und innerhalb von Unternehmen entscheidungsrelevant werden zu lassen – infolgedessen werden z.b. mehr blaue Autos produziert, weil sie sich gegenwärtig besser als weiße Autos verkaufen lassen.

Informationen beeinflussen Märkte: Sie beeinflussen sowohl das Angebot als auch die Nachfrage von Konsumgütern. Nichtsdestoweniger sind nicht alle Informationen gleich. Für Marktteilnehmer sind die besten Informationen diejenigen, die sie zu einer Entscheidung führen, welche einen wie immer gearteten Vorteil erbringt. Wer beispielsweise die Nachfrage der Konsumenten kennt, der weiß, welche Güter er zu welchem Preis, an welchem Ort und in welchem Design anbieten sollte, um einen Verkaufserfolg zu erwirtschaften. Bereits Adam Smith beschrieb im Jahr 1776 in *The Wealth of Nations*, warum Informationen unter Marktteilnehmern ungleich verteilt sind und Informationsbeschaffung aufwendig bzw. kostenintensiv sein kann. Im volkswirtschaftlichen Ideal würde derjenige am erfolgreichsten Handel treiben, dem Angebot und Nachfrage von Konsumgütern vollständig transparent sind. Dieses Ideal war bisher für die Konsumforschung sehr fern, doch neue und zukünftige computerunterstützte Informationstechniken kommen dem Ideal einer vollständigen Markttransparenz auf Konsumgütermärkten etwas näher.

Zwar wird nicht die „unsichtbare Hand" selbst auf unregulierten Märkten sichtbar (Smith 1978: 371), aber ihre „Handlungen" und die damit verbundene Allokation der Ressource „Information" werden durch die weltweit vernetzte Informations- und Kommunikationstechnik (IuK) erkennbar und erhalten eine globale Dimension. Die Informationstechnik steigert die Informationstransparenz, so daß spezifische Teile des Gesamtmarktes beobachtbar sind. So fördert der Käufer eines Produkts in vernetzten Produktionsstrukturen einen Zweck, den zu erfüllen er in keiner Weise beabsichtigt hatte – denn er erzeugt viele Datenspuren, die an anderen Stellen den Marktmechanismus harmonisieren.

Kraft der Informationstechnik kann die Marktforschung eines Unternehmens synchron mit dem Abverkauf einer Supermarktkette verbunden sein. Ein solches System testet beispielsweise seit mehreren Jahren der Handelskonzern Metro Group. Die Metro Group plant die Einführung von Etiketten mit Radiofrequenz-Identifikation (RFID) (vgl. Metro im www.future-store.org). Dieser massive Einsatz von Informationstechnik soll die Logistik der Metro hinsichtlich der Kosten optimieren, indem alle Wertschöpfungsstufen vom Rohstoff bis hin zum Konsumenten in synchroner Datenkontrolle stehen. Zweifelsohne ist es in der volkswirtschaftlichen Theorie umstritten, wie stark die Informations- und Kommunikationstechnik sich auf die Effizienz eines Unternehmens auswirkt. Im

Tenor erwarten viele Autoren jedoch, daß der Einsatz von Informations- und Kommunikationstechnik zu einer Erweiterung der Märkte und zu einer Steigerung der Effizienz fast aller Unternehmen führt (vgl. Benjamin/Malone/Yates 1986; Picot et al. 1996; Zerdick u.a. 2001). Die informationstechnischen Bedingungen des freien Marktes lassen Handlungen der „unsichtbaren Hand" im freien Markt sichtbar werden. Mit jedem Kaufakt des Konsumenten können Unternehmen ihre Kontrolle über Marktdaten ausweiten, so daß sie ihre Wertschöpfungskette zielgenau vom Produkt bis zum Konsumenten planen können. Diese informationstechnischen Bedingungen sichtbarer „Handlungszusammenhänge" im freien Markt drängen auf die Frage: Welche Aufgaben übernimmt zukünftig die Markt- und Konsumforschung, wenn die Unternehmen selbst ihre gesamten Wertschöpfungsketten informationstechnisch analysieren?

Mit der Informationstechnik haben sich Einflußbereiche von marktorientierten Unternehmen und Konsumenten verschoben. Einerseits analysiert die Markt- und Konsumforschung zunehmend genauer, wann, warum, wie und wo Konsumenten etwas begehren bzw. was sie verbrauchen, und andererseits gibt die Informationstechnik den Konsumenten diverse „Werkzeuge" an die Hand, mit denen sie selbst unterschiedliche Produkte ihres Interesses herstellen können, wie z.b. bei dem eingangs erwähnten Unternehmen LEGO. Die Digitalisierung und Informationalisierung der Marktverhältnisse stellt die immerwährende Frage: Wie steuern Informationen den Markt? Sind alle Handlungen der Konsumenten für die Markt- und Konsumforschung transparent? Oder gibt die Informationalisierung den Konsumenten eine Souveränität, die sie abseits jeder monetären Kommerzialität (z.B. bei Open Source Software) hinsichtlich ihres Konsums durchsetzen? Im folgenden sollen beide Einflußbereiche beleuchtet werden. Zunächst soll die Konsumentensouveränität derjenigen betrachtet werden, die etwas erwerben und konsumieren. Im Anschluß daran folgen Überlegungen, wie sich die Macht und Souveränität derjenigen verteilt, die als Produzenten eines Konsumgutes gelten.

4 Kooperative Wertschöpfung in offenen Produktionskontexten

Die Markt- und Konsumforschung handelt mit Informationen über Verbraucher und Märkte. Um Produkte auf spezifische Märkte sowie auf das Kauf- und Konsumverhalten der Verbraucher abzustimmen, nahmen Unternehmen bisher hohe Kosten für die Informationenbeschaffung in Kauf. Die steigenden Kosten für Marktinformationen werden einerseits mit der Flexibilisierung und Globalisierung der Medienverhältnisse begründet und andererseits der zunehmenden Individualisierung des Konsums zugeschrieben. Die Individualisierung des Konsums zwingt Auto- oder Turnschuhunternehmen beispielsweise dazu, äußerst feinsinnig ihre Modellpaletten auf immer stärker fragmentierte Zielgruppen unterschiedlichster Kulturen abzustimmen. Zudem stehen Produkte auf den Angebotsmärkten unter Verkaufsdruck. Produkte müssen in der gegenwärtigen Aufmerksamkeitsökonomie immer wieder neu und innovativ auftreten, um in Rankings zu führen und ein Kundeninteresse zu wecken (vgl. Davenport/Beck 2001). Ebenfalls koppelt sich der Erfolg auf Märkten daran, wie schnell Unternehmen auf die Geschwindigkeit aller soziokulturellen, ökonomischen und konsumbezogenen Veränderungen reagieren. Eine Marktorientierung erhielten Unternehmen bisher durch die klassische Marktforschung, die Produkte auf ihre Akzeptanz bei Konsumenten testete. Doch diese Forschungspraxis birgt nach Reichwald und Piller ein Risiko darin, „dass Unternehmen durch eine Orientierung an ‚durchschnittlichen' Kundenbedürfnissen und der Entwicklung eines entsprechenden Standardproduktes der Heterogenität der Kundenwünsche nicht Rechnung tragen können" (Reichwald/Piller 2006: 40). Klassische Marktforschung benötigte bisher oft zuviel Zeit, um auf schnelle und flexible Märkte zu reagieren. Eine zeitliche Straffung bot bisher zwar die Online-Marktforschung, die Daten großer Panels in 24 Stunden zur Verfügung stellen kann. Nichtsdestoweniger ist es für die Marktforschung problematisch – wenn nicht unmöglich –, stark individualisierte Konsumwünsche in Form einer Maßanfertigung in vollem Umfang empirisch zu evaluieren und in einer individueller Produktidee zu verdichten. Markt- und Konsumforschung richtet sich klassischerweise auf den Massenkonsum und scheitert in den meisten Produktgruppen aus Kostengründen daran, individuelle Konsumwünsche in konkreten Produkten zu antizipieren.

Je früher Unternehmen über Veränderungen des Marktes informiert sind, desto eher läßt sich die Produktion in Richtung der jeweiligen Nachfrage dirigieren. Der ökonomische Druck auf gegenwärtigen Märkten, so sensibel wie möglich die Nachfrage der Konsumenten wahrzunehmen, beförderte in den letzten Jahren kooperative Produktionsweisen, bei denen Konsumenten direkt den Produktionsablauf von Unternehmen beeinflussen. Die informationelle Kooperation zwischen Unternehmen und Konsumenten erfolgte dabei oft mittels vernetzter, interaktiver Medien, obwohl diese nicht prinzipiell für den Ablauf notwendig sind. Die kooperativen Produktionsweisen erzielen zeitnahe Marktsensibilität vorrangig durch die informationelle Offenheit des Unternehmens für die Interessen der Konsumenten. Ein Auslöser für kooperative Produktionsweisen ist darin zu vermuten, daß beispielsweise deutsche Unternehmen ihre Effizienz mittels Outsourcing seit dem Jahr 2005 nicht mehr steigerten und seitdem auf die meist kostenlose Mitarbeit ihrer Kunden angewiesen sind, um die Unternehmensgewinne zu erhöhen (vgl. Grömling 2007).

Die Kostenvorteile der kooperativen Produktionsweisen gegenüber der Markt- und Konsumforschung begründen sich in den von Konsumenten weitgehend kostenlos gelieferten Marktinformationen. Die Kernstrategie der kooperativen Wirtschaftsweisen beinhaltet in den bisher beobachtbaren Organisationsweisen, daß Konsumenten sich zeitweise in freiwilliger Mitarbeit an einem Produktionsprozeß beteiligen. So informieren Konsumenten beispielsweise den Computerhersteller Dell während ihres individualisierten Bestellvorgangs, welche Computerkonfigurationen gegenwärtig marktgängig sind. Oder es erstellen ca. 250.000 Konsumenten infolge ihrer freiwilligen Kritiken bei Zagat.com einen Restaurantführer, den sie gegen Bezahlung im ganzen Umfang nutzen können. Den quantitativ größten Erfolg erzielten die freiwilligen Mitglieder, die für die Wikimedia-Foundation die umfangreichste Enzyklopädie der Welt erstellten. Sie schrieben in ehrenamtlicher Kollaboration in der deutschsprachigen Wikipedia-Enzyklopädie bisher 626.789 Artikel. Die erste deutschsprachige Wikipedia als DVD wurde an Konsumenten im Jahr 2005 verkauft.

Alle drei Beispiele verdeutlichen, daß der weitgehend freie Informationstransfer zwischen allen an der Produktion Beteiligten eine notwendige Bedingung des kooperativen Wirtschaftens ist. Meist liegt es in der unternehmerischen Logik der kooperativen Arbeitsteilung, daß Konsumenten einen Informationstransfer zum Produzenten leisten, um ein individualisiertes und damit marktgerechtes Produkt zu erhalten. Die kooperativen Produktionsweisen und der damit verbundene Nutzen unterscheiden sich in Nuancen und werden von unterschiedlichen Autoren mit jeweils eigenen Begriffen beschrieben. Zu den populärsten Begriffen und Definitionen gehören folgende:

1. *Open Innovation* beschreibt nach Chesbrough ein neues Paradigma des kooperativen Wirtschaftens mit Ideen (vgl. Chesbrough 2003: XXV). Bei Open Innovation werden sowohl unternehmensexterne als auch unternehmensinterne Informationen für den Innovationsprozeß eines Produkts genutzt. Konsumenten integrieren zum einen freiwillig Ideen, Kreativität, Wissen und Lösungsinformation in ein Unternehmen. Zum anderen arbeiten unternehmensinterne Mitarbeiter an Lösungsansätzen, die innerhalb und außerhalb eines Unternehmens umgesetzt werden und zumindest im Sinne des Informationstransfers ein Unternehmen auch verlassen können. Die Grenze zwischen Unternehmen, Markt und Konsumenten beschreibt Chesbrough als beidseitig durchlässig, so daß kreativ aufbereitete Informationen (d.h. Ideen) sowohl innerhalb als auch außerhalb von Unternehmen zu neuen Produkten führen können. Mit Open Innovation beschreibt er einen Wirtschaftskontext, in dem lineare Wertschöpfungsketten nicht notwendig sind und ein Austausch der Information zwischen Unternehmen und Konsumenten innovativ wirkt. Als konkrete Beispiele für Open Innovation nennt er die

Unternehmen Xerox, IBM oder Procter & Gamble, für die es vorteilhaft war, Urheberrechte zu lizenzieren und einem späteren Zeitpunkt für andere Unternehmen vollständig frei zu geben, um diese Entwicklungsprozesse anderenorts anzustoßen (Chesbrough 2003: 174f.).

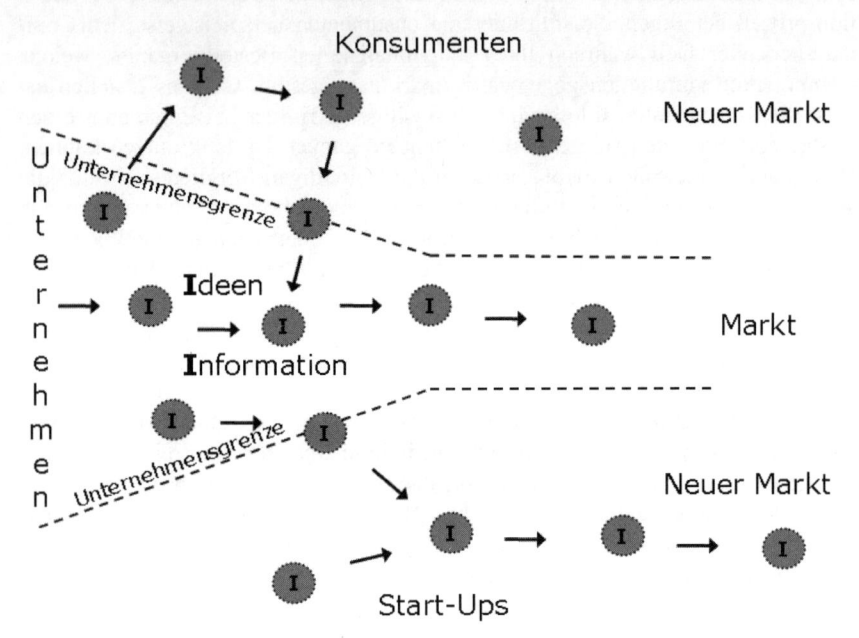

Abb. 1: Ideen- und Informationsfluß in der kooperativen Produktion nach dem Prinzip „Open Innovation" und „Interaktive Wertschöpfung" (in Anlehnung an Chesbrough 2003: 44; Reichwald/Piller 2006: 131).

2. „*Interaktive Wertschöpfung* beschreibt einen Prozeß der kooperativen (und freiwilligen) Zusammenarbeit zwischen Hersteller und Kunde (Nutzer) zwischen den Extremen einer gänzlich hersteller- bzw. gänzlich kundendominierten Wertschöpfung. Die Zusammenarbeit kann sich sowohl auf operative Aktivitäten als auch auf eine Produkt- und Prozessentwicklung beziehen" (Reichwald/Piller 2006: 44). Die interaktive Wertschöpfung beinhaltet die systematische Integration der Kundenaktivität und des Kundenwissens in die unternehmerischen Entwicklungsphasen des Innovationsprozesses. Kunden und Unternehmen bleiben weitgehend getrennt, lediglich die durch Kunden hergestellte Information pas-

siert die Unternehmensgrenze und fließt in die Produktentwicklung ein.[2] Für Kunden ist es nahezu ausgeschlossen, daß sie Produktionsgüter eines Unternehmens erwerben. Lediglich im Extremfall der interaktiven Wertschöpfung könnten Kunden anteilig Produktionsgüter erwerben und infolgedessen das Unternehmen dominieren (vgl. Reichwald/Piller 2006: 1).

Mit den beiden Unternehmen für individualisierte Bekleidung Spreadshirt.com und Threadless.com nennen Reichwald und Piller zwei der vielen Beispiele für interaktive Wertschöpfung. Kunden von Spreadshirt.com bzw. Threadless.com können T-Shirts mit eigenen Motiven bedrucken lassen und ihre Motive in einem quasi geliehenen Spreadshirt-Shop bzw. Threadless-Shop anderen Konsumenten verkaufen. Marktbewegungen antizipieren die Shirt-Hersteller, indem sie neue Projektideen und Unternehmensstandbeine in Zusammenarbeit mit der jeweiligen Konsumenten-Community entwickeln. Kunden übernehmen zudem die ehemaligen Unternehmensaufgaben, indem sie selbst für Markterschließung, Sortimentspolitik, Werbung und Kundenpflege sorgen (vgl. Reichwald/Piller 2006: 51; vgl. zu „Spreadshirt" Meißner in diesem Band). Die Unternehmen Spreadshirt und Threadless profitierten von der Distribution, Fakturierung und Produktion der Bekleidung. Auf eine Markt- bzw. Konsumforschung kann Spreadshirt bzw. Threadless überall dort verzichten, wo die Affiliates (Partnerprogramme, Shop in Shop) alle wichtigen Marktinformationen infolge eines uneinholbaren Insiderwissens bzw. hohen Involvements kennen. Threadless erwirtschaftete im Jahr 2006 pro Monat „Gewinne in Höhe von fast einer halben Million Dollar – und das mit einer Handvoll von Mitarbeitern und ohne Entwicklungsrisiko. Sie schaffen dies, da alle wesentlichen wertschöpfenden Aufgaben an die Kunden ausgelagert sind, die diesen mit großer Begeisterung nachkommen" (Piller 2007: 88). Diese Strategie des „Crowdsourcing" nutzt die Masse (crowd), um kostenintensives Outsourcing auf die Intelligenz und Arbeitskraft der Massen zu überführen. Anderson macht daraus die zweite Regel für Nischenprodukte und empfiehlt: „Lassen Sie die Kunden die Arbeit erledigen" (Anderson 2007: 265).

3. „*Commons-Based Peer Production*" benennt ein kooperatives Produktionsmodell in vernetzten, interaktiven Medien. Mit seinem Begriff der „Commons-Based Peer Production" definiert Benkler das ambitionierteste Organisations-

---

[2] Vgl. Reichwald/Piller 2006: 131. Reichwald und Piller verwenden den Begriff „Open Innovations" nicht vollständig im Sinne von Chesbrough (2003). Sie verwenden „den Begriff ‚Open Innovation' in einer fokussierten Sichtweise im Hinblick auf Innovationsprozesse, die ein Unternehmen zusammen mit seinen Kunden bzw. Nutzern vollzieht" (Reichwald/Piller 2006: 144). Reichwald und Piller beschreiben demnach ein unternehmenszentriertes Modell des Open Innovation.

prinzip einer arbeitsteiligen Wertschöpfung, die ohne finanzielle Anerkennung bzw. monetäre Entlohnung auskommt (vgl. Benkler 2006: 60). Die computerunterstützte Netzwerkumgebung ermöglicht seiner Ansicht nach eine radikal dezentralisierte, kollaborative Arbeitsweise, die offene, nicht-proprietäre Standards verwendet. Commons-Based Peer Production basiert auf dem Prinzip des kollektiven Teilens von Ressourcen und weiträumigen Verteilens von Produktionen. Die kooperativen Akteure stehen nur lose untereinander in Kontakt, ohne daß sie von einer hierarchischen Position aus gemanagt werden oder auf monetäre Marktsignale reagieren müssen. Die Akteure sind meist von ihrer Leidenschaft zum Produkt motiviert und nehmen ihre Aufgaben nach Prinzipien der Selbstselektion, Selbstintegration und Selbstorganisation wahr. Auf die hierarchische Arbeitsteilung eines klassischen Unternehmens verzichtet die Commons-Based Peer Production. Des gleichen wirken keine selektiven Marktmechanismen auf die Produktion ein, da alle Beteiligten sich zunächst aufgrund eigener Nutzungsinteressen an der Produktion beteiligen. Als die bekanntesten Beispiele für die Commons-Based Peer Produktion im Softwarebereich gelten Linux, der Apache Web Server und der Browser Firefox.

In Produktionsprozessen ohne monetär getriebenen Markt entstehen beispielsweise Softwareprogramme, die als Open Source Software von spezialisierten Akteuren geschrieben wurden. Marktsignale fließen solange nicht in die Produktion von Open Source Software ein, wie keine Produktionskosten kompensiert werden und alle Beteiligten sich an der Produktion aktiv oder zumindest passiv als Tester beteiligen. Innerhalb der Commons-Based Peer Production arbeiten alle an einem Gemeinschaftsgut, der so genannten „Allmende", die nach Fertigstellung von jedem kostenlos verwendet werden kann und allen gemeinsam gehört. Open Source Software darf zudem beliebig kopiert, verbreitet und genutzt werden. Sie darf verändert werden und in veränderter Codierung weitergegeben werden. Stallmann verteidigt als bedeutender Protagonist sein Konzept der freien Software sowie der informationellen Allmende. Seiner Meinung nach sollte freie Software niemandem gehören, so daß sie jedem in einer Gemeinschaft dienen kann (vgl. Stallmann 2002: 47; vgl. www.gnu.org; Grassmuck 2004).

5 Konsumenten als Marktforscher der Unternehmen

Mit den vernetzten Medien wird eine kooperative Wertschöpfung populärer, die mit den drei exemplarisch genannten Begriffen der Interaktiven Wertschöpfung, des Open Innovation und der Commons-Based Peer Production charakterisiert wurde. Trotz der unterschiedlichen Begriffe basiert die Kernstrategie der kooperativen Wirtschaftsweise meist darauf, daß Konsumenten einige Zeit in oft unentlohnter Tätigkeit an Produkten eines Unternehmens mitarbeiten. In diesen kooperativen Produktionsweisen bewegen sich Informationen zunächst unkontrolliert zwischen allen Akteuren. Zentralisierte oder hierarchische Planungen würden den unkontrollierten Informationsfluß eher behindern. Alle drei Produktionsweisen zeigen im strategischen Kern, wie Marktinformationen in mehr oder weniger selbstorganisierter Koordination von Konsumenten erstellt werden. Für innovative Informationen öffnen Produzenten ihre Unternehmensgrenzen und sind mitunter bereit, Patente ohne eigene Verwertungsmöglichkeit anderen Unternehmen, z.B. Start-Ups, zu überlassen. Umgekehrt bemühen sich Unternehmen in vernetzten Produktionsstrukturen, selbst ein Knotenpunkt für kreative Information (Ideen) zu werden (vgl. Abb. 1). In der sozialen Vernetzung der Aufmerksamkeitsökonomie erzeugen innovative Informationen (Ideen) innerhalb der Unternehmen hohe Kosten, die beispielsweise durch die Beschäftigung von kreativen Teams oder Kreativagenturen erzeugt werden. Infolgedessen externalisieren Unternehmen die Arbeit an kreativen Informationen, um Kosten zu minimieren, und präsentieren sich z.B. als ein Knotenpunkt, an dem Marktinformationen andocken und durch gemeinschaftliches Indexieren (*folksonomy*, *social tagging*) nach Relevanz gefiltert werden. So präsentiert beispielsweise das Unternehmen Spreadshirt.com selbstverständlich die von Kunden entworfenen T-Shirts zuerst, die nach Kundenmeinung „angesagt" sind.

Die notwendigen Marktinformationen stellt nicht mehr die Markt- und Konsumforschung bereit, sondern die Konsumenten, die die Unternehmen direkt über marktfähige Produkte informieren. Innerhalb dieser Praxis ist der ökonomische Erfolg eines Unternehmens weniger daran gebunden, wie zielgenau die Marktforschung eine Konsumentengruppe einschätzt. Vielmehr resultiert der Erfolg aus der Fähigkeit eines Unternehmens, „mit allen an der Wertschöpfung beteiligten Akteuren ein geschlossenes und abgestimmtes *Wertsystem* zu schaffen" (vgl. Reichwald/Piller 2006: 5). An den kooperativen Wertschöpfungen beteiligen sich Produzenten und Konsumenten, ohne daß die Markt- und Konsumforschung noch einen informationellen Vorteil erbringt. Reichwald und Piller geben implizit einen Hinweis, wann die kooperative Wertschöpfung zu scheitern droht. Sobald nämlich das „geschlossene und abgestimmte Wertsystem" der Produzenten und Konsumenten den Anschluß an andere gesellschaftliche Veränderungen verpaßt, z.B. eine Bekleidungsmode der professionellen Marken-Designer-Shirts ignoriert, scheitert es notwendigerweise an seiner Geschlossenheit. Denn welcher Konsument wird ein Selfmade-T-Shirt kaufen, wenn er die Möglichkeit schätzt, eine emotional starke Verbundenheit mit einer Designer Community einzugehen, indem er sich mit deren positiver Markenkraft assoziiert? (vgl. Deichsel 2004: 57) Jede starke Marke kann die marktstrategische Kraft haben, ein Angebot der kooperativen Wertschöpfung vollständig zu übertrumpfen.

Die kooperative Wertschöpfung bietet vor allem Produktionsvorteile dort, wo die unsichtbare Hand des Marktes und das „fragende Ohr" der Markt- und Konsumforschung nicht hinreichen. Jedes hierarchisch geführte Unternehmen wäre überfordert, es der kooperativen Wertschöpfung gleich zu tun und alle notwendigen Informationen zu sammeln, zu verarbeiten und in ein individualisiertes Produkt münden zu lassen. Und ebenso verfügt die Markt- und Konsumforschung bisher nicht über Sensoren, um damit Konsumenten in allen ihren individuellen Konsumgewohnheiten zu scannen. Die kooperative Wertschöpfung leistet Mehrfaches. Zunächst verringert sie Entwicklungskosten infolge einer verhältnismäßig hohen Markttransparenz. Des weiteren kann sie Konsumenten zielgenau ein individuelles Produkt anbieten und in Teilbereichen ein Konsumprodukt verbessern. Beispielsweise bietet sich jedem Insider die Möglichkeit, an einem Open Source Auto mitzuarbeiten (vgl. www.theoscarproject.org). Solche kreativen Potentiale integrieren Unternehmen auf vielfältige Weise, Beispiele dafür sind Ebay, KitchenAid, LEGO, Salesforce.com und eben Google (vgl. Anderson 2007: 254f.).

6 Vom Konsumwunsch zur kooperativen Forschung

Sofern die kooperativen Produktionsstrukturen marktbeherrschend werden, verliert die klassische Markt- und Konsumforschung dann ihren Orientierungswert, wenn sie sich weiterhin auf Standardprodukte für den Massenkonsum ausrichtet. Die kooperativen Produktionsstrategien produzieren indessen zeitnah an der Konsumentennachfrage, wodurch sie unbefragt auf die Pluralisierung der Lebensstile reagieren. Dementsprechend integrieren Unternehmen die Leistung des stilorientierten Konsumenten in alle Phasen der Produktentwicklung. Mitarbeiten sollen Konsumenten insbesondere innerhalb der Innovationsprozesse. Aber auch die Kosten für das Marketing sowie die Kundenbindung reduzieren sich infolge kooperativer Produktionsstrategien. Beispielswiese verzichteten YouTube.com, Myspace.com und Wikipedia.org weitgehend auf klassische Brandingstrategien und setzten auf das Virale Marketing, das sich durch „Mund-zu-Mund"-Werbung unter den Community-Mitgliedern vermittelte. Desgleichen hat NP Cube die Website von DarkAndLight.com von Beginn an als ein „Massively Multiplayer Online Role-Playing Game" (MMORPG) so konzipiert, daß in allen Entwicklungsphasen auf kreative Vorschläge der Game-Community eingegangen werden konnte (NP Cube ist unter www.npcube.com zu finden). Ohne Frage konnte NP Cube das Marktakzeptanzrisiko von Dark and Light bereits vor der Produkteinführung massiv senken, da sowohl die Marke als auch das Produkt der Zielgruppe bekannt waren.

Wenn Unternehmen mit Konsumenten eine kooperative Produktion eingehen, dann erfüllen sie neben vielen anderen Aufgaben vor allem die folgenden:

- Sie leiten Maßnahmen ein und bieten Routinen an, die Kundenwissen als Ressource erschließen.
- Sie generieren Bedürfnisinformationen und Lösungsinformationen kooperativ.
- Sie reduzieren das Innovationsrisiko durch frühzeitige Integration der Konsumenten in den Innovationsprozeß.
- Sie gestatten den Zugriff aller Teilnehmer auf alle Tools der kooperativen Produktentwicklung.
- Sie bieten positives Feedback für alle Mitarbeiter in der Konsumenten-Community.
- Sie stellen Kommunikationsplattformen und Werkzeuge für die Konsumenten-Community bereit.
- Sie bieten Wertschöpfungsprozesse an, die die Integration der Kunden für diese attraktiv werden läßt.
- Sie bauen Controlling-Systeme auf, die die Wertschöpfung der Kunden für das Unternehmen sicht- und steuerbar machen.
- Sie überwinden interne Hindernisse im Herstellerunternehmen (z.B. starre Hierarchien, intransparente Entscheidungsprozesse, blockierter Informationsfluß).
- Sie bauen eine interaktionsförderliche Unternehmenskultur auf (vgl. Reichwald/Piller 2006: 316; Hagel/Armstrong 1999: 28).

Die aufgezählten Faktoren der kooperativen Produktion verdeutlichen das Informationsdefizit der Markt- und Konsumforschung gegenüber der kooperativen Produktion in vernetzten, interaktiven Medien. Konsumenten waren selbstverständlich zu jeder Zeit die intimsten Kenner ihrer individuellen Konsumbedürfnisse. Ihnen verwehrten hauptsächlich die auf Massen ausgerichteten Konsumgütermärkte, deren Standardprodukte und die territoriale Begrenzung des Marktes, daß sie ihre individuellen Konsumwünsche nach Maßanfertigungen einem globalen Markt gegenüber stellen konnten. Mit den vernetzten, interaktiven Medien erhalten die Konsumenten jetzt mächtige Werkzeuge, mit denen sie sich an Produktionen in Unternehmen beteiligen oder in kooperativen Arbeitsgemeinschaften integrieren können. Ob Konsumenten diese kooperativen Arbeitsgemeinschaften auch wollen, wird die weitere Entwicklung zeigen. Im gegenwärtigen Trend sind die Unternehmen mit einer hohen Kundenintegration, wie beispielsweise Ebay, Google, LEGO oder Amazon, ökonomisch sehr erfolgreich.

In den Marktverhältnissen einer Individualproduktion und industriellen Maßanfertigung versagt die klassische Marktforschung der Konsumentenbefragung. Die Information, was Konsumenten wünschen, fließt direkt in die Produktion der Unternehmen ein. Selbstverständlich hat die Markt- und Konsumforschung nicht mehr den passiven Rezipienten neuer Produkte als Leitbild, doch Reichwald und Piller (2006: 8) begründen, daß sie vielfach erst kurz vor oder nach der Kaufentscheidung ansetzt und bisher selten auf frühe Phasen der Produktentwicklung ausgedehnt wird. Die Typologie individueller Konsumentenwünsche kann nicht mehr als repräsentative Durchschnittsgröße einer Konsumentengruppe evaluiert werden, sondern Unternehmen fragen individualisierte Konsumentenprofile nach, die die Marktforschung bisher kaum erfaßt. Aus vergleichbaren Gründen starten Unternehmen eigene Datenanalysen und Konsumentenbefragungen, da sie die Phasen von der Produktidee bis zur Produktherstellung von Konsumenten begleitet wissen wollen. In direkter Mitarbeit realisieren sich Konsumenten jeden Wunsch innerhalb der Freiheitsgrade des Produkts. Selbst „verrückte" oder unbewußte Aspekte eines Wunsches können in ein maßgeschneidertes Produkt einfließen. Für die Markt- und Konsumforschung ist es meist sehr kompliziert, geheime, verbotene, unbewußte, scheinbar verrückte und sehr neuartige Wünsche der Individuen zu evaluieren.

Artikulierte Wünsche der Konsumenten erlauben bestenfalls Rückschlüsse auf Begründungszusammenhänge, warum etwas gewünscht wird. Welche Bewußtseinsprozesse dazu führen, daß Individuen dieses oder jenes begehren, kann Forschung nicht zweifelsfrei evaluieren. Die kooperativen Produktionsprozesse versuchen allerdings, eine konsumentenorientierte Wunscherfüllung zu befriedigen. Denn als Koproduzenten ihrer selbst kreierten Konsumgüter kommen Konsumenten ihren eigenen Konsumwünschen am nächsten. Für Marketingfachleute war es selbstverständlich nie ungewöhnlich, daß der Konsumgütermarkt seinen bedeutsamsten Ort in den nicht durchschaubaren Köpfen der Konsumenten hat. Doch die kooperativen Produktionsstrukturen lassen Transaktionsprozesse auf Güter- und Geldmärkten derart sichtbar werden, daß das individuelle Konsumverhalten in personenbezogenen Datenprofilen beobachtbar wird. Aus den kooperativen Produktionsstrukturen kann nahezu gleichursprünglich eine kooperative Markt- und Konsumforschung folgen, die sich innerhalb der jeweiligen Unternehmen aus den Daten der interaktiven Wertschöpfung ergibt. Amazon, Yahoo oder Ebay beispielsweise bietet ihren Kunden stets Produkte an, die aufgrund eines personenbezogenen Kundenprofils im potentiellen Fokus des jeweiligen Käufers liegen könnten (vgl. Meißner in diesem Band). Innerhalb der kooperativen Wertschöpfung zwischen Unternehmen und Konsumenten lassen sich personenbezogene Daten erzeugen, die ihrerseits im Data Mining der klassischen Marktforschung verwendet werden können. Kooperative Produktionsprozesse der gewinnorientierten Wirtschaft verlagern die Markt- und Konsumforschung damit in die Unternehmen und Unternehmenskonglomerate hinein.

7   Was motiviert Konsumenten zur Mitarbeit?

In der kooperativen Wertschöpfung geben Konsumenten den Unternehmen neben personenbezogenen Daten ebenfalls Ideen und andere kreative Leistungen zur weiteren, kostenlosen Verwendung frei. Diese interaktive Wertschöpfung interpretieren die Wirtschaftswissenschaften als ein „Free Revealing" („Freizügigkeit"), bei dem Akteure ihre Information freizügig zur Verfügung stellen, ohne zunächst eigenen Nutzen daraus zu ziehen (vgl. Harhoff et al., 2003). Ein wenig überrascht sind Ökonomen vom Prinzip des „Free Revealing", weil Unternehmen ihr eigenes innovatives Wissen sowie ihre kreativen Informationen mit Patenten und Urherberrechten weitgehend schützen, indessen Konsumenten sich vollständig freizügig verhalten und vieles „verschenken". Konsumenten scheint etwas anderes als monetäres Gewinnstreben zu motivieren, wenn sie mit Unternehmen kooperieren und wenig eigennützig neue Produkte innerhalb unternehmerischer Prozesse kreieren. Gegenwärtig ist kaum abzusehen, in welchen Zeiträumen das Prinzip des „Free Revealing" damit Erfolg haben wird, „dass viele Kunden bzw. Nutzer ihr Wissen unter bewusstem Verzicht auf Gegenleistung sowie Eigentums- und Verfügungsrechte an andere Akteure, insbesondere den Hersteller, weitergeben" (Reichwald/Piller 2006: 72). Offenbar begnügen sich aktive Konsumenten zumindest zeitweise mit dem Spaß an kooperativer Wertschöpfung und sozialem Austausch. Doch Wirtschaftswissenschaftler beantworten nicht die soziologisch interessante Frage, was Konsumenten motiviert, scheinbar ohne Gegenleistung kreative Arbeit zu leisten, die sie den Unternehmen unentgeltlich und unter Verzicht auf Urheberrechte zur Verfügung stellen.

Die gesellschaftsanalytische Position ist selbstverständlich nicht das Geschäft der Wirtschaftswissenschaften. Insofern mag es zutreffend sein, daß die Arbeitskraft eines Menschen sowie der Informationsproduktionsprozeß mittels kooperativer Wertschöpfung für alle beteiligten Akteure effektiver gesteuert werden. Doch die marktadäquate Rationalität der Konsumenten ist in dem Maße erstaunlich, wie die Konsumenten hohe Werte erarbeiten, aber bisher kaum an den extrem hohen Gewinnen der Unternehmen beteiligt sind. (vgl. Reichwald/Piller 2006: 60). Das Prinzip des „Free Revealing" drängt auf die soziologische Frage, welche Konsumwünsche sich Konsumenten in kooperativer Produktion erfüllen, wenn sie personenbezogene Daten mitteilen, in eigener Arbeit kreative Informationen herstellen und später dafür bereitwillig einen Kaufpreis entrichten. Diese Frage ist von besonderer Relevanz, weil Konsumenten an der informationellen Markttransparenz freizügig mitarbeiten. Sie unterstützen die Markttransparenz zum einen mit ihren personenbezogenen Daten, sobald sie an Kundenkartenprogrammen, Rabattaktionen, Gewinnspielen und Preisausschreiben partizipieren. Zum anderen ermöglicht ihre kooperative Wertschöpfung ein detailliertes User Tracking, das ebenfalls die unternehmensinterne Konsumforschung mittels personenbezogener Daten befördert. Konsumenten stellen gegenwärtig in hauptsächlich computerunterstützten Wirtschaftsbereichen sowohl ihre Ideen als auch ihre personenbezogenen Daten einem Unternehmen freiwillig und kostenfrei zur Verfügung, ohne daß ihnen Urheberrechte und Persönlichkeitsrechte bedeutungsvoll scheinen.

Eine Antwort darauf, was Konsumenten motiviert, an kooperativen Wertschöpfungsprozessen mitzuarbeiten, bietet Scitovsky. Mitte der 1970er Jahre kritisierte Scitovsky die wirtschaftswissenschaftliche Annahme, daß Konsumenten in ihren Konsumentscheidungen vollständig souverän wären. Er konstatierte:

> „Ein Grund, warum sich die Wirtschaftswissenschaftler weigerten, die Konsummotivationen näher zu erforschen, war ihr Glaube, daß jeder Konsument sein eigener Herr ist, der seinem persönlichen Geschmack und seinen individuellen Neigungen nachgehen kann, und daß die Wirtschaft überdies im Bereich der Güter die verschiedenen Geschmäcker alle gleichzeitig erfüllen kann" (Scitovsky 1977: 15).

Diese Möglichkeiten der freien Wahl eines Massenprodukts wollte Scitovsky nicht als Konsumentensouveränität bezeichnen. Für ihn bot die Massenproduktion allenfalls die freie Wahl zwischen Serienprodukten in Tausender-Auflagen. Als Konsumentensouveränität wollte er ausschließlich folgende Freiheit gelten lassen: „Der Konsument ist nur dann souverän, wenn seine Wahl die Art und Menge der produzierten Güter und Dienstleistungen beeinflußt" (Scitovsky 1977: 15). An Scitovskys Begriff der „freien Wahl" gemessen, hat die Konsumentensouveränität infolge kooperativer Wertschöpfungsprozesse zugenommen. Beispielsweise stellen Konsumenten bei Spreadshirt.com und Threadless.com in den Freiheitsgraden der jeweiligen Produktionsbedingungen ihr individualisiertes und maßgefertigtes Produkt her. Art und Menge der produzierten Güter können Konsumenten ebenfalls in einem weiten Rahmen bestimmen. Zweifellos leiht sich hier der Begriff der „Konsumentensouveränität" lediglich einen kleinen Bedeutungsumfang von dem mächtigen Begriff der Souveränität, der Eigenständigkeit und Autonomie beinhaltet. Konsumentensouveränität meint nicht Freiheit und Autonomie, sondern zielt auf den wachsenden Einfluß, den Konsumenten auf Produktionsprozesse ausüben.

Von einer „freien Wahl" der Konsumentensouveränität zu sprechen, wäre auch dann unzutreffend, wenn der Konsument sich damit über seine Gewohnheiten, sein Unbewußtes sowie seine nicht reflektierten Erwartungen hinweg setzen könnte. Seine Konsumentensouveränität schöpft lediglich mehr oder weniger bewußt den Handlungsrahmen aus, den spezifische sozio-ökonomische Kontexte eröffnen. Demgemäß eignet sich nicht jeder Konsumkontext für die Selbstbestimmung im Konsum. Den Grad der Konsumentensouveränität geben die Freiheitsgrade innerhalb der unternehmerischen Produktionsbedingungen vor. Sozioökonomische Produktionsbedingungen mit hohen Freiheitsgraden weisen in unterschiedlichen Gewichtungen meist folgende Strukturen auf:

- Produktionsstrukturen sind so transparent und flexibel wie möglich.
- Produkte stehen weniger über die Preisstruktur im Wettbewerb, sondern mehr über die Freiheitsgrade, die sie dem Konsumenten bieten.
- Produktion sowie Konsumtion der Produkte haben auch bei kreativen Veränderungen sehr niedrige Grenzkosten, d.h., es kostet wenig, noch ein weiteres Produkt mit einer anderen Nuance herzustellen.
- Auf Urheberrechte und proprietäre Standards wird in der Produktion soweit wie möglich verzichtet. Ideen und Information fließen in die Allmende oder in den Besitz eines Unternehmens ein.
- Soziale Formationen, wie z.B. Communities, erlangen ein ebenso hohes Prestige wie das eigentliche Produkt.
- Erreichbarkeit und Veränderbarkeit der jeweiligen Marktinformation ist für jeden möglich.
- Kollaborativ erstellte Produkte nähern sich dem Prinzip eines „öffentlichen Gutes" an.
- Soziale Beziehungen bieten eine vollständige Rollenmobilität bei gleichzeitiger Nähe zu einer Meritokratie, in der sozialer Status nach Leistung und Ranking (Social Tagging) vergeben werden.

Die kooperativen Produktionsprozesse haben die Konsumentensouveränität gestärkt. Infolge räumlich dezentralisierter und zeitlich entzerrter Produktion erarbeiten Konsumenten innovative Produkte, die oftmals nicht über die Preisbildung im Wettbewerb stehen. Denn Information hat keine Rivalität im Konsum, da sie nicht aufgebraucht, sondern beliebig kopiert werden kann. Die niedrige Rivalität auf den Märkten führen Harhoff, Henkel und Hippel (2003) als ein Argument dafür an, daß Konsumenten sich am „Free Revealing" beteiligen mögen, solange alle Konsumenten an einer kreativen Information partizipieren können und der kreative Urheber nicht schlechter gestellt wird. Ein ebenfalls ökonomisches Argument besagt, daß Konsumenten auf einen Netzwerkeffekt hoffen, der den Wert des Produkts aufgrund häufiger Nutzung steigert und verbessert. Beispielsweise verbesserten Konsumenten systematisch im Bereich des Kite-Surfing eine Kombination, die aus einem Surfboard und einem Lenkdrachen als Segel besteht. Die Verbesserung eines Produkts für den eigenen Verbrauch – wie im Kite-Surfing – stärkt zweifelsohne das Gefühl der Selbstbestimmung. Als letztes Argument für Free Revealing führen die drei Autoren an, daß die Reputation eines Konsumenten steigt, wenn er durch positive Leistungen im Bereich kooperativer Wertschöpfungen aufgefallen ist.

Zweifellos sind Produktnutzung, Netzeffekte, niedrige Rivalität sowie Steigerung der Reputation überzeugende Argumente für das Engagement der Konsumenten, doch wird darauf geschaut, warum Konsumenten ihre Selbstbestimmung in der Erstellung von Konsumgütern ausleben mögen, dann ist zu vermuten, daß Konsumenten ihre Konsumbefriedigung nicht mehr allein in dem Konsum des Produkts erleben, sondern ebenfalls die mit einem Produkt verbundene Sozialität eine Befriedigung verschafft.

Scitovsky (1989: 101) nennt hinsichtlich der Sozialität mehrere Kriterien, warum Konsumenten bestimmt Produkte oder Dienstleistungen begehren. Als erstes Kriterium nennt er das Zugehörigkeitsgefühl, das dem Wunsch entspringt, sich die Mitgliedschaft in dem jeweiligen gesellschaftlichen Kontext durch den Konsum eines Produkts zu erhalten. Er reduziert das Zugehörigkeitsgefühl jedoch nicht darauf, daß Individuen in ihrem symbolischen Konsum ausschließlich ihr Prestige und ihren sozialen Status als befriedigend empfinden. Vielmehr verweist er darauf, daß Individuen einen bestimmten Platz einnehmen möchten, der Anerkennung oder Auszeichnung in einem sozialen Milieu erbringt. Als zweites Kriterium nennt Scitovsky das Gefühl der Nützlichkeit, das Befriedigung verschafft, indem Individuen beispielsweise etwas verschenken, was bei Beschenkten die Reaktion der Freude auslöst. Hier erlangt der Schenkende beispielsweise eine Befriedigung dadurch, daß er anderen nützlich sein kann, wenn er seine eigene Konsumentensouveränität nutzt, um ein kreatives Produkt bei einem T-Shirt-Hersteller auf einem global zugänglichen Konsumgütermarkt anzubieten.

Ein Beispiel für das Gefühl der Nützlichkeit sowie das Zugehörigkeitsgefühl im „Free Revealing" ist die aktiv schreibende Community von Wikipedia. Dort geben Autoren sowohl über sich selbst als auch über ihre Definitionsarbeit detaillierte Auskunft. Ebenso verweisen Internetnutzer bei Myspace.com auf mitunter bis zu 1.000 Freunde, so daß die Vermutung nahe liegt, die Dokumentation von sozialen Kontakten würde in vernetzten, interaktiven Medien ein befriedigendes Konsumprodukt sein. Ebenfalls engagieren sich Konsumenten bei LEGO oder Spreadshirt.com in computerunterstützten Sozialkontexten des „Free Revealings", weil sie Sozialität in einer Weise konsumieren möchten, die bisher kaum eine Konsumentensouveränität erreicht haben. Bisher war es für Konsumenten nämlich nicht mit gleicher Leichtigkeit möglich, ein Massenpublikum zu erreichen, eine eigene Kreation auf einem globalen Konsumgütermarkt anzubieten oder für die Arbeit am Wissen der Weltgesellschaft nützlich zu sein. Konsumenten geben hier ihre Arbeit sowie ihre persönlichen Daten kostenlos preis, um sich in vernetzten Sozialkontexten einen Platz zu erarbeiten, den sie selbst vermutlich als Statuserfüllung und im Gefühl der Nützlichkeit genießen können. Die öffentliche Präsentation eines selbstkreierten Konsumprodukts erhält eine Identitätsrelevanz, weil sie der rezeptiven Konsumkompetenz, wie beispielsweise gekonntes Austernessen, eine produktive Selbstdarstellungskompetenz zur Seite stellt (vgl. zur Konsumkompetenz Bolz 2002: 96; zur Identität Döring 2003: 401).

Auf den Märkten für kooperative Produkte gehört deren Materialität selten zu den knappen Konsumgütern, da es beispielsweise bedruckbare T-Shirts, Turnschuhe, Autos oder Legosteine in Großstädten an vielen Ecken gibt. Auf Märkten für kooperative Produkte ist es die Sozialität selbst, die als knappes Konsumgut einen Preis erzielt, die Konsumenten begehren und sich erarbeiten, indem sie kreative Informationen (Ideen) in computerunterstützten Sozialkontexten anbieten. In diesem Begehren nach Sozialität ist eine Motivation zu erkennen, warum Konsumenten sich an kooperativen Wertschöpfungsprozessen beteiligen, ohne selbst in jedem Fall einen Lohn, ein Produkt oder einen geldwerten Vorteil zu erlangen. Aus der Perspektive der Unternehmen erarbeiten sich Konsumenten einerseits eine gewisse Konsumentensouveränität und andererseits überlassen sie den Unternehmen eine informationelle Markttransparenz, die um so stärker steigt, je mehr Datensätze verschiedener Unternehmen integriert werden. Diese Transparenz hinsichtlich der Kundenprofile kann zu vergleichbar geringen Kosten nicht von einer unternehmensexternen Markt- und Konsumforschung geleistet werden.

Die Entdeckung des Kunden als kostengünstigstem „Marktforscher" hat eine kritische Seite, auf die Voß und Rieder in ihrer Publikation *Der arbeitende Kunde* hinweisen. Denn wenn Konsumenten produktive Leistungen für Unternehmen übernehmen, dann muß gefragt werden, „wem dabei primär der daraus entstehende Nutzen zufällt und wer demgegenüber vor allem Nachteile hat" (Voß/Rieder 2005: 228). Bezeugt ist es dennoch nicht, daß Konsumenten zu den Verlierern gehören, wenn Unternehmen teilweise Formen ihrer sozialen Bezugnahmen gestalten und wenn sie innerhalb der Unternehmen einen Teil ihrer Konsumentensouveränität genießen. Bisher verstehen sich Konsumenten zwar noch selten als eine wertbildende Arbeitskraft innerhalb eines Unternehmens, doch Voß und Rieder (2005: 146) fragen zumindest, ab welchem Zeitpunkt sich Konsumenten bewußt werden, wie die von ihnen erwirtschafteten Werte verteilt werden und wieviel Mitbestimmung sie in der Verteilungsfrage erlangen können.

Ebenfalls sind bisher noch keine Anzeichen dafür zu erkennen, daß die Markt- und Konsumforschung zu den Verlierern gehört. Die gewaltigen Datenmassen in den Unternehmen verlangen weiterhin nach einem Data Mining. Die kooperativen Produktionsprozesse haben dazu geführt, daß Konsumenten aktiv und oftmals kostenlos an der informationellen Markttransparenz mitarbeiten. Allerdings arbeiten Informatiker gegenwärtig an Identitätsmanagementsystemen, die Konsumenten in die Lage versetzen könnten, Daten gezielt und gegen geldwerte Vorteile freizugeben (vgl. Schelske 2007: 106). Insofern erwächst aus der unternehmerischen Notwendigkeit nach informationeller Markttransparenz weiterhin ein Markt, auf dem Konsumenten im besten Fall als souveräne Anbieter auftreten können. Für ein solches Szenario sind die Rabattaktionen der Unternehmen infolge der Kundenkarten zumindest ein Vorbote. Doch selbst wenn Konsumenten eine größere Macht über ihre Daten erlangen sollten, so kann trotzdem nicht angenommen werden, daß sie sich gegenüber der analytischen Macht der professionellen Marktanalyse durchsetzen könnten. Letztendlich sind Konsumenten infolge ihres Strebens nach befriedigendem Konsum sowohl zu desinteressiert als auch wirtschaftlich zu planlos, um mittels aufwendiger Datenanalysen eine annähernde Markttransparenz herzustellen. Hinsichtlich des Interesses an informationeller Markttransparenz bleiben Unternehmen aufgrund ihres fokussierten Gewinnstrebens im Vorteil gegenüber dem konsumierenden Individuum. Vernetzte, interaktive Medien stärken die Konsumentensouveränität, doch die soziale Ungleichheit zwischen Unternehmen und Konsumenten heben sie auf Märkten nicht auf.

8 Informationalisierung der Überallmärkte

Exaktere Konsumentenprofile, personenbezogene und anonymisierte Daten steigern die Transparenz auf Konsumentenmärkten. Kundenkarten, Transaktionsdaten, Tracking Cookies, Adware, Logfile-Analysen, Location Based Services, Verbindungsdaten, Scanningdaten, und Warenkorbanalysen bieten erheblichen Aufschluß über Konsuminteressen und tatsächlich getätigte Einkäufe. Zudem erlauben Strategien des Data Mining eine weitreichende Personalisierung des getätigten Konsums und der flüchtigeren Konsuminteressen. In den angebotsorientierten Produktionsstrukturen fungieren Konsumenten quasi als eine Datenwolke, deren Merkmale auf die zukünftige Konsumpräferenz des Individuums in Raum und Zeit verweist. Kundendaten sowie raum- und verkehrbezogene Informationen werden verfügbar und Bestandteil individualisierter Angebote, die gleichermaßen auf virtuellen und lokalen Märkten präsentiert werden. Die Steuerung des Warenstroms unterstützen Data Mining-, Modellierungs- und Simulationstechnologien, um auf Grundlage einer weit reichenden Markttransparenz anstehende Investitions- und Produktionsentscheidungen zu fällen. Infolge der Datenströme verändern sich Märkte zu einem Überallmarkt, der im Ideal synchron mit der Konsumgüterproduktion verbunden und global sowie computerunterstützt vernetzt ist.

Trotz aller geleisteten Markttransparenz infolge kooperativer Wertschöpfungen verliert die Markt- und Konsumforschung nicht ihre Relevanz. Die kooperative Wertschöpfung konkurriert zwar im Bereich der Produktentwicklung mit der Markt- und Konsumforschung, doch Unternehmen und Konsument werden an anderer Stelle eine kulturelle Orientierung auf Märkten nachfragen. Beispielsweise entwerfen Konsumenten nicht irgendein T-Shirt für ihren Privatgebrauch, sondern sie wollen ein T-Shirt entwerfen, mit dem sie ein Zugehörigkeitsgefühl ausdrücken und gleichzeitig kreative Identität beweisen können. Informationelle Markttransparenz auf Konsumgütermärkten stellt sich insbesondere in kreativen Bereichen nicht über den Preis, sondern über soziokulturelle Lebensstile her. Beispielsweise ist von dem Unternehmen Harley-Davidson folgende Botschaft bekannt geworden: „Wir verkaufen keine Motorräder, sondern eine Lebensphilosophie, und ein Motorrad gibt's gratis dazu." Über solche Lebensstil-„Philosophien" müßten sich Konsumenten entweder selbst informieren, wenn sie in kooperativer Wertschöpfung ein Produkt erstellen, oder sie informieren sich bei der klassischen Markt- und Konsumforschung. Die Integration des Kunden in konsumorientierte Lebensstile macht weder die Markt- noch die Konsumforschung unnötig, sondern der Kunde selbst sieht sich entweder gezwungen, eine Markt- und Konsumforschung zu nutzen, damit er weiß, welches Produkt eine sozialintegrative Kraft beinhaltet, oder er professionalisiert sich als eigenes Unternehmen, um auf diese Weise soziale Unterstützung für kreative Ideen zu erwirken. Eine Konkurrenz für die Markt- und Konsumforschung besteht allenfalls darin, daß Konsumenten sich in weiten Teilen ihre eigene Forschung organisieren und auf die etablierten Institutionen verzichten.

Tracking, Datenspuren im Internet, Kundenkarten usw. ermöglichen im Zusammenhang mit Strategien des Data Mining zwar eine weitgehend zurechenbare Personalisierung des getätigten Konsums, doch Zahlen über den Abverkauf und Konsumpräferenzen sagen nur wenig über Wünsche, Ängste, Emotionen, strategische Überlegungen, Trends in Lebensstilen und andere evaluierbare Daten aus. Am Marktgeschehen sind das Bewußtsein der Konsumenten sowie die gesellschaftliche Entwicklung beteiligt. Insofern ist das Bewußtsein der Konsumenten sowie die Gesellschaft selbst der blinde Fleck, von dem aus hoch vernetzte Märkte beobachtet werden. Daher wird vermutlich die unternehmensexterne Konsumforschung zukünftig die tieferen Beweggründe erforschen, die Konsumenten auf die eine oder andere Weise zum Handeln motivieren. Aus den quantitativen Daten der Konsumforschung lassen sich zwar sehr zeitnah Warenströme ablesen, aber was Konsumenten während des Gebrauchs von Produkten individuell erfahren und welche Schlüsse sie für zukünftige Handlungsweisen daraus ziehen, bleibt im Bewußtsein der Konsumenten so lange verborgen, wie sie nicht von der Konsum- und Marktforschung gefragt und analysiert werden.

Wie die Gesellschaft sich als Ganzes bzw. in Teilsystemen entwickelt und wie individuelle Konsumpräferenzen in jenem gesellschaftlichen Wandel absehbar werden, ist für Konsumforschung weiterhin eine Herausforderung, sofern es keine wiederkehrenden Muster und Regelmäßigkeiten erkennbar sind.

Wird ein Ausblick gewagt, dann steht zu erwarten, daß jedes einzelne Produkt ein kleines Etikett erhält, das in elektromagnetischen Hochfrequenzfeldern der „Radio Frequency Identification" (RFID) „kommuniziert". Sobald die semantischen Netze (Semantic Web) in der Lage sind, die Fülle an individuellen Konsuminteressen gegenüber der globalisierten Produktion mit Hilfe neuer Metasprachen (XML, RDF) automatisch zu koordinieren, werden Wertschöpfungsketten nochmals effektiver gestaltbar. Konsumenten können mittels Mass Customisation, CAD-Files und 3D-Druckern ihre Produkte vor Ort einzeln und nach individualisierten Wünschen herstellen. Zudem entwickelt sich im zukünftigen Konsumgütermarkt das Smart-Phone zu dem Ort, an dem Kommunikation, Information und Medienkonsum zusammenlaufen. Als mobiles Multifunktionsgerät übernimmt es als reichweitenstarkes Gerät die Aufgaben des Telefons, des Fernsehgeräts, der GPS-Navigation, des Computers. Lediglich die Akkukapazität verhindert dann eventuell noch, daß Konsumenten permanent mittels personalisierter Marktdaten während des Einkaufens orientiert und koordiniert werden. Alle diese Entwicklungen befördern die massive Informationalisierung des Konsumgütermarktes. Die informationstechnisch gesteuerte Wertschöpfungskette erhöht das Datenaufkommen drastisch, so daß es für die Markt- und Konsumforschung weiterhin eine Approximationshoffnung bleibt, Markttransparenz auf Märkten herzustellen. Für Konsumenten wird es kaum Möglichkeiten der Markttransparenz geben, außer sie wären bereit, selbst eine Markt-, Preis- und Qualitätsforschung in Auftrag zu geben bzw. dafür die Kosten auf sich zu nehmen.

Wie weit die kommerzielle Konsumforschung auf personenbezogene Daten verzichtet, ist zukünftig kaum eine technische, sondern eine ethische Frage der jeweiligen Unternehmens- bzw. Volkswirtschafts-Politik. Abzusehen ist, wie es die kooperative Wertschöpfung in vernetzten, interaktiven Systemen verdeutlichte, daß bisher Hunderttausende Konsumenten bereit sind, fast alle Daten bewußt oder unbewußt sowohl einer Öffentlichkeit als auch einem Unternehmen zur freien Verfügung zu stellen. Die soziale Integration in Märkte, Unternehmen und computervermittelte Sozialkontexte scheint gegenwärtig eine deutlich höhere Priorität für Konsumenten zu haben als der Datenschutz und die Wahrung ihrer Persönlichkeitsrechte. Sozialität als Konsumprodukt der kooperativen Wertschöpfung hat einen wachsenden Markt, wie sich z.B. an den millionenschweren Unternehmen Openbc.de, Friendster.com, Myspace.com oder den vielen Partnersuchdiensten zeigt.

Literatur

Aral Studie (2005), Trend beim Autokauf. Durchgeführt vom IfA-Institut für Automobil-Marktforschung, (www.aral.de/aral/liveassets/bp_internet/aral/aral_de/STAGING/local_assets/downloads_pdfs/t/aral_studie_trends_autokauf_2005.pdf, 22.08.07)

Anderson, Chris (2007), The Long Tail. Der Lange Schwanz, Nischenprodukte statt Massenmarkt, Das Geschäft der Zukunft, München

Bateson, Gregory (1981), Ökologie des Geistes. Anthropologische, psychologische biologische und epistemologische Perspektiven, Frankfurt/M.

Bolz, Norbert (2002), Das konsumistische Manifest, München.

Benkler, Yochai (2006), The wealth of networks. How social production transforms markets and freedom, New Haven.

Davenport, T. H./J. C. Beck (2001), The Attention Economy. Understanding the New Currency of Business, Boston/Massachussets.

Deichsel, Alexander (2004), Markensoziologie, Frankfurt/M.

Döring, Nicola: (2003), Sozialpsychologie des Internet. Die Bedeutung des Internet für Kommunikationsprozesse, Identitäten, soziale Beziehungen und Gruppen, Göttingen.

Benjamin, R. I./T. W. Malone/J. Yates (1986), Electronic markets and electronic hierarchies: Effects of Information Technology on Market Structures and Corporate Strategies. Working Paper MIT Sloan School of Management; Sloan WP No. 1770-86.

Chesbrough, Henry (2003), Open Innovation. The New Imperative for Creating and Profiling from Technology, Boston/Massachusetts.

GfK Consumer Tracking (2005), Den Verbraucher beobachten – den Verbraucher verstehen. (Produktbroschüre), Business Information Services für Konsumgüter und Dienstleistungen, GFK Gruppe, Nürnberg/Frankfurt 03/2005, (http://www.gfk.at/de/download/BROCH/CT_deutsch.pdf, 22.08.07).

Grassmuck, Volker (2004), Freie Software. Zwischen Privat- und Gemeineigentum, Bonn.

Hagel III, John/Arthur G. Armstrong (1997), Net Gain. Profit im Netz. Märkte erobern mit virtuellen Communities, Wiesbaden.

Harhoff, Dietmar/Joachim Henkel/Eric von Hippel (2003), Profiting from voluntary information spillovers. How users benefit by freely revealing their innovations, in: Research Policy, Jg. 32, Heft 10, S. 1753-1769.

Henrichsmeyer, Wilhelm/Osgar Gans/Ingo Evers (1986), Einführung in die Volkswirtschaftslehre, 7. Auflage, Stuttgart.

Grömling, Michael (2007), Messung und Trends der intersektoralen Arbeitsteilung, in: IW-Trends, Jg. 34 H. 1, S. 3-16.

Picot, Arnold/Tanja Ripperger/Birgitta Wolff (1996), The fading boundaries of the Firm. The Role of Information and Communication Technology, in: Journal of Institutional and Theoretical Economics, Jg. 152 H. 1, S. 65-79.

Piller, Frank/Ralf Reichwald/Christopher Ihl (2007), Interaktive Wertschöpfung – Produktion nach Open-Source-Prinzipien, in: Bernd Lutterbeck/Matthias Bärwolff/Robert A. Gehring (Hg.), Open Source Jahrbuch 2007 – Zwischen freier Software und Gesellschaftsmodell, Berlin, S. 87-102.

Reichwald, Ralf/Frank Piller (2006), Interaktive Wertschöpfung. Open Innovation, Individualisierung und neue Formen der Arbeitsteilung, (unter Mitarb. von Christoph Ihl und Sascha Seifert), Wiesbaden.
Schelske, Andreas (2007), Soziologie vernetzter Medien. Grundlagen computervermittelter Vergesellschaftung, München.
Scitovsky, Tibor (1977), Psychologie des Wohlstands. Die Bedürfnisse des Menschen und der Bedarf des Verbrauchers, Frankfurt/New York.
Smith, Adam, (1978), Der Wohlstand der Nationen. Eine Untersuchung seiner Natur und seiner Ursachen (nach der engl. Ausgabe 1789), München.
Stallman, Richard (2002), Why Software Should Not Have Owners, in: Richard M. Stallman: Free Software, Free Society, Boston/Massachusetts.
Strasser, Susan (1989), Satisfaction Guaranteed. The Making of the American Mass Market, New York.
Voß, Günter G./Kerstin Rieder (2006), Der arbeitende Kunde. Wenn Konsumenten zu unbezahlten Mitarbeitern werden, Frankfurt/New York.
Zerdick, Axel et al. (2001), Die Internet-Ökonomie. Strategien für die digitale Wirtschaft, (European Communication Council Report), Berlin/Heidelberg.

Nachwort

Kai-Uwe Hellmann

Obgleich kommerzielle Markt- und Konsumforschung – in rudimentärer Form – von der Sache her wohl schon betrieben wird, seit es Märkte gibt – dies kann bis in die frühsten Zeiten des Fernhandels zurückverfolgt werden – hat sich dieses Tätigkeitsfeld, als eigenständige Branche und Profession, recht spät erst etabliert. Vieles spricht dafür, daß die Institutionalisierung dieses Feldes erst Mitte des zwanzigsten Jahrhunderts richtig in Gang kam, dann aber sehr schnell Geschwindigkeit aufnahm (vgl. Ott 1976). Denn schon bald gehörte die Markt- und Konsumforschung zum festen Repertoire dessen, was auf verschiedenste Entscheidungsprozesse in Unternehmen regelmäßig Einfluß nahm, und heutzutage ist es für die meisten großen, aber auch für viele mittlere und selbst kleine Unternehmen längst Usus geworden, sich durch entsprechende Markt- und Konsumforschung irritieren und instruieren oder auch nur rückversichern und beruhigen zu lassen, gerade wenn es um die Planung, Durchführung und Auswertung bestimmter Marketingaktionen geht.[1]

Aus diesem Grund hieß es eingangs auch, die Markt- und Konsumforschung sei eine „Schlüsselindustrie". Dies ist zweifellos der Fall, ökonomisch ohnehin, aber auch symbolisch, angesichts der Anerkennung, welche dieser Branche inzwischen zuteil wird, nicht bloß seitens der Wirtschaft. Vielmehr bedienen sich auch andere gesellschaftliche Teilbereiche immer häufiger der Expertise der Marktforschung, man denke nur an die Politik (vgl. Hennis 1957).

Insofern ist der enorme Verbreitungsgrad der Markt- und Meinungsforschung auch ein Symbol dafür, in welchem Maße die moderne Gesellschaft insgesamt mit Ungewißheit, Veränderung, Wandel konfrontiert ist, die einen fortlaufenden Forschungsbedarf verlangen. Denn nichts bleibt sich gleich, alles ist im Fluß, und das mit steigendem Tempo. Für die Marktforschung erwächst daraus das Erfordernis, immer gegenwartsnäher, wenn nicht gar zukunftszugewandter zu operieren. Nicht ohne Grund gibt es seit den 1980er Jahren den Trend zur Trendforschung. „Trendforschung ist [...] der Versuch, Veränderungen zu

---

[1] So beschreiben Berekoven et al. (1991: 394) „die Marktforschung als ein nützliches Marketing-Instrument, wenn es [gilt], externe Informationen zur Vorbereitung, Begründung oder Absicherung absatzwirtschaftlicher Entscheidungen bereitzustellen." Siehe ferner die Beiträge von *Kay-Volker Koschel* und *Felix Keller* bezüglich der Motive des Datenkonsums.

erfassen, Dynamiken zu begreifen, die Ereignisse, Herrschaftsformen, Institutionen in Frage stellen. Sprich: das ‚Eigenleben' der komplex gewordenen Gesellschaft zu ergründen." (Horx/Wippermann 1996: 19)

1 Zur Funktion der Marktforschung

Nimmt man vor diesem Hintergrund nochmals die Entstehungsumstände in Augenschein, die zur Institutionalisierung der Markt- und Konsumforschung in den 1950er Jahren geführt haben, war es vor allem die Verdrängung der Verkäufer- durch die Käufermärkte, die hierfür maßgebend gewesen sein dürfte. Während bis in die 1950er Jahre hinein der Absatz der Produkte weitgehend reibungslos verlief, geriet dieser angebotsbedingte Warenfluß zusehends ins Stocken. Immer häufiger blieb das Angebot liegen, immer mehr Wettbewerb kam auf, immer unberechenbarer verhielten sich die Märkte. Die langgehegte Gewißheit, daß die Konsumenten schon abnehmen, was man ihnen liefert, verlor sich allmählich.[2] Statt dessen tauchte das vergleichsweise neue Problem auf, wie man sich auf Märkte einstellen soll, die über Nacht gleichsam zur „black box" geworden sind (vgl. Hellmann 2003: 107ff.).

Dies war die eigentliche Geburtsstunde der Marktforschung. Ihr Entstehungsgrund verdankte sich einem abrupten Komplexitätszuwachs der Konsumgütermärkte (vgl. Berekoven et al. 1991: 282; Kapferer 1994). Kannte man bis dahin nur den direkten Durchmarsch zum Endverbraucher, ohne Umwege und Verzug, entpuppten sich die Märkte plötzlich als unerforschte Gebiete. Zwischen Angebot und Nachfrage taten sich quasi Gräben, Schluchten, Berge, Wüsten auf, und es brauchte erstmals geeignete Kundschafter, Scouts, Pfadfinder, um die Waren wieder unbeschadet an ihr Ziel zu bringen. Genau hierauf kann die verstärkte Nachfrage der Marktforschung durch die Konsumgüterindustrie zurückgeführt werden, oder wie es *Andreas Schelske* in seinem Beitrag sehr schön auf den Punkt bringt: Die wachsende Intransparenz der Märkte zieht einen eigenen Markt nach sich – den Markt der Marktforschungsinstitute.

Fragt man nach der Funktion, die von der Marktforschung erbracht werden sollte, handelte es sich somit um die Wiederherstellung einer verloren gegangenen Markttransparenz (siehe hierzu auch den Beitrag von *Thomas Heun*). *Kay-Volker Koschel* spricht in seinem Beitrag wiederum von der Brückenfunktion, die der Marktforschung zufällt. Oder wie Heribert Meffert (1998: 89) es definiert hat: „*Marktforschung* ist die systematisch betriebene Erforschung der Märkte (Zusammentreffen von Angebot und Nachfrage), insbesondere die Analyse der

---

[2] Vor die gleiche Situation sahen sich offenbar die Parteien damals gestellt, vgl. Hennis 1957: 9ff.

Fähigkeit dieser Märkte, Umsätze hervorzubringen." Mit anderen Worten soll Marktforschung dafür sorgen, daß Angebot und Nachfrage füreinander wieder anschlußfähig werden.
Dabei stehen Informationsbeschaffung und -bewertung im Vordergrund. Kybernetisch formuliert, erbringt die Marktforschung eine Inputfunktion, während das Marketing mit der Outputfunktion befaßt ist. Ohne verläßliche Informationen darüber, wie ein Markt konkret funktioniert, klappt der Warenabsatz nicht wunschgemäß. Aus diesem Grund soll die Marktforschung eine möglichst zuverlässige Orts- und Selbstbestimmung des Unternehmens liefern. Sie soll klären, in welchem Umfeld das Unternehmen und seine Sach- und Dienstleistungen sich bewegen, wie diese von außen wahrgenommen werden und wie es sich dazu verhalten soll. Im Prinzip fungiert die Marktforschung als Auge und Ohr eines Unternehmens;[3] sie repräsentiert quasi die rezeptiven Sinne des Unternehmens, mit denen es aufnimmt und herauszufinden sucht, was in seiner Umwelt passiert, soweit es das Unternehmen betrifft, um es dadurch in die Lage zu versetzen, sich optimal darauf einzustellen.

2 Vorbemerkungen zu einer Theorie der Marktforschung

Wendet man diese kybernetische Betrachtungsweise der Marktforschung produktiv, bietet sich die Möglichkeit, Marktforschung theoretischer zu fassen (siehe auch den Beitrag von *Edvin Babic* und *Thomas Kühn*). Vorbild hierfür könnte die Gründungsphase des akademischen Marketings sein. Denn in den 1950er und 60er Jahren gab es zeitweilig den Versuch, das Marketing auf der Grundlage der Kybernetik systemtheoretisch zu konzipieren (vgl. Meffert 1970). Demnach weist jede Unternehmung drei Funktionen auf: Input, Throughput, Output. Die Input-Funktion organisiert und kontrolliert alle eingehenden Informationen an der Unternehmensgrenze, die Throughput-Funktion befaßt sich mit allen unternehmensinternen Vorgängen, und die Output-Funktion ist für alle ausgehenden Informationen an der Grenze der Unternehmung zu ihrer Umwelt zuständig.
Ausgehend von diesem kybernetischen Modell, ist es ein Leichtes, das Marketing der Output-Funktion und die Marktforschung der Input-Funktion zuzuordnen, was sich durchaus mit dem Selbstverständnis vieler Marktforscher deckt. Marktforschung und Marketing sind quasi komplementär aufeinander bezogen.
Indes hat die damalige Kybernetik als Forschungsprogramm keine direkte Fortführung erfahren, und auch die ersten Vorarbeiten zu einer Kybernetik des Marketing, von der Marktforschung ganz zu schweigen, wurden nicht fortgesetzt

---

[3] Vgl. Kapferer (1994: 16): „*Erich Schäfer* stellte dem Hineinhorchen in den Betrieb, das für Eugen Schmalenbach kennzeichnend war, das *Hineinhorchen in den Markt* an die Seite."

(vgl. Lüdicke 2006). Inzwischen jedoch steht mit der soziologischen Systemtheorie eine Alternative zur Verfügung, die einerseits den Geist der Kybernetik in sich bewahrt hat, andererseits über den damaligen Kenntnisstand der Kybernetik erster Ordnung deutlich hinaus gekommen ist. Dies gilt insbesondere für die systemtheoretische Betrachtungsweise von Unternehmen (vgl. Baecker 1999, 2000; Dietrich 2007). Ausgangspunkt wäre demnach die Annahme, daß Organisationen autopoietische Systeme sind, deren basale Operationen, die ihre operationale Geschlossenheit bewirken, d.h. die Grenze zwischen System und Umwelt fortlaufend (re)produzieren, *Entscheidungen* sind (vgl. Luhmann 2000). Zugleich geht jede Organisation gegenüber ihren relevanten Umwelten gewisse Verbindlichkeiten ein, sogenannte strukturelle Kopplungen, die aus der Hyperkomplexität von Optionen, die solche Umwelten in Unmengen aufweisen, ganz bestimmte Möglichkeiten selektieren und sich auf diese spezialisieren. Organisationsintern bedeutet das Subsystembildung, d.h. die Institutionalisierung einer Abteilung, die darauf spezialisiert ist, nur für diese ausgewählten unternehmensexternen Optionen zuständig zu sein.

Dabei kann man sogar noch einen Schritt weitergehen. Solche Abteilungen, deren Funktion darin besteht, die strukturelle Kopplung mit der Organisationsumwelt organisationsintern zu koordinieren, erreichen dies durch den Wiedereintritt (re-entry) der Unterscheidung von Organisation und Umwelt in die Organisation. Derartige Abteilungen spielen gewissermaßen organisationsintern durch, was sich an der Grenze zwischen Organisation und Umwelt abspielt bzw. abspielen könnte. Es ist eine Art Simulation, eine organisationsinterne Modellrechnung mit Blick auf mögliche und tatsächlich beobachtbare Vorgänge in der Organisationsumwelt.[4] In gewisser Weise besteht darin die Rationalität solcher Abteilungen, sich der Einheit der Unterscheidung von System und Umwelt zu vergewissern, mit dem Ziel, organisationsinterne Entscheidungen mit organisationsexterner Wirksamkeit zu fällen.

Insbesondere das Marketing stellt nun ein solches organisationsinternes Subsystem dar, das darauf spezialisiert ist, die strukturelle Kopplung der Unternehmung mit ihren Absatzmärkten zu organisieren. Dabei erwächst dem Marketing aus dieser Funktion eine ganz besondere Problematik. Solange nämlich nur rein unternehmensinterne Entscheidungsprozesse betroffen sind, ist die Anschlußfähigkeit getroffener Entscheidungen weitgehend gewahrt. Im Falle des Marketing bezieht sich ein Großteil seiner Entscheidungen aber auf die Unternehmensumwelt, für die unternehmensinterne Entscheidungslagen mitnichten verbindlich sind (siehe auch die Beiträge von *Stefan Meißner* und *Andreas Schelske*). Mit anderen Worten ist die Anschlußfähigkeit von Marketingent-

---

[4] Vgl. hierzu den Beitrag von *Felix Keller* zum „Design der Märkte".

scheidungen, soweit es den eigentlichen Gegenstandsbereich des Marketing, nämlich den Markt, betrifft, hoch unwahrscheinlich. Damit gerät das Marketing gegenüber seiner unternehmensinternen Umwelt, insbesondere gegenüber der Geschäftsführung, aber in eine äußerst mißliche Lage, weil es sich der Paradoxie ausgesetzt sieht, sehr häufig Entscheidungen ohne jede Anschlußfähigkeit treffen zu müssen. Man könnte auch sagen, daß das Marketing seine abteilungsspezifische Autopoiesis permanent selbst untergräbt, was unternehmensintern mit erheblichen Reputations- und Legitimationsrisiken verbunden ist. Doch ist dieses Dilemma für das Marketing letztlich unausweichlich, weil auch das Marketing letztendlich nur Entscheidungen treffen kann und muß, die Autopoiesis einer Organisation an der Grenze von System und Umwelt aber nun mal endet. Viele reale Probleme des Marketings lassen sich dadurch erklären.

Was derart für das Marketing gilt, trifft in hohem Maße auch auf die Marktforschung zu. Denn auch die Marktforschung befindet sich in einer vergleichbar paradoxen Situation: Ihre Aufgabe besteht darin, die Qualität unternehmensinterner Entscheidungsprozesse zu optimieren, dies aber auf Basis von Daten, die sich dem direkten Zugriff der Unternehmung grundsätzlich entziehen. Konkret bedeutet das, organisationsinterne Entscheidungen zu treffen auf der Grundlage organisationsexterner Informationen, über die die Unternehmung keinerlei Kontrolle hat. Diese Ambivalenz tangiert vor allem ein Grundprinzip von Organisationen: das Prinzip der *Unsicherheitsabsorption* (vgl. Luhmann 2000: 183ff.). Trifft eine Organisation nämlich Entscheidungen, deren Funktion primär in der Absorption von Unsicherheit zu sehen ist, auf der Basis solcher Daten, führt dies zwangsläufig zur Anreicherung von Unsicherheit, torpediert also die Unsicherheitsabsorptionsfunktion von Entscheidungen. Marktforschung befindet sich deshalb in einer vergleichbar prekären Lage wie das Marketing, was seine unternehmensinterne Akzeptanz, Reputation und Legitimation angeht.

Ansonsten läßt sich vieles, was schon für das Marketing gesagt wurde, auch auf die Marktforschung übertragen. So befassen sich gerade auch die Marktforschungsabteilungen in den großen Unternehmen, die durchweg solche ihr eigen nennen, ständig mit Simulationsspielen auf der Basis permanenter Datenerhebung, um vergangene, gegenwärtige und auch zukünftige Szenarien mit Bezug auf Veränderungen des Status quo an der Grenze von Unternehmung und Markt zu entwerfen, die der Unternehmung helfen sollen, möglichst nur solche organisationsinternen Entscheidungen zu fällen, deren organisationsexterne Anschlußfähigkeit als gewiß erscheint. Nichtsdestotrotz bleibt das Grundproblem der Ungewißheit gerade auch für die Marktforschung im Kern unlösbar, weshalb auch sie sich gegenüber ihrer unternehmensinternen Umwelt in einer strukturell prekären Situation befindet.

3 Marktforschung im Zeitalter der Internetökonomie

Diese strukturell prekäre Situation der Marktforschung könnte sich freilich in einen Vorteil verkehren, wenn gewisse Entwicklungen, die sich mit dem Aufkommen der Internetökonomie noch verstärkt haben, weiter anhalten. Hintergrund ist die Idee des Prosumenten (vgl. Toffler 1980; Kotler 1986). Dieser Idee zufolge werden die Konsumenten immer stärker in den Produktionsprozeß der Unternehmen mit einbezogen („crowdsourcing"), wodurch die Rolle des Produzenten mit der des Konsumenten sukzessive verschmilzt (vgl. Voß/Rieder 2005).

In dem Moment aber, wo den Konsumenten ein solcher Einfluß zuwächst, wird auch die Grenzziehung zwischen Unternehmen und Markt prekär-poröspermeabel. Unternehmensinterne Entscheidungsprozesse beziehen dann von vornherein mit ein, daß ein Teil der Leistungserbringung sich außerhalb der Unternehmensgrenze abspielt, im Vertrauen darauf, daß die Konsumenten den an sie unternehmensintern gestellten Erwartungen als Prosumenten in ihrer Performanz auch gerecht werden (siehe den Beitrag von *Stefan Meißner*). Das gesamte Unternehmen operiert demnach immer stärker so, wie es für das Marketing und die Marktforschung seit jeher gang und gäbe ist: im Sinne einer Simulation dessen, was die Kooperation von Unternehmens- und Prosumenten-Entscheidungen gemeinsam zustande bringt. Sollte diese Entwicklung fortschreiten, hätten Marketing und Marktforschung gewissermaßen einen evolutionären Vorsprung, der sich nunmehr positiv für sie auszahlen könnte.

Speziell für die Marktforschung könnte sich dieser Vorteil dergestalt bemerkbar machen, daß sich die Konsumenten immer häufiger in den Forschungsprozeß proaktiv integrieren (lassen) (siehe den Beitrag von *Andreas Schelske*). Schon jetzt haben wir eine Situation, in der sich die Konsumenten zur Mitarbeit geradezu aufdrängen und hochengagiert mit einmischen wollen (vgl. Voß/Rieder 2005; Hellmann 2008). Dies ist eine vergleichsweise neue Situation, die aus der Innenwahrnehmung der Unternehmen, die auf der Basis rekursiver Entscheidungsprozesse operieren, nicht bloß wünschenswert erscheinen dürfte. Denn wie soll man System und Umwelt miteinander kombinieren, wenn doch gerade deren Differenz es ist, die einer Unternehmung erst zu ihrer Existenz verhilft? Eine solche Herausforderung ist hochgradig paradox und in der Standardprogrammierung von Organisationen in der Regel nicht vorgesehen.

Vielleicht kann aber gerade die Marktforschung aufgrund ihrer strukturell prekären Situation dazu beitragen, entsprechend betroffene Unternehmen bei diesem Organisationslernen zu unterstützen. Und vielleicht erfährt die Marktforschung im Zuge dieser Entwicklung dereinst dann eine solche Autoritätszurechnung, wie Luhmann (2000: 210) sie für die Verwaltungsfunktion der System/Umwelt-Grenze beschrieben hat: „Die Fähigkeit, im System Umwelt erfolgreich zu präsentieren, dürfte eine erstrangige Autoritätsquelle sein, wie immer die Unsicherheit über die Umwelt an den Grenzstellen des Systems absorbiert wird." Mit der Konsequenz, daß aus dem Aschenputtel plötzlich die Prinzessin wird.

Literatur

Baecker, Dirk (1999), Die Form des Unternehmens, Frankfurt/M.
Baecker, Dirk (2000), Ausgangspunkte einer soziologischen Managementlehre, in: Soziale Systeme 6, S. 137-168.
Berekoven, Ludwig/Werner Eckert/Peter Ellenrieder (1991), Marktforschung. Methodische Grundlagen und praktische Anwendung, Wiesbaden.
Dietrich, Andreas (2007), Systemtheoretische Fundierung der kulturfokussierten Managementforschung, in: Mi-Yong Lee-Peuker/Fabian Scholtes/Olaf J. Schumann (Hg.), Kultur – Ökonomie – Ethik, München/Mering, S. 85-106.
Hellmann, Kai-Uwe (2003), Soziologie der Marke, Frankfurt/M.
Hellmann, Kai-Uwe (2008), Facetten einer aktiven Konsumentendemokratie, in: Ästhetik & Kommunikation 38, S. 25-32.
Hennis, Wilhelm (1957), Meinungsforschung und Repräsentative Demokratie. Zur Kritik politischer Umfragen, Tübingen.
Horx, Matthias/Peter Wippermann (1996), Was ist Trendforschung? Düsseldorf.
Kapferer, Clodwig (1994), Zur Geschichte der deutschen Marktforschung. Aufzeichnungen eines Mannes, der dabei war, Hamburg.
Kotler, Philip (1986), The Prosumer Movement: A New Challenge for Marketers, in: Advances in Consumer Research 13, S. 510-513.
Lüdicke, Marius K. (2006), A Theory of Marketing. Outline of a Social Systems Perspective, Wiesbaden.
Luhmann, Niklas (2000), Organisation und Entscheidung, Opladen.
Meffert, Heribert (1970), Systemtheorie aus betriebswirtschaftlicher Sicht, in: Karl-Ernst Schenk (Hg.), Systemanalyse in den Wirtschafts- und Sozialwissenschaften, Berlin, S. 174-206.
Meffert, Heribert (1998), Marketing. Grundlagen marktorientierter Unternehmensführung. Konzepte – Instrumente – Praxisbeispiele. 8., vollständig neubearbeitete und erweiterte Auflage, Darmstadt.
Ott, Werner (1976), Marktforschung, in: Verlag Moderne Industrie (Hg.), Marketing- und Verkaufsleiter Handbuch, München, S. 943-999.
Toffler, Alvin (1980), The Third Wave, New York.
Voß, G. Günter/Kerstin Rieder (2005), Der arbeitende Kunde. Wenn Konsumenten zu unbezahlten Mitarbeitern werden, Frankfurt/M.

Autorenangaben

Edvin Babic, M.A. Soziologie und Germanistik, ist Senior Projektleiter beim Marktforschungsinstitut Ipsos und dort verantwortlich für die Konzeptualisierung, Durchführung und Auswertung qualitativer Forschungsprojekte. Im akademischen Forschungskontext war er mehrere Jahre am Soziologischen Forschungsinstitut in Göttingen (SOFI) tätig. Veröffentlichungen: Zusammen mit Martin Baethge, Frank Achtenhagen, Lena Arends, Volker Baethge-Kinsky und Susanne Weber: Berufsbildungs-PISA, Stuttgart (Franz Steiner Verlag) 2006.

Jörg Blasius, Prof. Dr., Universität Bonn, Institut für Politische Wissenschaft und Soziologie. Forschungsschwerpunkte: Stadtsoziologie, soziale Ungleichheit und Lebensstile, Methoden der empirischen Sozialforschung und angewandte Statistik. Aktuelle Publikationen: Hg. mit Michael Greenacre: Multiple Correspondence Analysis and Related Methods, Boca Raton, Florida (Chapman & Hall), 2006; mit Jürgen Friedrichs: Lifestyles in Distressed Neighborhoods. A Test of Bourdieu's „Taste of Necessity" Hypothesis, in: Poetics, 36, 2008, S. 2-22.

Markus R. Friederici, Dr., vertritt derzeit eine Professur für Soziologie am Departement für Sozialwissenschaften der Universität Hamburg. Arbeitsschwerpunkte: Organisationssoziologie, Kultursoziologie, Methodologie. Aktuelle Publikationen: optimal = suboptimal. Folgen einer (Un-)Gleichung für die Beratungspraxis in NPOs, in: Arbeit (Schwerpunktheft Beratung im Wandel) 3/2007; mit Dan-Paul Josza: The social dimension of religion, in: T. Knauth et al. (Hg.): Encountering Religious Pluralism in School and Society, Münster (Waxmann) 2008.

Kai-Uwe Hellmann, Soziologe, Privatdozent am Institut für Soziologie der TU Berlin. Forschungsschwerpunkt: Wirtschaftssoziologie. Zusammen mit Dominik Schrage Gründer der AG Konsumsoziologie. Neuere Publikationen: Doppelmoral im Pharmabetrieb. Ein Beitrag zur Soziologie der Moral, in: Peter Koslowski/Aloys Prinz (Hg.): Bittere Arznei. Wirtschaftsethik und Ökonomik der pharmazeutischen Industrie, München (Wilhelm Fink) 2008, S. 171-182; Philosophie des Konsums. Zum Verhältnis von Möglichkeitssinn und Gesinnungsmoral in der Marktwirtschaft, in: Ludger Heidbrink/Alfred Hirsch (Hg.): Verantwortung als marktwirtschaftliches Prinzip, Frankfurt/M. (Campus) 2008, S. 261-280.

Thomas Heun, Diplom Soziologe, Strategic Planning Director, SelectNY (Berlin). Arbeitsschwerpunkte: Kultursoziologie, Konsumsoziologie, Strategische Markenführung. Forschungsschwerpunkte: Marken- und Konsumforschung. Ausgewählte Publikation: Zusammen mit Soheil Dastyari (2002), Menschen, Marken und alles dazwischen, in: IM Mediagramm, Jg. 31, Nr. 4, S. 22-24.

Felix Keller lehrt derzeit an den Universitäten Zürich und Luzern und fungiert als *correspondant étranger* des Centre de Sociologie Européenne an der Ecole des Hautes Etudes en Sciences Sociales (EHESS), Paris. Er beschäftigt sich mit wissenssoziologischen und -geschichtlichen Untersuchungen zu Darstellungen von Gesellschaft. Veröffentlichung u.a.: Archäologie der Meinungsforschung. Mathematik und die Erzählbarkeit des Politischen, Konstanz (UVK) 2001; Figuren des Publikums. Politischer und diagrammatischer Raum, in: Irma Schneider/ Isabell Otto (Hg.). Formationen der Mediennutzung II. Strategien der Verdatung, Bielefeld (Transcript) 2007, S. 153-170.

Kay-Volker Koschel, Diplom-Sozialwissenschaftler sowie Marketing- und Kommunikationswirt. Er ist seit 1990 in der qualitativen und quantitativen Marktforschung tätig (u.a. BBDO, TNS-EMNID, IPSOS) und leitet aktuell als Department Manager die qualitative Forschungsabteilung von Ipsos Marketing. Forschungsschwerpunkte: Werbe- und Markenkommunikation, Innovationsforschung, konsumsoziologische Fragestellungen. Darüber hinaus ist er Mitglied der Deutschen Werbewissenschaftlichen Gesellschaft (DWG) und Autor vieler Fachbeiträge, z.B. (zusammen mit Thomas Kühn): Soziologie: Forschen im gesellschaftlichen Kontext, in: Gabriele Naderer/Eva Balzer (Hg.): Qualitative Marktforschung in Theorie und Praxis, Wiesbaden (VS Verlag) 2007, S.120-136.

Thomas Kühn, Dr. phil., Dipl.-Psych., ist als Freiberufler spezialisiert auf die Konzeptualisierung, Durchführung und Auswertung qualitativer Forschungsprojekte in der Markt- und Sozialforschung. Im akademischen Forschungskontext war er mehrere Jahre als wissenschaftlicher Mitarbeiter der Universität Bremen und als Lynen-Sipendiat der Alexander von Humboldt Stiftung tätig. Er ist Mitglied im BVM-Arbeitskreis für Qualitative Marktforschung (AKQua). Veröffentlichungen: Berufsbiografie und Familiengründung, Wiesbaden (VS Verlag) 2004; Hg. zusammen mit Jesse Souza: Das moderne Brasilien. Gesellschaft, Politik und Kultur in der Peripherie des Westens, Wiesbaden (VS Verlag) 2006.

Stefan Meißner, M.A., derzeit Consultant für Webanalyse, Usability und Intranet bei der seto GmbH in Dresden. Forschungs- und Arbeitsschwerpunkte: Soziologie neuer Medien, Architektur- und Wissenssoziologie. Publikationen u.a.:

Wahrheit oder Plausibilität? Mögliche Konsequenzen in der Wissenschaft, in: Ronald Langner u.a. (Hg.): Ordnungen des Denkens. Debatten um Wissenschaftstheorie und Erkenntniskritik, Münster u.a. (LIT-Verlag) 2007, S. 87-96; mit Gunther Gebhard und Steffen Schröter: Kritik der Gesellschaft? Anschlüsse bei Luhmann und Foucault, in: Zeitschrift für Soziologie, Heft 4/2006, S. 269-285.

Andreas Mühlichen, M.A., Universität Bonn, Institut für Politische Wissenschaft und Soziologie. Forschungsschwerpunkte: Lebensstile, Methoden der empirischen Sozialforschung, Onlineforschung und Medienforschung. Aktuelle Publikation (mit Jörg Blasius): Lebensstile, Publikumssegmente und Produktpräferenzen. Eine Typologie mit Hilfe der multiplen Korrespondenzanalyse, in: Planung und Analyse 2/2007, S. 67-72.

Andreas Schelske, Dr., gründete als Berater, Wissenschaftler und Autor sein Unternehmen *4communication – www.SoziologischeBeratung.de*. Seine soziologische Beratung erbringt sowohl Gegenwartsdiagnosen und integriert Handlungsperspektiven in gesellschaftliche Kontexte und Trends. Er arbeitete zuvor in der Trendforschung sowie in der Forschung und Lehre an der Universität zu Lübeck im Fachbereich Informatik. Zuvor brachte er seine soziologische Kompetenz in die Medieninhaltsanalyse, die Onlinemarktforschung und in die medizinische Epidemiologie ein. Sein aktuelles Buch *Soziologie vernetzter Medien* ist im Oldenbourg Verlag erschienen.

Dominik Schrage, Dr. phil. habil., Institut für Soziologie der TU Dresden. Zusammen mit Kai-Uwe Hellmann Gründer der AG Konsumsoziologie (www.konsumsoziologie.de). Weitere Forschungsschwerpunkte: Kultursoziologie, soziologische Theorie der Moderne und Mediensoziologie. Aktuelle Publikationen: Hg. mit Lutz Hieber: Technische Reproduzierbarkeit. Zur Kultursoziologie massenmedialer Vervielfältigung, Bielefeld (Transcript Verlag) 2007; Hg. mit Kai-Uwe Hellmann: Das Management der Kunden. Studien zur Soziologie des Shopping, Wiesbaden (VS Verlag) 2005.

Theorie

Dirk Baecker (Hrsg.)
**Schlüsselwerke
der Systemtheorie**
2005. 352 S. Geb. EUR 24,90
ISBN 978-3-531-14084-1

Ralf Dahrendorf
Homo Sociologicus
Ein Versuch zur Geschichte,
Bedeutung und Kritik der Kategorie
der sozialen Rolle
16. Aufl. 2006. 126 S. Br. EUR 14,90
ISBN 978-3-531-31122-7

Shmuel N. Eisenstadt
**Die großen Revolutionen und
die Kulturen der Moderne**
2006. 250 S. Br. EUR 34,90
ISBN 978-3-531-14993-6

Shmuel N. Eisenstadt
Theorie und Moderne
Soziologische Essays
2006. 607 S. Geb. EUR 49,90
ISBN 978-3-531-14565-5

Rainer Greshoff / Uwe Schimank (Hrsg.)
**Integrative Sozialtheorie?
Esser – Luhmann – Weber**
2006. 582 S. Geb. EUR 39,90
ISBN 978-3-531-14354-5

Axel Honneth /
Institut für Sozialforschung (Hrsg.)
**Schlüsseltexte der
Kritischen Theorie**
2006. 414 S. Geb. EUR 29,90
ISBN 978-3-531-14108-4

Niklas Luhmann
Beobachtungen der Moderne
2. Aufl. 2006. 220 S. Br. EUR 24,90
ISBN 978-3-531-32263-6

Uwe Schimank
**Differenzierung und Integration
der modernen Gesellschaft**
Beiträge zur akteurzentrierten
Differenzierungstheorie 1
2005. 297 S. Br. EUR 27,90
ISBN 978-3-531-14683-6

Uwe Schimank
**Teilsystemische Autonomie
und politische Gesellschafts-
steuerung**
Beiträge zur akteurzentrierten
Differenzierungstheorie 2
2006. 307 S. Br. EUR 29,90
ISBN 978-3-531-14684-3

Erhältlich im Buchhandel oder beim Verlag.
Änderungen vorbehalten. Stand: Juli 2007.

www.vs-verlag.de

VS VERLAG FÜR SOZIALWISSENSCHAFTEN

Abraham-Lincoln-Straße 46
65189 Wiesbaden
Tel. 0611.7878-722
Fax 0611.7878-400